权威·前沿·原创

皮书系列为
"十二五""十三五""十四五"时期国家重点出版物出版专项规划项目

B

BLUE BOOK

智库成果出版与传播平台

汽车产业蓝皮书

BLUE BOOK OF AUTOMOTIVE INDUSTRY

中国汽车产业科技创新发展报告
（2023~2024）

ANNUAL REPORT ON THE TECHNOLOGICAL INNOVATION AND
DEVELOPMENT OF CHINA AUTOMOTIVE INDUSTRY (2023-2024)

主　编／王　铁　王晓明
副主编／徐耀宗　吴松泉

社会科学文献出版社
SOCIAL SCIENCES ACADEMIC PRESS（CHINA）

图书在版编目（CIP）数据

中国汽车产业科技创新发展报告 . 2023~2024 / 王
铁，王晓明主编 . --北京：社会科学文献出版社，
2024. 7. --（汽车产业蓝皮书）. --ISBN 978-7-5228-
3691-1

Ⅰ. F426. 471

中国国家版本馆 CIP 数据核字第 20246ME527 号

汽车产业蓝皮书

中国汽车产业科技创新发展报告（2023~2024）

主　　编／王　铁　王晓明
副 主 编／徐耀宗　吴松泉

出 版 人／冀祥德
责任编辑／陈　雪
文稿编辑／李惠惠　张　爽　王雅琪
责任印制／王京美

出　　版／社会科学文献出版社·皮书分社（010）59367127
　　　　　　地址：北京市北三环中路甲 29 号院华龙大厦　邮编：100029
　　　　　　网址：www. ssap. com. cn
发　　行／社会科学文献出版社（010）59367028
印　　装／天津千鹤文化传播有限公司

规　　格／开　本：787mm×1092mm　1/16
　　　　　　印　张：23　字　数：344 千字
版　　次／2024 年 7 月第 1 版　2024 年 7 月第 1 次印刷
书　　号／ISBN 978-7-5228-3691-1
定　　价／168. 00 元

读者服务电话：4008918866

孟宪明　姜运哲　姚占辉　秦志嫒　夏显召
曹大千　鹿文亮　阎　瑾　葛　鹏　董长青
鲁光远　鲍荣景　樊　琛　潘　璇　鞠伟男

主 编 单 位　中国汽车技术研究中心有限公司
　　　　　　　中国科学院科技战略咨询研究院

参 编 单 位　广州汽车集团乘用车有限公司
　　　　　　　广汽埃安新能源汽车股份有限公司
　　　　　　　长城汽车股份有限公司
　　　　　　　上海芯钛信息科技有限公司

主要编撰者简介

王　铁　正高级工程师，中国汽车战略与政策研究中心党总支书记、主任。2018年兼任国家新材料测试评价平台钢铁行业中心副理事长，2020年兼任中国企业联合会智慧企业推进委员会委员。多年从事汽车产业发展咨询、整车及零部件检测认证技术研究与应用、汽车产业政策研究、民族品牌建设、产业发展平台搭建等工作。作为主要负责人，组织完成整车、重要零部件测试技术及装备研究等产业链重点科研项目，获得中国机械工业科学技术奖等多项科技成果奖。主持推进了多个汽车国际化、知识产权保护、新能源及燃料电池、智能网联等关键技术及产业安全发展相关咨询项目。主持中国汽车技术研究中心获国家知识产权局批准建设的"中国汽车知识产权运用促进中心"工作，自主开发"全球汽车专利大数据平台AutoPat""中国汽车知识产权交易平台"，牵头开展"民族汽车品牌向上计划"。

王晓明　研究员，中国科学院科技战略咨询研究院产业科技创新研究部部长。2000~2018年在国务院发展研究中心工作，主要从事传统产业转型升级、战略性新兴产业发展、产业数字化转型等领域的研究。2009年开始，连续13年参与编写《汽车蓝皮书：中国汽车产业发展报告》。2018年调入中国科学院科技战略咨询研究院，围绕"科技—产业—经济"主线，聚焦源头性技术，以战略性新兴产业和未来产业为主，开展数字经济、绿色低碳经济等领域的产业科技创新研究。主持国家部委委托的研究课题十多项，多次在《经济日报》《科技日报》等报刊上发表专题文章，主持编写了《构建现代产业体系：从战略性新兴产业到未来产业》《产业数字化转型：战略与实践》等图书。

徐耀宗 高级工程师，中国汽车战略与政策研究中心副主任。兼任中国汽车企业国际化发展创新联盟副秘书长、中央企业智库联盟副秘书长、全国信息安全标准化技术委员会委员等多项社会学术职务。主持或参加"IPv6典型场景密码嵌入""汽车行业 GCMM 创新与应用示范""关键车规级芯片的测试技术和评价体系研究"等国家级课题及"车规 MCU 控制器设计与测试""面向人工智能应用场景的 5G 高集成度射频前端器件"等省部级课题共计 18 项，发表《车联网助力产业创新融合发展》《典型国家车内 VOC 管理对标分析与经验借鉴》等学术论文 20 篇。

吴松泉 教授级高级工程师。中国汽车技术研究中心资深首席专家（产业政策研究领域），中国汽车战略与政策研究中心总工程师，中国汽车战略与政策研究中心（北京）副主任。兼任中国世界贸易组织研究会理事会理事、中国机械工业企业管理协会常务理事等社会职务。多次担任政府部门、行业组织项目评审、审查专家。长期配合工信部、国家发展改革委、商务部、财政部等政府部门研究制定汽车产业政策、贸易政策和战略规划，主持和参与国家部委委托的若干重大政策研究项目，曾参与产业政策、产业规划、投资和准入、新能源汽车、销售流通、技术创新等方面的汽车政策研究和制定工作。受政府部门委托，主持编写《中国汽车贸易高质量发展报告》（年度报告）。曾获中国汽车工业科学技术进步奖两次和国家发展改革委机关优秀成果奖一次，多次获中国汽车技术研究中心科技成果奖。

序一 科技创新驱动智能新能源汽车发展

在新一轮科技革命的推动下，全球汽车产业加速向电动化、智能化转型。作为电动化和智能化的重要载体，新能源汽车是汽车产业转型升级的主要驱动力。2023 年，我国新能源汽车实现销量 949.5 万辆，市场占有率达到 31.6%，产销量连续 9 年位居全球第一。与此同时，技术创新方面，我国新能源汽车整车、动力电池等关键零部件技术达到世界先进水平，尤其是动力电池技术持续改进，电池系统结构设计持续创新，刀片电池、CTP 等实现大规模应用；氢能燃料电池汽车形成了涵盖制、储、运、加、用完整的产业链；智能辅助驾驶技术的普及应用大幅提升了新能源汽车的智能化性能。新能源汽车市场取得的成绩是技术进步、产品供给、政策支持等共同努力的结果。

科技的发展将进一步推动产业变革，汽车、信息通信、交通装备与能源化工等相关产业加速融合，新能源汽车也将进一步促进产业革命。新能源汽车普及将倒逼能源基础设施全面转型和新型储能产业发展，电池技术向低碳化、固态化和智能化转变，电池材料的开采、制造、回收、修复将实现全生命周期的低碳化，动力电池产品技术呈现固液混合的半固态电池向全固态发展趋势，人工智能将促进电池内部参数的智能感知与充放电控制，ChatGPT 引发的人工智能革命将重塑汽车的智能化技术路线，智能新能源汽车的产业化继而会推动智能机器人、智慧能源系统以及智慧城市的发展。未来，科技创新将是产业发展的核心竞争力，我国汽车产业要积极推动自主创新，持续加大科研投入，深化国际合作与交流，密切关注颠覆性技术的出现，同时加强前瞻技术部署与积累，努力实现产业高质量发展，在全球汽车市场保持强大的竞争力和创新能力。

　　《中国汽车产业科技创新发展报告》以全球产业变革视角，全面梳理产业技术水平、技术应用趋势以及政策支撑体系，重点分析智能网联汽车行业的机遇与挑战，能够为政府部门制定政策、汽车企业进行战略决策提供一定的参考依据。更重要的是，本书是首次对汽车产业科技创新领域重点内容的梳理，将更好地宣传我国汽车产业发展进程，出版恰逢其时，希望今后编写团队更加努力充实内容，加强前瞻性和引领性，成为行业具有深度影响力的出版物。

欧阳明高

中国科学院院士

清华大学车辆与运载学院教授、学术委员会副主任

中国电动汽车百人会副理事长

序二　协同创新是新汽车发展趋势

万物互联驱动全球汽车产业重构。在万物互联时代，汽车产业的边界将不断扩展且逐渐模糊，跨界融合的生态化发展将成为大势所趋，最终会孕育出全面数字化的新汽车产业及产品。汽车产业将不再是单纯的传统制造业，而是"制造+服务"的新型制造业。受此影响，原本垂直线型的传统汽车产业链将演变成交叉网状的新汽车生态系统。新汽车既是互联节点、智能终端、计算单元，也是数据采集和应用的载体，还是能源存储和供给的装置，其作用和价值将远超汽车产品本身。同时，新汽车也将成为众多领域前沿技术融合创新的集大成者，包括5G、大数据、云计算、人工智能以及传感器、高端芯片等，都将在新汽车的拉动下加快发展和落地应用。正因如此，基于新汽车抢占未来先进出行科技集群的战略制高点，将成为引领人类出行革命的关键。

多方协同创新推进新汽车产业生态发展。以内涵丰富、主体多元、彼此交织、相互支撑为特征的新汽车产业生态，在发展理念和范式上亟须理论创新与实践创新。新汽车产业生态有赖于多方力量跨界融合、共同推进：车企仍将在其中发挥不可替代的重要作用；以ICT（信息通信技术）企业为代表的各类科技公司和服务公司将全面赋能新汽车产业，同时借助新汽车载体获得新的更大发展动能；而在新汽车产业生态建设的过程中，各级政府尤其是地方政府，不仅要做好监管者，还必须在基础设施、法规标准体系、新产品示范推广以及数字化治理等方面发挥主导作用，积极鼓励技术与商业模式创新，牵头促进跨界深度融合，并大力推动重点领域的固链、补链、强链。只有"1+1+1"各方协同创新、持续努力，才能最终打通诸多环节，使新汽车产业不仅成为平面覆盖的资源集聚平台，更成为立体贯通的产业融合生态。

值此产业变革日趋深化、技术创新不断加快之际，《中国汽车产业科技创新发展报告》的出版可谓恰逢其时。作为中国汽车产业首部聚焦科技创新发展的蓝皮书，本书基于全球产业变革视角，全面梳理了汽车技术发展水平、应用趋势及政策体系，深入分析了行业重大机遇与严峻挑战，旨在为政府科学制定产业政策和技术法规标准、企业合理选择技术路线和创新商业模式提供重要参考，发挥指引资源投入方向、促进科技创新发展的关键作用。

赵福全

世界汽车工程师学会联合会（FISITA）终身名誉主席

清华大学车辆与运载学院教授/博士生导师、

汽车产业与技术战略研究院院长

摘　要

　　《中国汽车产业科技创新发展报告》是关于中国汽车产业科技创新发展情况的年度研究性报告，2024 年首次出版。本书在多位汽车及相关行业内资深专家、学者顾问的指导下，由中国汽车战略与政策研究中心和中国科学院科技战略咨询研究院的多位研究人员，以及行业内相关领域的专家共同撰写完成。本书包括总报告、分报告、政策篇、生态体系篇、前沿篇、国际篇等部分。总报告综述中国汽车产业科技创新发展情况；分报告围绕动力电池、操作系统、芯片、轻量化四个重点领域和智能网联汽车产业创新、充电基础设施创新等重点分析汽车产业科技创新发展状况；政策篇介绍中国汽车产业科技创新支持政策和智能网联汽车创新发展政策；生态体系篇梳理中国汽车产业科技创新发展的演进特征、发展形势及生态建设；前沿篇通过专利数据分析汽车产业科技创新布局及趋势，并展望大模型与汽车产业融合创新发展前景；国际篇介绍全球主要国家汽车产业"碳中和"政策，以及美国和日本汽车产业科技创新发展经验，并以特斯拉为例分析智能电动车企业科技创新特点。

　　中国汽车产业初步构建了从基础研究、应用研究到开发研究全链条覆盖的创新生态，形成了由基础设施、政策环境、消费市场等共同组成的生态环境。近年来，政府通过采取一系列科技创新支持政策，包括财政补贴、税收优惠、研发资金支持等，鼓励和引导新能源汽车、智能网联汽车、节能低碳、共性关键核心技术和智能制造装备领域的技术升级和创新，以促进汽车产业科技创新技术研发和产业化。以企业为主的研发主体积极推动自主创新，创新投入持续增加，提升核心技术掌握能力，并在动力电池、智能网联、汽车芯片、轻量化、智能制造等领域取得显著成果。从全球看，汽车领域技术创新发展日新月异，新能源智能网联汽车产业竞争加剧，产品迭代周期缩短，科技创新能力对于提升产业竞争力更为重要。面向新能源智能网联汽车下一阶段的发展，中国汽车产业科技创新还存在基础研究能力不足、原始创新缺乏、成果转化不畅、创新生态不完善等问题，建议强化科技创新支持顶层设计，构建市场导向、政府扶持、企业主体、高校和科研机构支撑的产学研用深度融合技术创新体系，鼓励源头性技术创新，从源头和底层实现关键技术革新和跨越式发展，特别是强化汽车企业科技创新主体地位，带动产业链、创新链、资金链、利益链、人才链、生态链等深度融合，构建协同创新体系，持续推动汽车产业高质量发展。

关键词： 汽车产业　科技创新　新能源　智能网联

目　录 ⟋⟍

I　总报告

II　分报告

皮书数据库阅读**使用指南**

总 报 告

B.1

2023年中国汽车产业科技创新
发展报告

王 铁 王晓明*

摘 要： 科技创新是汽车产业变革的核心驱动力，我国汽车产业把握电动化、智能化转型机遇，经过十多年的发展，在新能源汽车领域取得了一定的先发优势，形成了一批创新技术，建立了一批创新机构，初步形成了汽车产业科技创新生态。本报告梳理我国汽车产业科技创新发展现状，分析我国汽车产业进入高端发展阶段存在的问题、挑战，提出我国汽车产业科技创新生态持续健康发展的对策建议，鼓励源头性技术创新，强化汽车企业科技创新主体地位，加强创新型人才队伍建设，助力我国汽车产业发展由大到强。

关键词： 汽车产业 科技创新 新能源汽车 智能网联汽车

---

* 王铁，博士，正高级工程师，中国汽车战略与政策研究中心党总支书记、主任，主要研究方向为汽车科技创新；王晓明，博士，研究员，中国科学院科技战略咨询研究院产业科技创新研究部部长，主要研究方向为战略性新兴产业、未来产业、产业与科技创新融合。

在电动化、智能化、网联化趋势下，全球汽车产业迎来了前所未有的发展变革，各个国家、企业都在积极调整、主动应对，顺应产业变革趋势。新能源汽车及动力电池技术、智能网联技术、智能制造技术成为推动产业变革的核心驱动力。中国汽车产业科技创新发展迅猛，积极推动自主创新，提升核心技术掌握能力，并在新能源汽车、智能网联、轻量化、智能制造等领域取得显著成果。通过加大科技投入、深化国际合作与交流，中国汽车产业正逐步实现高质量发展，并在全球汽车市场中展现出强大的竞争力和创新能力。

一　中国汽车产业科技创新发展现状

经过十多年的发展，我国新能源汽车产业已经建立了完整的产业链，动力电池、新能源汽车整车产量全球领先。汽车智能化越来越重要，已经成为汽车产业竞争的新焦点。汽车产业的科技创新重点领域从发动机、变速箱技术转向动力电池、电机、电控和智能网联技术。我国在电动化、智能化、网联化方面进行了大量的前期研究，抢抓新能源智能汽车时代的发展机遇。

（一）创新投入持续增加，科技创新体系初步建立

2019~2022年，中国汽车行业上市公司的研发投入总体呈逐年上升趋势。2022年，中国汽车行业213家（A股192家、港股21家）上市公司的研发投入总和达4243亿元，同比增长30.4%（见图1）。研发投入主要集中在动力电池、新能源整车、智能座舱以及自动驾驶等领域。其中，上汽集团和比亚迪研发投入均超过200亿元，长城汽车和蔚来的研发投入超过100亿元，吉利汽车、理想汽车、广汽集团等自主品牌企业的研发投入呈现高速增长（见表1），表明我国自主品牌企业正在加大自主创新力度，以应对汽车行业的转型升级。在高额的研发投入背后，研发人员数量也在快速增加，2023年，中国汽车行业上市公司研发人员总数为28.6万人，同比增长10.4%。其中，乘用车制造商的研发人员总数占比最高，达78.1%；

商用车制造商的研发人员总数占比为 10.1%；汽车零部件制造商的研发人员总数占比为 7.6%；汽车服务商的研发人员总数占比为 4.2%。

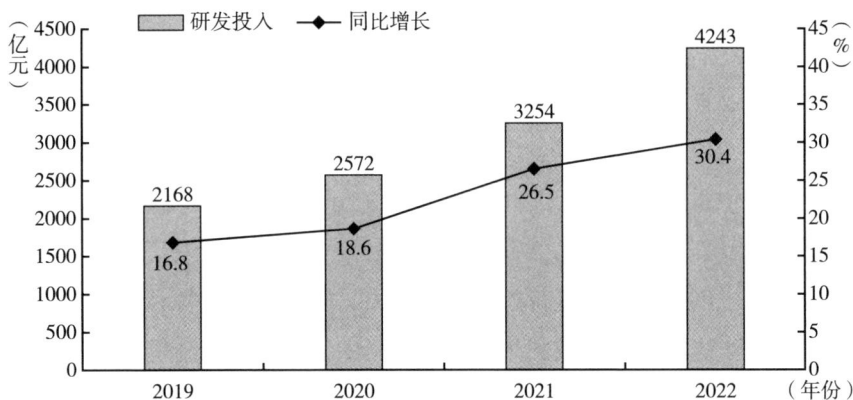

图 1　2019~2022 年中国汽车行业上市公司研发总投入

资料来源：Wind 数据库。

表 1　2022 年国内头部上市车企的研发投入金额和增速

单位：亿元，%

排序	企业	研发投入	同比增长
1	上汽集团	208.7	1.3
2	比亚迪	202.2	90.3
3	长城汽车	121.8	34.3
4	蔚来	108.4	136.0
5	吉利汽车	84.0	51.2
6	理想汽车	67.8	106.3
7	广汽集团	65.3	560.1
8	长安汽车	56.8	17.6
9	小鹏汽车	52.2	26.8
10	赛力斯	31.1	59.4
11	江淮汽车	18.3	2.2
12	零跑汽车	14.1	90.7

资料来源：各企业年度报告。

在头部车企的共同推动下，我国汽车产业初步构建了从基础研究、应用研究到开发研究全链条覆盖的创新生态，形成了由基础设施、政策环境、投资环境、消费市场等共同组成的生态环境。在基础研究环节，高校及科研院所突破了动力电池、自动驾驶等前沿技术。我国目前已有300多所高校开设了与汽车产业直接相关的车辆工程本科专业，44所高校设立了专业硕士点，37所高校设立了学术硕士点，15所高校可以授予博士学位。在动力电池驱动系统、传感系统、人工智能和自动驾驶等方面取得了一大批前沿成果。在应用研究环节，科技部、工信部、国家发展改革委等部委支持高校、科研院所、企业成立创新联合体进行核心技术攻关，解决行业共性技术问题。科技部重点建设新能源汽车领域的国家技术创新中心——国家新能源汽车技术创新中心，共建单位包括北汽集团、百度、清华大学、中国科学院电工研究所等21家企业和科研机构，涵盖整车制造、电池生产、互联网等多个研究领域。工信部建设了国家动力电池创新中心和国家智能网联汽车创新中心等与汽车产业直接相关的制造业创新中心，共同打造研发验证平台。在开发研究环节，整车及零部件企业与独立研发机构共同推动新产品的开发落地。主流车企和零部件企业均在国内设立了研究院、研发中心，不断壮大国内的研发力量。中国汽车技术研究中心、中国汽车工程研究院、中汽创智等第三方独立研发和测试机构可提供专业的研发和测试服务。另外，地方政府、产业基金及市场端共同为产业创新发展提供基础设施、政策环境、发展资金、应用市场。我国汽车产业的科技创新体系初步建立。

（二）科技创新政策有力支撑汽车产业转型升级

近年来，我国政府通过采取一系列科技创新支持政策，鼓励和引导汽车产业的技术升级和创新，如新能源汽车领域的财政补贴、税收优惠、研发资金支持等政策，以促进动力电池技术研发和产业化。目前，我国已经形成以磷酸铁锂和三元材料为主的动力电池技术体系。据统计，我国动力电池产品已经拥有全球超过70%的新能源汽车市场份额。氢燃料电池汽车领域，政府加大投入加速氢燃料电池汽车的技术突破，鼓励企业、高校和科研院所加强科研力量，包括增加科研经费、设立科技创新基金、支持科研院所建设等，为氢燃料电池汽车的推广和应用创造良好的环境。

智能网联汽车领域，政策支持主要集中在智能驾驶和车辆数据监测方面。支持企业开展智能驾驶技术的研发和测试示范，鼓励企业开发车辆数据采集和分析技术。在数据采集方面，鼓励企业使用新一代传感器和通信设备，实时、准确地获取车辆各项数据。车路协同技术方面，支持企业进行车路协同关键技术研发和项目创新，为相关企业提供资金支持和税收优惠政策。成立专门的研究机构和试验基地，提供科研设备和试验场地，促进车路协同技术的验证和实际应用。

节能低碳领域，支持以轻量化为代表的低碳技术研发。通过设立专项资金，鼓励企业、高校和科研院所开展技术研发创新。这些资金可以用于研发设备的购置、人员的培训和研究成果的应用转化。政府为轻量化产品研发和生产企业提供税收减免、贷款优惠、技术转让和知识产权保护等多方面的支持。

共性关键核心技术领域，鼓励和支持企业、高校和科研院所在芯片技术研发方面的创新工作，对芯片相关企业提供资金支持、税收优惠和研发项目支持等。同时，加大对芯片领域人才培养的投入，通过设立专门的人才培养计划和奖励机制，吸引和培养更多的优秀人才从事芯片研发和应用工作。

汽车装备和智能制造领域，政府通过财政、金融和科技支持等多种手段，为企业的装备升级和制造技术创新提供有力支撑。通过设立专项资金和引导基金等方式，为企业提供更加便利的融资服务，促进创新项目的开展。政府鼓励加强行业间的合作和联合研发，以提高装备和制造技术的创新能力。支持行业协会、研究机构和高校等开展合作研究，形成"政产学研用"的协同创新机制。

（三）专利数量和质量稳步提升

我国汽车行业相关领域专利申请量持续上升，发明专利占比过半。2013~2022年，全国汽车专利申请量共132.5万件。2016年，全国汽车发展进入平稳过渡期。从 2020 年起，全国汽车专利申请量又迎来新一轮快速增长期。2022 年，全国汽车专利申请量为 19.3 万件，公开量为 22.0 万件，发明专利授权量为 4.9 万件。行业主要参与企业重视科技创新类专利申请，其中发明专利授权占比逐年增长，专利质量稳步提升。

随着汽车行业智能化、电动化转型加快，全国汽车专利分布重点为新能源和智能网联领域。2022 年，新能源汽车和智能网联汽车专利分别占全国汽车专利的 22.29% 和 21.52%，远超其他汽车领域。在 2022 年新能源汽车专利技术构成中，动力电池系统以 49.18% 的占比排名第一，其次为充电系统。智能化方面，基础感知部件是智能化车辆专利布局重点，激光雷达作为技术密集型产品一直都是申请人的研发重点。此外，车辆通信技术在网联化专利中也一直保持较高的占比并持续上升。

从自主品牌车企科技创新发明专利申请量可以看到，传统车企仍占据主导地位，造车新势力逐渐崛起（见图 2）。从合资及外资企业科技创新发明专利申请量可以看出，丰田自动车株式会社以 1150 件发明专利申请排名第一，大幅领先其他企业（见图 3）。从产业链、供应链企业科技创新发明专利申请情况看，排名前十的企业包括 6 家科技类公司、2 家能源动力类公司和 2 家外资零部件供应商（见图 4）。

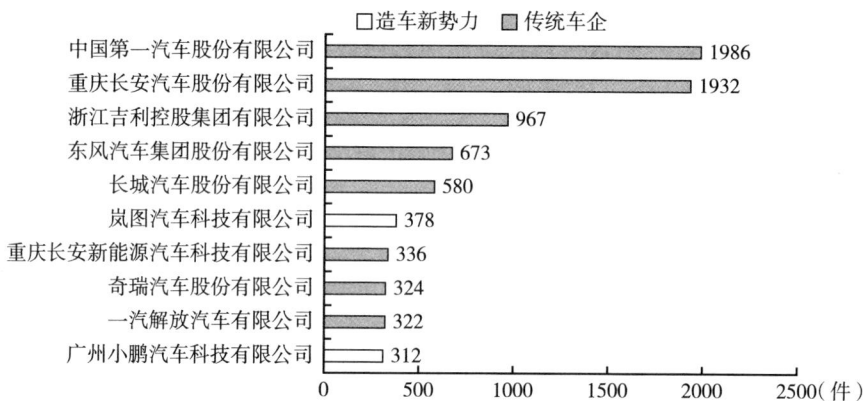

图 2　2022 年自主品牌车企科技创新发明专利申请量

资料来源：全球汽车专利大数据平台。

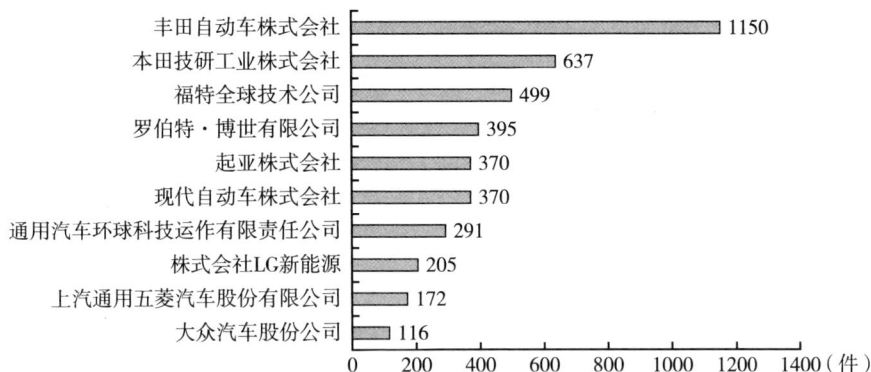

图3 2022年合资及外资企业科技创新发明专利申请量

资料来源：全球汽车专利大数据平台。

图4 2022年产业链、供应链企业科技创新发明专利申请量

资料来源：全球汽车专利大数据平台。

二 部分技术领域科技创新取得显著成就

新能源汽车是我国战略性新兴产业之一，我国在新能源汽车领域换道先行，已经取得了一定的先发优势，这与早期布局新能源与智能网联汽车技术创新密不可分。

（一）动力电池出货量与技术水平位于世界前列

中国动力电池产量和市场规模实现了快速增长。2023 年，全球电动汽车电池装机量达到 707.2GWh，同比增长 42%，装机量排名前十企业中，中国企业占多数，市场占有率达 70%。宁德时代和比亚迪分别占据了 33.0% 和 8.7% 的市场份额。这一成就得益于全球新能源汽车产销量的提升，以及国内电池制造商的技术进步。从电池技术来看，我国的动力电池技术已达世界先进水平，宁德时代、比亚迪等龙头企业已经在电池的能量密度、安全性、循环寿命等关键指标上取得了重要突破。例如，宁德时代的麒麟电池技术，通过简化电池包结构、提高能量密度，为电动汽车提供了更长的续航里程。同时，中国在固态电池、锂硫电池等下一代电池技术的研究领域也处于领先地位，这些新技术有望为动力电池领域带来新的突破。

（二）纯电整车平台获得国际汽车集团认可

2022 年，中国新能源汽车销量达 688.7 万辆，超过全球新能源汽车销量的一半。2023 年，中国新能源汽车销量达 949.5 万辆，新车渗透率达 31.6%。中国新能源汽车市场中，自主品牌新能源汽车占比超过 80%，新能源汽车技术和产品已经获得消费者的充分认可。2023 年 7 月，大众汽车与小鹏汽车达成技术框架协议，大众汽车向小鹏汽车增资约 7 亿美元，获得 4.99% 股权，未来将合作开发两款智能网联电动车。除了大众汽车与小鹏、智己的合作外，全球第四大跨国车企 Stellantis 集团战略入股零跑汽车，获得零跑科技股份有限公司约 20% 的股权，并与零跑汽车共同成立合资公司——零跑国际，专注于出口业务。长期以来，中国车企以合资方式引进技术的格局已被打破，中方开始向外方转让技术，如今大众、Stellantis 等国际汽车巨头纷纷与国内新势力企业进行合作，充分说明了中国的新能源技术已经处于全球前列，获得了国际汽车集团的认可。

（三）智能网联技术研发与产品应用蓬勃发展

我国智能网联汽车产业发展在产品、技术、商业模式等多方面展现了蓬勃创新力。在产品落地和市场渗透方面，先进驾驶辅助系统（0~2级自动驾驶）渗透率呈飞跃式增长。2022年，驾驶辅助系统中的主动刹车功能市场渗透率已超过50%，自适应巡航、车道保持辅助系统渗透率达30%左右。众多主流车企正在努力推进3级及以上高阶自动驾驶系统的规模化量产，国内的自动驾驶技术公司和出行公司已经在国内开展相对普遍的后装上路示范运营，包含出租车、小巴、卡车、环卫车等多种产品形态。产业规模方面，2022年，中国搭载辅助自动驾驶系统的智能网联乘用车新车销售量达700万辆，其中新能源汽车辅助自动驾驶系统搭载比例达48%。2022年，中国智能网联汽车产业规模已达5911.8亿元，增速达46.7%。测试示范方面，我国已建设完成17个智能网联汽车测试示范区、7个国家级车联网先导区、16个"双智"试点城市。全国已开放智能网联汽车测试道路里程超1.5万公里，完成了7000多公里道路智能化升级改造，装配路侧网联设备7000余台套，自动驾驶出租车、无人巴士、自主代客泊车、干线物流及无人配送等多场景示范应用有序展开。

（四）国产汽车芯片产业链初步形成

我国汽车芯片产业链初步形成，产业链的不同环节表现各不相同。在半导体材料方面，全球半导体硅晶圆市场主要集中在头部企业，技术壁垒较高。在芯片生产设备方面，中国汽车芯片产业仍较为依赖进口。在晶圆制造方面，龙头企业为台积电、Intel、三星等。在晶圆设计方面，中国芯片设计产业虽起步较晚，但凭借着巨大的市场需求、稳定的经济发展和有利的政策环境等众多优势条件，已成为全球芯片设计行业市场增长的主要驱动力。[①]但在半导体IP设计方面，目前IP供应商仍然以国外为主，包括Synopsys、

---

① 《2019年中国IC设计行业投资前景研究报告》，中商产业研究院，2019年10月11日，https：//wk.askci.com/details/75852801f2744b0fa5eb9050f56d949c/。

Cadence、ARM 及 Rambus 等。随着 RISC-V 处理器架构的开放，国内出现了多个新兴的国产处理器 IP、传统处理器 IP、接口 IP 等供应商。在芯片封测方面，中国的封测企业近年来发展迅猛，取得了显著的成就。在全球十大封测企业中，中国企业占据了绝大部分，其中，长电科技、通富微电、华天科技和智路科技等企业在全球封测市场中名列前茅。[①] 整体来看，我国汽车芯片产业链已初具规模，但与国际先进水平还存在一定的差距，需持续协同进步，实现产业链共赢。

（五）轻量化技术应用逐步扩大

汽车轻量化技术的创新不仅改变了汽车的设计和制造方式，还对整个行业产生了深远影响。汽车制造商通过采用更轻、更坚固的材料，如高强度钢、铝合金和复合材料，能够减轻车身重量，从而在降低燃油消耗和排放的同时提升车辆性能和安全性。在应用方面，轻量化技术已经在众多汽车品牌和车型中得到了体现。从小型乘用车到豪华轿车，从传统内燃机车辆到新能源汽车，轻量化技术都得到了不同程度的应用。

目前我国汽车轻量化技术主要通过材料轻量化、工艺轻量化及结构轻量化实现。通过材料技术实现汽车轻量化是最直接也是效果最为显著的方法，在不降低零部件和整车结构强度的前提下，利用更加轻质的材料进行替换，为部件和整车带来的轻量化效果立竿见影。目前，轻量化材料主要有汽车先进高强钢（AHSS）、铝合金和纤维增强树脂基复合材料等。在推进轻量化材料应用过程中，实现轻质材料替换的关键在于适配的高效成型工艺。近些年，汽车关键零部件不断朝着薄壁、高性能、大型化等方向发展，一体式成型成为轻量化工艺技术的重要发展方向，包括激光拼焊热成型技术、铝合金一体化压铸、复合材料成型工艺、片层模压成型（SMC）工艺技术，以及长纤维增强热固性复合材料成型工艺、热模压等。

---

① 《半导体后道测试设备行业深度剖析与布局策略报告》，未来智库网站，2020 年 9 月 22 日，https：//www.vzkoo.com/read/a70635f72e84f107391251590df89860.html。

三　新能源智能网联汽车产业创新趋势

随着新能源汽车技术的发展，部分前沿技术逐步成熟，产业创新趋势出现较大变化，逐步从电动化技术转向智能网联技术，创新的重点从前沿技术突破转向规模化推广。

（一）动力电池及整车技术创新重点从前沿技术突破转向成本控制

新能源汽车行业在近年来取得了令人瞩目的技术突破，特别是在电池性能提升、续航里程增加以及充电速度提高等前沿尖端技术领域，为全球绿色出行做出了极大贡献。目前，动力电池能量密度超过300Wh/kg，纯电动乘用车续航里程超过1000km，功率高达600kW超级快充的充电速度已能够满足绝大多数人的用车需求。随着用户对新能源汽车了解程度的加深，续航里程焦虑逐步减弱，对新能源汽车的接受程度提升。然而，尽管这些尖端技术为新能源汽车带来了诸多优势，但高昂的研发和生产成本成为阻碍新能源汽车在大众市场普及的最大难题。例如，目前新能源汽车销量更多集中在A0级、A00级和B级车，市场占有率最高的是A级车，新能源汽车的售价影响了新能源汽车的普及。

在这一背景下，新能源汽车行业的技术创新趋势逐渐从单纯的尖端技术突破转向降低成本。为了实现这一目标，行业内各方积极探索多种途径。一方面，研发人员正在致力于开发更经济高效的电池技术。例如，比亚迪推出的刀片电池技术采用磷酸铁锂电池，获得比三元锂电池更低的成本，并通过结构创新提升体积能量密度。特斯拉研发的4680大圆柱电池，相比于之前的2170圆柱电池在性能上并没有提升，但通过增加电池体积以及一系列的生产工艺创新，大幅度提升了电池的生产效率，降低了动力电池的成本。另一方面，整车企业通过整车平台的结构优化和生产工艺升级来降低成本。例如，特斯拉、小鹏等车企采用的一体化压铸工艺，可以将由多个零部件焊接而成的前后车身一次压铸成型，提高了车身的生产效率，同时能够提升车身的刚度。此外，车企和供应链企业通过不断优化生产流程、加强供应链的垂直掌控能力、提高原材料利用率以及采用更经济的零部件等方式，降低整车成本。其中，特斯拉通过自主研发和生产电池、电机等核心部件降低整车成本。目前从性能方面来看，新能源汽车已经具备替代燃油车的能力，但较高的成本限制了其进一步发展，目前新能源汽车领域的创新开始转向成本控制，通过技术创新降低成本，进而实现新能源汽车的大规模推广应用。

（二）智能座舱和领航辅助驾驶等智能化功能成为科技创新的重点方向

新能源汽车行业正经历着科技创新的重大转变，从以电动化为核心逐步迈向智能化新阶段。这一趋势的推动力量主要来自消费者对智能化需求的日益增长，以及对更加便捷、安全和舒适驾乘体验的追求。过去，新能源汽车的主要关注点在于提高能源效率和环保性能，通过采用先进的电池技术、优化驱动系统等手段降低能耗和减少排放。然而，随着科技的不断进步和消费者需求的升级，单纯的电动化已经无法满足市场的多元化需求。如今，智能网联汽车技术创新在新能源汽车行业中变得越来越重要。智能座舱和NOA（领航辅助驾驶）等技术的快速发展，赋予了新能源汽车更高的智能化水平，提供了更加便捷、安全和舒适的驾乘体验。例如，智能座舱通过集成先进的人机交互技术、语音识别、大尺寸触控屏等，为驾驶员和乘客创造了更加智能化的驾乘环境。NOA技术则通过高精度地图、传感器融合等手段，实现了车辆在高速公路等场景下的自动驾驶功能，大大提升了驾驶的安全性和便捷性。

除了智能座舱和NOA技术外，新能源汽车在智能网联领域还有很多其他的技术创新。例如，车联网（V2X）技术允许新能源汽车与周围环境进行实时交互，提高了行车安全性和交通效率。同时，基于人工智能和大数据技术的智能驾驶辅助系统也在不断进化，为驾驶员提供更加全面的驾驶辅助和决策支持。为了满足消费者对智能化的需求，新能源汽车行业正加大在智能网联技术方面的研发和应用力度。车企纷纷与科技公司合作，共同推动智能网联技术的创新与发展。例如，长安汽车通过与华为合作，将华为在智能车领域的创新技术和零部件应用于新能源汽车品牌阿维塔，为用户提供更加智能化的人机交互和辅助驾驶体验。蔚来、小鹏、理想等车企都在积极布局智能网联领域的新技术，通过自研的方式不断强化自身的辅助驾驶能力，推出高速领航辅助驾驶以及城市领航辅助驾驶功能，将智能汽车作为品牌形象的重要标签。

（三）汽车科技创新技术从单点创新转向构建创新生态

随着科技的不断进步和汽车产业的快速发展，科技创新已经不再是单点技术的突破，而是一系列技术的联合创新。这种联合创新涉及多个领域，包括新能源、智能化、轻量化、自动驾驶等技术，需要跨学科、跨领域的综合研究和开发。在这种背景下，单一的企业已经难以独立完成汽车产业的科技创新，未来的趋势是加强高校、科研院所、企业之间的合作，构建产业生态，共同推动产业的创新发展。高校和科研院所具有丰富的人才储备和科研资源，可以为企业提供技术和人才培养等方面的支持。而企业具有市场洞察力和产业化能力，可以将科研成果转化为实际的产品和服务。通过加强高校、科研院所、企业之间的合作，可以形成产学研用紧密结合的创新体系，推动汽车产业的技术创新和产业升级。例如，一些车企与高校和科研院所合作，成立联合实验室、新型研发机构等合作平台，共同研发新能源汽车技术，通过技术共享和资源整合加快新技术的研发和应用。同时，一些车企还与供应商、科技公司、互联网公司等合作，共同打造智能网联汽车生态圈，推动产业的协同发展。

（四）科技创新的可持续发展需要更加合理的商业模式

未来新能源智能网联汽车产业的发展，不仅依赖前沿科技创新，更需要健全的商业模式作为支撑。先进的技术如智能驾驶、能源高效利用、车联网等，确实赋予了新能源智能网联汽车独特的竞争优势，但这些技术优势的商业化落地和市场化推广则依赖合理的商业模式。一个成功的商业模式不仅能够将先进的技术有效地转化为实际的经济效益，更能通过市场反馈和需求洞察，为技术的进一步优化和创新提供方向。同时，通过资本运作，好的商业模式还能为整个汽车产业的科技创新体系提供持续的资金支持，从而推动产业不断迭代发展。例如，华为系的智能汽车通常采用"软件订阅"的商业模式，通过提供全面的智能驾驶增值服务，争取更多的用户付费，从而实现技术的商业化落地和盈利。而小鹏、理想等企业更愿意采用"硬件收费、软件免费"的方式，鼓励用户购买价格更高的车型，通过更高的产品售价提升收入。不论是哪种商业模式，都可以让用户为智能驾驶买单，既提升了用户的使用体验，也为企业带来了可观的经济效益，进一步推动了技术的研发和创新。此外，成功的商业模式还能促进产业链上下游的协同合作，形成良性的产业生态。通过与供应商、经销商、科技公司等多方的紧密合作，新能源智能网联汽车企业可以共同打造完整的产业链和生态圈，实现资源共享和优势互补，从而推动整个产业的协同发展。总之，未来新能源智能网联汽车产业的发展趋势是技术与商业模式的双轮驱动。只有将先进的技术与合理的商业模式相结合，才能实现技术的商业化落地和市场化推广，进而推动整个产业的持续创新和发展。

四　汽车产业科技创新发展面临的挑战

新时代，新能源智能网联汽车产业竞争加剧，产品迭代周期缩短，科技创新能力对于提升产业竞争力更为重要。面向新能源智能网联汽车下一阶段的发展，我国汽车产业科技创新还存在基础研究能力不足、成果转化不畅、创新生态不完善等问题。

（一）基础研究投入亟待加大，原创性成果偏少

全球范围内汽车领域技术创新发展日新月异，但重大技术策源地和颠覆性创新发生在国内的数量仍旧比较少，基础研究和原始创新不足。基础研究作为根基，是汽车工业最核心关键的部分，与前瞻性技术紧密联系。传统汽车工业时代，我国汽车工业技术已经很接近国外先进水平，再继续往前就需要以基础研究为支撑的创新，尤其是在新能源汽车和智能网联汽车方面，越

来越接近技术创新的"无人区"。汽车产业技术创新能力弱、没有原创技术的根源正是基础研究的严重缺失。随着新能源汽车和智能网联汽车进入全面竞争的时代，汽车产业也已进入颠覆性变化阶段，未来，汽车电子、相关信息技术、新动力源、轻量化等占汽车技术创新比重将达到70%以上，且多学科交叉融合，相关基础研究现状如不加速改观，中国汽车产业将难以实现由"汽车制造"向"汽车制造+汽车创造"的转变。

（二）科技成果产业化应用转化尚需进一步打通

随着国家对汽车领域技术研究和基础研究投入的不断增加，高校、科研院所等相关科研成果不断产出，但从整个产业的技术转化价值链来看，从基础研究到工程应用，再到产业化应用并没有完全打通，存在严重的"断链"。一方面，高校及科研院所的基础研究多面向前沿进展，常在论文层面有所突破，与企业技术的工程化应用存在割裂，课题设计过程中缺乏成果转化的主观意图。同时，企业在技术需求和实际资源配置上的能力不足，企业研发、转化科技成果的动力和能力不足，致使基础研究成果的产业化应用成功率偏低。另一方面，行业的应用验证平台、条件和场景缺乏，也是导致基础研究成果在产业化过程中难以落地的重要原因。

（三）跨行业融合刚刚起步，科技创新生态有待完善

在技术进步、需求变化及出行方式演变等多重因素影响下，汽车行业与通信、能源等技术领域的联系日益紧密。但是因研发模式及技术标准的差异，目前汽车产业、通信产业和新能源产业尚未建立协调的创新生态。通信技术的发展速度非常快，不断推出新技术和新产品，研发活动注重快速迭代和技术创新。相比之下，汽车研发过程注重产品质量和可靠性验证，安全因素至关重要。能源技术的研发活动则关注能源效率和环境友好性，涉及材料研究、系统设计和效能测试等多个领域，需要综合考虑能源利用和环境影响。汽车、通信和能源属于不同行业，技术标准不统一。汽车行

业标准只是通信、能源等技术标准的应用方向之一，在协调技术标准方面缺少话语权。

（四）创新环境有待完善，产业创新发展支撑能力不足

汽车产业作为一个技术密集型和创新驱动型的行业，其创新环境对于产业的发展至关重要。当前，我国已经出台了一系列支持汽车创新的政策，但在实际执行过程中，仍存在部分政策落实不到位、政策引导力度不足等问题，从产业链的角度看，我国汽车产业链已初步形成，仍然存在一些薄弱环节，如关键零部件、核心技术等方面还依赖进口，一定程度上制约了汽车产业的创新发展。此外，部分关键技术领域创新人才缺乏、创新投入不足、创新体系不完善等问题也限制了汽车产业的创新发展。为了提升汽车产业的创新发展能力，需要进一步完善创新环境，加强政策支持，加大创新投入，培养创新人才，构建完善的创新体系等。

五　行业发展建议

中国汽车产业要遵循科技创新和产业发展的客观规律，把握新能源智能网联汽车发展的正确方向，国家要做好顶层设计，引导全社会加大科技创新投入，推动产学研用不同主体的合作，特别是激发企业主体的创新活力，构建汽车产业科技创新生态。

（一）强化科技创新支持顶层设计，完善政府创新治理机制

建议保持较高的科技创新投入，增强科技创新能力，把科技创新作为产业发展的原动力。政府层面在基础研究、应用研究层面支持汽车前沿技术的研发，利用国家财政资金及国家战略力量突破汽车产业的关键核心技术。鼓励企业加大科研投入，提升自主研发能力，培育核心技术，形成更多的专利成果。

需在产业顶层设计、科技创新体系、源头技术创新等方面持续发力，不

断推进全球汽车产业的转型升级。一是加强国际合作和前瞻规划部署。面向2035年深入研判汽车产业转型升级方向，探索跨国、跨企业的开放合作、自主突破与产业化应用协同推进路径。二是搭建国际创新合作平台，组织实施新能源汽车双多边国际科技合作项目，聚焦学术新思想、科学新发现、技术新发明、产业新方向。持续加大对新能源汽车核心零部件与关键技术的投入，加大对全固态电池、新型电子电气架构等重大前沿科技的支持力度。[①]

（二）构建产学研用创新体系，形成科技融合创新发展机制

构建市场导向、政府扶持、企业主体、高校和科研机构支撑的产学研用深度融合技术创新体系，将极大地助力科研力量、资金资源等创新要素的整合，更加顺畅地打通创新过程的上中下游各环节，形成推进科技创新的协同合力。一是充分发挥市场的技术创新引导者作用。面向市场解决关键核心和"卡脖子"技术难题，加速成果转化进程，推动新业态新模式的发展。二是充分发挥企业的技术创新主体作用。充分发挥龙头骨干企业作用，广泛联合产业上下游企业，开展关键核心技术研发和产业化应用，提升以龙头企业为核心的产业集群竞争力。三是强化高校和科研机构科学研究和技术创新重要阵地的定位。发挥学科和人才优势，实现校企教学、科研、服务、实习、就业全方位一体化合作，为企业和产业发展提供科技和人才支撑。企业、政府、高校和科研机构携手从产业链、创新链、资金链、利益链、人才链、生态链等方面深度融合，形成协同创新体系。

（三）鼓励源头性技术创新，全方位推动基础研究发展

加快提升原始创新能力，从源头和底层实现关键技术革新和跨越式发展，构筑面向未来的竞争优势。一是加强科技创新目标的研究。建立健全面向关键共性技术、前沿技术引领、现代工程技术、颠覆性技术的研究体系，

---

① 《"把科技政策扎实落地这项工作抓在手上、落到实处"——科技部部长王志刚谈科技创新热点问题》，中国政府网，2022年3月8日，https：//www. gov. cn/xinwen/2022－03/08/content_ 5677981. htm。

统筹谋划科技创新发展战略,共同打造汽车科技创新目标,为产业创新发展提供方向指引。二是支持构建从源头技术研究到成果转化的全过程创新生态链,加大对国家创新平台的支持力度,促进汽车人才、资金、技术、信息等创新要素自由流动、高效配置,构建汽车创新主体互利共生、高效协同的科技创新生态,提高汽车产业科技创新成效。三是前瞻探索全固态动力电池、基于新材料和新器件的电驱动系统等下一代动力电池、驱动电机核心关键技术,布局高安全自动驾驶类脑决策与人机共驾、车路云分层决策与网联控制等智能驾驶技术,为产业未来发展奠定坚实的科技基础。

(四)强化汽车企业科技创新主体地位,全面激发创新活力

一是发挥汽车领域央企和国企的行业骨干力量,鼓励其主动将国家战略目标和科学目标、经济目标相统一,充分发挥核心企业对供应商、高校、科研院所等创新主体的组织力、对基础产业的带动力。[1] 同时,以市场机制为主导,进一步推动汽车领域跨地区、跨所有制的企业兼并重组,争取培育出世界级科技领先企业。二是激励重点企业在市场前景驱动下,高效实现前沿成果的潜在价值,发展面向产业变革的新型研发机构。面向市场应用的关键核心技术,要围绕产业链部署创新链,将关键技术突破、样品规模化商用和产业生态培育等环节紧密结合,重视面向产品稳定性和可靠性的持续商用化研发。三是加强汽车企业国内外专利布局,提升汽车领域知识产权创造、运用、保护和管理能力。

(五)加强创新型人才队伍建设,提升人才基础支撑能力

推动行业做好人才培养,建立健全梯队化的汽车人才发展体系,加大对基础前沿研究领域青年技术人才的科研支持力度,加快培育一批敢探索"无人区"、甘坐"冷板凳"的基础研究领域青年后备力量。一是落实深化

---

[1] 《张越、万劲波:构建关键核心技术融合创新攻关体系》,中国科学院网站,2020年9月2日,https://www.cas.cn/zjs/202009/t20200902_ 4757937.shtml。

科技体制改革的相关举措，简化汽车领域行政管理流程，积极推动对引进汽车创新人才的"减负"工作，打破高校、科研单位与企业间人才流动的藩篱，使创新人才能够在更大范围内更加便利地开展创新活动。二是推动汽车整车及零部件相关企业开展技能需求研判，培育跨学科、跨领域的高水平复合型汽车产业技术创新人才。三是适当放宽顶尖创新人才移民及顶尖高校留学人员的申请条件，提供具有竞争力的福利待遇和科研条件，吸引和留住全球汽车产业科技创新高端人才。

参考文献

雷海波、孙可娜、刘娜：《发达国家科技创新金融支撑体系的运作模式与有益借鉴》，《北方经济》2011年第14期。

熊莉、于威业：《汽车自动驾驶产业链深度报告：芯片及软件专题》，"未来智库"百家号，2021年1月4日，https：//baijiahao. baidu. com/s？id ＝ 16879422404986350 62 &wfr ＝ spider&for ＝ pc。

分 报 告

B.2

动力电池产业创新技术路线及趋势分析

潘　璇[*]

摘　要： 动力电池是新能源汽车的核心技术，提升动力电池能量密度是提升新能源汽车续航里程的关键。低成本、长寿命、高性能的动力电池一直是动力电池技术进步的重要方向，也是提升新能源汽车竞争力、实现对燃油车替代的关键性能指标。近几年，动力电池进入工业化、规模化量产阶段，动力电池性能提升显著、成本大幅度降低。通过对全球动力电池专利分析可以看出，动力电池核心技术主要掌握在头部企业手中，我国在动力电池专利技术方面已经具备了一定的优势。动力电池仍在探索固态电池、钠电池等多种新技术，朝着成本更低或者性能更高的方向发展。

关键词： 动力电池　专利分析　清洁能源

---

* 潘璇，博士，中国科学院科技战略咨询研究院副研究员，主要研究方向为科技战略情报。

动力电池市场是一个全球化的市场，其制造商和供应链涉及多个国家，积极参与国际合作和竞争有助于促进技术交流和降低成本。随着全球新能源汽车市场的快速增长，动力电池市场规模不断扩大，中国和欧洲是新能源汽车市场的领先者，这些地区的动力电池市场发展相对迅速。同时，政府政策、环保法规和日益严重的空气污染问题也在新能源汽车和动力电池市场的发展中发挥了重要作用。许多国家出台了补贴、减税等激励措施，以推动新能源汽车的销售。发展动力电池不仅有助于减少环境影响和温室气体排放，还能够提高能源可持续性、创造就业机会、改善城市环境、推动技术和经济发展，该领域相关技术的发展在未来可持续发展和能源转型中扮演着关键的角色。

通过科研机构和制造商的不懈研发，动力电池技术不断演进，旨在提高能量密度、降低成本、延长电池寿命、提高安全性、提高充电速度和开发更环保的材料。技术的创新对动力电池的性能和成本具有重要影响。动力电池的制造具有高度集中的特性，由少数大型制造商主导，这些公司通过持续扩大产能满足新能源汽车市场的需求。随着规模经济效应的实现和技术的进步，动力电池的成本逐渐下降，但如何进一步降低动力电池的成本一直是行业面临的关键问题。环境和资源可持续性是动力电池产业的另一个重要关注点，包括通过对电池材料的回收和再利用以减少对环境的影响、在电池的生产过程中采用清洁能源等，从而平衡经济增长与社会可持续发展之间的关系。

总的来说，全球动力电池产业正处于充满机遇和挑战的关键时刻。随着新能源汽车市场的不断增长和技术进步，动力电池行业将继续快速发展，但仍需应对成本、可持续性和供应链等风险和问题。政府政策、技术创新和国际合作将继续对这个行业产生深远的影响。本文基于全球动力电池专利数据研究动力电池产业的科技现状及发展趋势。

一 全球动力电池专利整体分析

本文基于 incoPat 专利数据库，选取 1980 年 1 月 1 日至 2022 年 12 月 31

日公开的动力电池相关专利,并与相关领域技术专家反复沟通和研判,构建动力电池领域的专利检索式。从数据可以看出,中国动力电池产业从2000年开始发力,当年拥有相关专利202件,拥有专利数量排名从2000年的全球第6位到2009年跃居全球第一。在政府的大力支持与相关企业的共同努力下,中国拥有的动力电池专利数量一直保持全球第一的位置,且与第二位(日本或韩国)的差距较大。2022年(非累计),中国拥有动力电池专利数量达7259件,第2位日本780件、第3位韩国578件、第4位美国445件(见图1)。

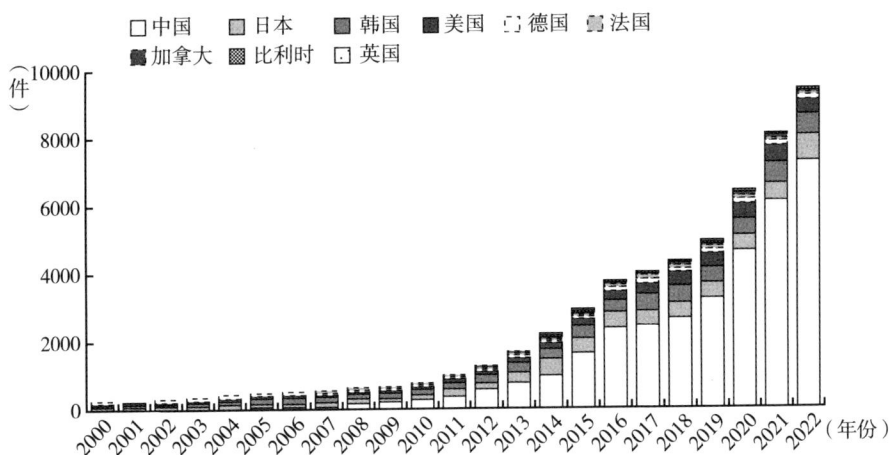

图1 2000~2022年部分国家动力电池相关专利数量变化(取前9位)

资料来源:incoPat。

总体来看,1980~2022年全球动力电池相关专利数量共计57106件。其中,我国动力电池专利数量合计34411件、全球占比达60.26%,位列第一;其后是美国(拥有6226件专利,占比10.90%)、日本(拥有5417件专利,占比9.49%)、韩国(拥有4486件专利,占比7.86%)、德国(拥有651件专利,占比1.14%)、加拿大(拥有363件专利,占比0.64%)、法国(拥有335件专利,占比0.59%)、俄罗斯(拥有291件专利,占比0.51%)(见图2)。

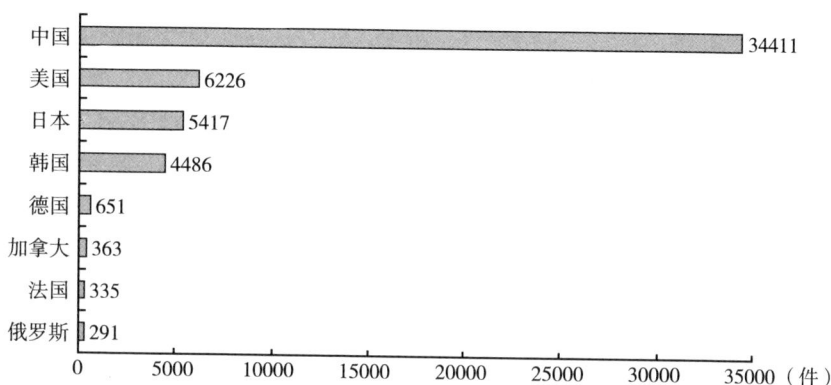

图 2　1980~2022 年部分国家动力电池相关专利数量（取前 8 位）

资料来源：incoPat。

二　动力电池专利地域分布及科技流向

不同国家（地区）的专利发明人和申请人可以根据自身机构或企业的发展战略需求，在全球各国（地区）申请对自己的发明和设计进行专利保护，从而在更大范围内形成专利池并最大限度保护自己的知识产权，抢占有潜力的动力电池产业市场。图 3 展示了部分国家（地区）动力电池相关专利技术流向的分布情况。可以看出，中国、美国和日本申请相关专利数量较多，而中国主要应用在本国境内，美国和日本相较其他国家更加注重专利技术的全球布局。

中国企业对动力电池的专利布局主要在本国境内，其次是美国、日本、欧洲。中国在境内申请保护的动力电池相关专利数量远远高于在全球其他国家和地区，尤其是在欧美国家的公开专利数量很少，这说明中国的动力电池销售仍以国内市场为主。美国的专利布局主要在日本、中国和欧洲。日本的专利布局主要在美国、中国、韩国和欧洲；相对而言，日本动力电池相关专利在全球的覆盖范围更为广泛，说明具有较好的国际市场认可度。总体来看，各国在中国的公开专利数量均位居前列，中国拥有其他国家（地区）公

专利公开国家（地区）	申请人国家（地区）								
	中国	日本	韩国	美国	德国	法国	加拿大	比利时	英国
中国	32202	671	541	455	252	83	28	65	36
美国	661	942	1294	2451	281	175	152	94	57
日本	270	3882	448	466	108	117	18	—	32
韩国	154	490	3322	243	105	74	29	77	22
欧洲专利局(EPO)	254	362	406	322	283	199	46	82	36
德国	9	184	56	135	127	30	60	3	11
加拿大	12	58	9	119	24	29	71	16	9
法国	1	14	—	3	6	305	7	2	—
俄罗斯	5	38	21	27	10	8	1	1	5

图 3　1980~2022 年全球动力电池相关专利技术流向

资料来源：incoPat。

开专利数量仅次于美国，说明各国均十分重视在中国的专利布局。

我国动力电池相关专利数量分布呈现明显的地域特征。拥有动力电池相关专利数量较多的省市比较集中分布在东部及南部沿海经济较发达的区域。其中，排名前10位的是：广东（6426件）、江苏（3597件）、北京（3215件）、浙江（2881件）、安徽（1871件）、湖南（1695件）、上海（1685件）、山东（1326件）、湖北（1239件）、福建（1228件）（见图4）。尤其是广东、江苏和北京在动力电池领域表现较为突出。从区域集聚看，京津冀、长三角、珠三角成为我国动力电池发展的主要区域，主要是因为这三个区域的综合实力和产业集群优势为动力电池的研发打下了良好基础，提供了充分的科技资源、人才供应及资金保障。此外，这些区域人口密度大，人均消费水平较高，为动力电池产业提供了广阔的市场。

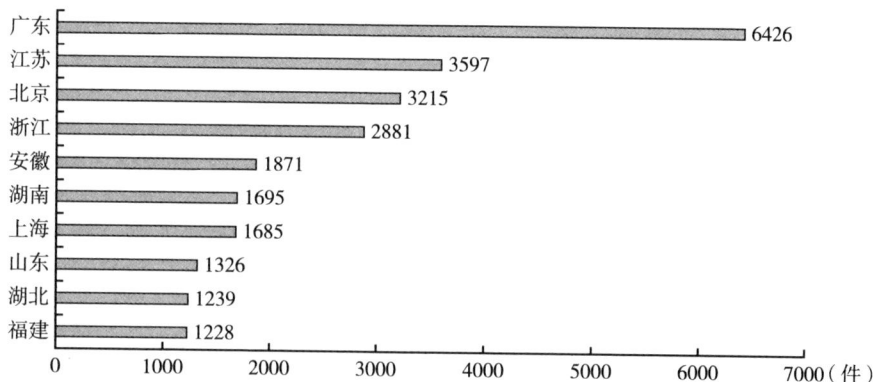

图4 1980～2022年中国动力电池相关专利数量分布（排名取前10位）

资料来源：incoPat。

三 动力电池研发主体

从1980～2022年全球动力电池相关专利申请主体来看，企业类申请主体以绝对的数量优势占据主导地位，共有21644家企业，高校10841家，科研单位1999家。此外，还有1025位个人申请人和108家机关团体。其中，高校排名靠前的主要申请主体均在中国，包括中南大学（712件）、清华大学（586件）、浙江大学（394件）、哈尔滨工业大学（295件）、北京理工大学（276件）、陕西科技大学（254件）、华南理工大学（214件）（见表1）。

表1　1980～2022年全球动力电池相关专利主要申请主体

排名	申请主体	专利数量（件）	国家（地区）	排名	申请主体	专利数量（件）	国家（地区）
1	三星集团	2926	韩国	16	哈尔滨工业大学	295	中国
2	比亚迪	1081	中国	17	北京理工大学	276	中国
3	丰田	997	日本	18	原子能安全委员会	267	法国
4	中国科学院	846	中国	19	日立公司	261	日本
5	宁德时代	717	中国	20	住友公司	259	日本
6	中南大学	712	中国	21	陕西科技大学	254	中国
7	清华大学	586	中国	22	鸿海科技	245	中国台湾
8	国轩高科	573	中国	23	日产公司	243	日本
9	LG集团	572	韩国	24	东莞新能源科技	233	中国
10	松下集团	424	日本	25	国家电网	220	中国
11	浙江大学	394	中国	26	奇瑞汽车	217	中国
12	博世公司	376	德国	27	华南理工大学	214	中国
13	优美科	361	比利时	28	珠海冠宇电池	212	中国
14	北汽集团	317	中国	29	通用汽车	202	美国
15	新日矿	305	日本	30	现代公司	200	韩国

资料来源：incoPat。

科研单位中排名前10位的主要申请主体中有9家来自中国科学院院属研究机构，包括中国科学院过程工程研究所（161件）、中国科学院宁波材料技术与工程研究所（143件）、中国科学院大连化学物理研究所（135件）、肇庆市华师大光电产业研究院（99件）、中国科学院化学研究所（98件）、中国科学院物理研究所（82件）、中国科学院上海硅酸盐研究所（65件）、中国科学院青岛生物能源与过程研究所（63件）、中国科学院广州能源研究所（46件）、中国科学院金属研究所（44件）。

通过对全球动力电池相关专利申请量排名前 30 位的申请主体进行统计发现，有 17 家来自中国、6 家来自日本、3 家来自韩国、1 家来自美国、1 家来自德国、1 家来自法国、1 家来自比利时。其中，中国的研发主体占据 17 席，展现出了雄厚的实力，可见动力电池产业在中国已经形成了规模化的集群效应。

四　动力电池技术热点

本文对 2022 年全球动力电池相关专利进行聚类分析，发现近期的技术研究热点主要集中在锂离子电池和钠离子电池，其细分方向包括负极材料、固态电池、电池隔膜、电解液添加剂、动力电池模组等。本文就部分重点细分方向进行分析和展望。

目前动力电池领域中锂离子电池仍然占主导地位，钠离子电池被看作未来可能的替代技术。钠离子电池通过钠离子在正极和负极之间的移动来存储和释放电能，与锂离子电池的工作原理相似，但由于钠资源相对较为充足和廉价，因而具有更低的成本和更大的可持续性，且钠离子电池的安全性相对较高，不易发生过热或爆炸等情况。目前，钠离子电池在循环寿命和稳定性方面仍需改进，且在电极材料的制备、组装工艺和成本控制等方面尚存在一些难点，因此大规模制造仍然具有挑战性。钠离子电池有望在工业自动化、机器人和电力工具等需要大容量电池的场景中具有应用潜力，并在可再生能源集成和微电网等储能市场上取得显著增长。随着研发技术的不断改进、循环寿命的延长和生产成本的降低，钠离子电池将成为动力电池的替代选择。

负极材料是动力电池的关键材料之一，直接影响到电池的各项性能指标和可持续生产能力，尤其对锂离子电池的能量密度、循环性能、充放电倍率及低温放电性能具有较大的影响。负极材料的研发正经历着积极的变革，以满足不断增长的电池需求。当前，比较受关注的负极材料包括石墨、硅、碳化硅等。其中，石墨负极因循环性能、安全性能相对占优，市场占有率逐年提高,但在提高电池能量密度和性能方面存在一定的限制,因此研发方向聚焦改进的石墨结构,如硬碳和多孔碳,以增加储存离子的表面积。同石墨相比,硅基材料的理论克容量接近其十倍,但硅基负极在充放电过程中的膨胀问题极为严重,容易引起电极材料的疲劳和电池寿命问题,暂时无法大规模商业化,未来技术方向主要是研发纳米结构硅等新型硅材料以克服这些挑战。

固态电池是一种备受期待的电池技术,有望取代传统如锂离子电池等液态电池。这项技术的研发一直处于前沿,并在新能源汽车、储能系统和便携式电子设备等领域具有广泛应用前景。由于固态电解质具有较高的热稳定性,不容易泄漏电解液或发生火灾,因而固态电池相对于传统液态电池更安全,这一特性可以降低事故风险,在新能源汽车应用中非常重要。固态电池通常具有更高的能量密度,可以存储更多的能量,从而提供更长的续航里程并减少充电频率。此外,因不受液态电解质的限制,固态电池可以更快地完成充电过程,提高了用户的便利性。未来,通过克服固态电池电解质稳定性和界面问题,不断进行工艺改进和降低成本,有望实现全固态电池的大规模商业化和广泛应用。

五 总结与展望

动力电池科技发展已经成为新能源汽车和可再生能源储能系统等领域的关键推动力。在当前阶段,动力电池科技快速发展,但同时面临一些机遇和挑战。一方面,新能源汽车市场的快速增长推动了对高性能、长寿命、安全可靠的动力电池的需求。另一方面,可再生能源的大规模部署需要高效的储能系统,动力电池成为一个关键的解决方案。动力电池的能量密度和功率密度不断提高,电池的循环寿命持续延长。此外,随着规模效应的实现、制造工艺的改进以及材料成本的下降,动力电池的成本逐渐降低,使新能源汽车更具竞争力。由于新能源汽车的销量不断增加,全球范围内大量建设充电基础设施,促进了动力电池市场的扩大。全球各国(地区)都在积极推动动力电池技术的研发和应用，中国、美国、日本、欧洲等地都成为电池科技的领导者。这些国家（地区）之间的竞争和合作共存，构建了全球动力电池科技的发展格局。

参考文献

安同良、姜舸、王大中：《中国高技术制造业技术测度与赶超路径——以锂电池行业为例》，《经济研究》2023 年第 1 期。

于力娜等：《车用质子交换膜燃料电池膜电极关键材料与结构设计进展》，《汽车文摘》2023 年第 5 期。

陈素华、白莹：《锂离子动力电池热失控机理及热管理技术研究进展》，《中国科学基金》2023 年第 2 期。

魏紫如等：《锂离子动力电池正负极材料的研究进程》，《时代汽车》2024 年第 1 期。

林水静：《动力电池负极材料开启新一轮扩产增能》，《中国能源报》2022 年 7 月 25 日。

孙亚军：《固态电池商业化前景不明朗》，《经济日报》2024 年 1 月 23 日。

王政：《动力电池技术新能量足》，《人民日报》2024 年 1 月 24 日。

B.3
汽车操作系统开发应用进程及发展建议

秦志嫒　鞠伟男　攸连庆　刘丽萍*

摘　要：　在汽车电动化、智能化、网联化发展趋势下，操作系统已经成为车辆中最重要的组成部分之一，在一定程度上决定了车辆的安全性和智能化水平。我国汽车操作系统自主研发应用起步较晚，与国际先进水平仍有明显差距。本文致力于梳理国内外操作系统发展情况，针对我国汽车操作系统开发应用中面临的突出问题，从政策、标准、测试认证等方面提出发展建议。

关键词：　汽车操作系统　开发应用　测试认证

汽车操作系统是整车软件架构中最核心的部分，也是汽车技术的灵魂。目前市场上的各类汽车操作系统多基于基础型操作系统的内核开发，操作系统企业一般不具备底层内核开发能力。基础型操作系统主要由欧美等国家的大型外资厂商开发和运营，我国企业从零开发基础型汽车操作系统在技术和商业上暂时还无法实现，但已经在自研定制化操作系统方面取得了较好成绩。如未来在政策规划、标准引领、测试认证等方面得到有力支持，国产操作系统的研发设计和应用水平将得到有效提升，助力我国智能网联汽车产业链供应链稳定可持续发展。

---

* 秦志嫒，中国汽车战略与政策研究中心高级工程师；鞠伟男，中汽研软件测评（天津）有限公司工程师；攸连庆，中国汽车战略与政策研究中心工程师；刘丽萍，中汽研软件测评（天津）有限公司工程师。

一 汽车操作系统发展应用概况

目前，汽车操作系统市场参与者众多，既有传统国内外整车厂商，又有新势力科技企业及大型零部件供应商。我国车企也越来越认识到操作系统在发展智能网联汽车中的重要性，开始自研操作系统，但仍处于起步和探索阶段，虽挑战重重，却有很大进步空间。

（一）定义

根据全国汽车标准化技术委员会在 2019 年 10 月发布的《车用操作系统标准体系》，车用操作系统是指运行于车内的系统程序集合，以实现管理硬件资源、隐藏内部逻辑、提供软件平台、提供用户程序与系统交互接口、为上层应用提供基础服务等功能。车用操作系统可以分为车控操作系统和车载操作系统两大类。车控操作系统又可进一步分为安全车控操作系统和智能驾驶操作系统两小类（见图 1）。

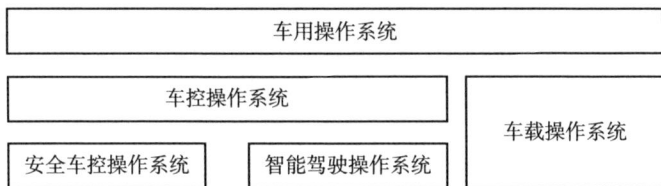

图 1　车用操作系统分类

资料来源：《车用操作系统标准体系》。

在车控操作系统中，安全车控操作系统主要面向经典车辆控制领域，如动力系统、底盘系统和车身系统等，该类操作系统对实时性和安全性要求极高，生态发展已趋于成熟。智能驾驶操作系统主要面向智能驾驶领域，应用于智能驾驶域控制器，除对安全性和可靠性要求较高外，对性能和运算能力也有一定的要求。该类操作系统目前在全世界范围内都处于研发初期，生态尚未完备。车载操作系统主要面向信息娱乐和智能座舱，主要应用于车机中控系统，对于安全性和可靠性的要求处于中等水平。该类操作系统发展迅速，依托该类操作系统的生态也处于迅速发展时期。

参考行业经验，根据底层开发程度不同，车用操作系统可以分为基础型、定制型、ROM（Read Only Memory，只读存储器，一般指有限定制系统）型、手机映射型四种（见图2）。基础型操作系统是全新开发的底层操作系统和系统组件，如系统内核、底层驱动、虚拟机等。定制型操作系统在基础型操作系统之上深度定制开发，如修改内核、硬件驱动、运行时环境、应用程序框架等。ROM型操作系统基于基础型操作系统有限定制开发，不涉及系统内核更改，一般只修改自带的应用程序。手机映射型系统把手机屏幕内容映射到车载中控，通过整合地图、音乐、社交等功能满足车主需求。当前，智能驾驶操作系统、车载操作系统大多基于QNX、Linux等基础型操作系统开发。

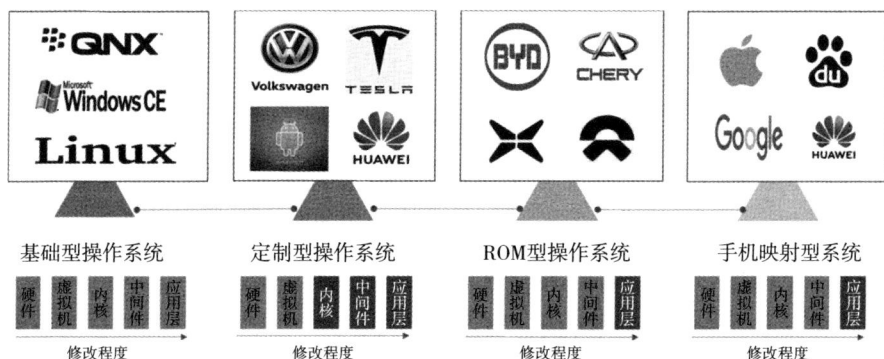

图2　不同开发程度的操作系统应用情况

资料来源：根据公开资料整理。

（二）发展现状

基础型操作系统基本被国外供应商垄断（见图3），其发展较早、技术相对成熟，并且拥有大量的开发者群体。目前业内主流的基础型操作系统产

	简介	优势分析	劣势分析	合作主机厂/供应商	市场份额	
					2019年	2023年
QNX	黑莓公司旗下，全球第一款通过ASIL D认证的操作系统	▶微内核架构，运行速度极快 ▶安全和稳定性极高 ▶功能组件独立运行，可靠性高	▶开发难度大，周期长 ▶生态较弱，应用有限 ▶需要商业收费，授权	通用、凯迪拉克、雪佛兰、路虎、保时捷、大众、奥迪、丰田、宝马、奔驰、现代、福特、哈曼、伟世通、大陆、博世等	43%	40%
Linux	基于POSIX和Unix的多用户、多任务、支持多线程和多CPU的操作系统	▶支持图形用户界面 ▶支持多任务、多线程 ▶灵活性高，稳定性强 ▶开源，可免费开发使用	▶目前应用生态较弱 ▶技术支持不稳定	丰田、日产、特斯拉等	18%	30%
Android	谷歌开发的基于Linux架构的系统，属于类Linux系统	▶开源，可免费开发使用 ▶可移植性强，生态建立较快	▶系统安全性低，稳定性较差 ▶技术维护成本高 ▶过度依赖Google，存在"卡脖子"风险	阿里Ali OS、百度小度车载OS、比亚迪DiLink、蔚来NIO OS、小鹏Xmart OS等	20%	27%
Windows CE	微软发布的32位的多任务操作系统	▶实时性强，运行速度快 ▶模块化开发，上手难度低 ▶提供丰富开发包与工具	▶微软已放弃后续更新，正式成为"死系统" ▶开发者极少，生态很差	福特（现已放弃）	8%	0%

图3 主流基础型操作系统情况

资料来源：根据公开资料整理。

品包括 QNX、Linux、Android、Windows CE 等。QNX 是全球第一款通过 ASIL D 等级（汽车安全完整性最高等级）功能安全认证的操作系统，采用微内核架构，有商业收费和授权，2023 年市场占有率为 40%。Linux 是一款开源操作系统，拥有汽车级 Linux 成员超 100 家，系统架构灵活性高，但技术支持不稳定。Android 的开发基于 Linux 系统，依赖 Google 的技术支撑，系统开源成本低。考虑商业成本和生态开放性等因素，未来 Linux 和 Android 市场份额有望逐渐扩大。

全球各大企业主要以定制型、ROM 型、手机映射型系统（超级 App）三种方式进入操作系统市场，并不断提升应用生态。大众的 VW、特斯拉自研的操作系统、华为鸿蒙 OS、Ali OS 等都属于定制型操作系统，基于 Linux 内核深度开发。蔚来、小鹏、比亚迪等基于 Android 打造有限定制的 ROM 型操作系统，苹果 CarPlay、百度 Carlife 等都属于手机映射型系统（见表 1）。因此，我国车企自研汽车操作系统主要有四种选择：基于 Android、基于国产定制型 OS、搭载超级 App 或者与互联网公司合作。

表 1　企业车用操作系统应用情况

企业类别	整车厂商	系统名称	底层 OS
传统车企	奥迪	MMI	QNX+Android
	奔驰	MB	Linux
	宝马	iDrive	QNX+Android
	沃尔沃	VolvoCars	QNX+Android
	丰田	G-BOOK	Linux
	大众	VW	Linux
	福特	SYNC	QNX+Android
	比亚迪	DiLink	QNX+Android
	吉利	GKUI	QNX+Android
	荣威	维纳斯	AliOS（基于 Linux）
新势力企业	特斯拉	Version	Linux+QNX
	蔚来	NOMI	QNX+Android
	小鹏	Xmart	QNX+Android
	理想	Li	Linux+Android

企业类别	整车厂商	系统名称	底层 OS
新势力企业	智己	IM	Ali OS（基于 Linux）
	赛力斯	鸿蒙 OS	鸿蒙 OS（基于 Linux）
	极狐	鸿蒙 OS	鸿蒙 OS（基于 Linux）

资料来源：根据公开资料整理。

（三）发展趋势

当前及未来一段时间内，车辆架构都处于由分布式向域控式过渡阶段，域控架构将是未来一段时间内的主流。域控阶段，不同功能域的操作系统是相对独立的，如华为鸿蒙车用操作系统分为鸿蒙座舱操作系统 HOS、智能车控操作系统 VOS、智能驾驶操作系统 AOS 三类。更远来看，随着汽车电子电气架构不断向中央计算架构演进，汽车不同域趋于融合控制，车用操作系统也将更加统一，实现硬件资源复用和计算资源共享，提升用户体验和企业研发效率。

从市场格局来看，QNX、Linux、Android 仍将是车用操作系统的主流内核。作为基础型操作系统，QNX、Linux、Android 的技术积累和生态建设形成天然壁垒，其他系统很难突破和超越。大多数整车厂商、零部件供应商及互联网科技企业仍将继续以这三类系统作为系统内核开展自研，更加剧了其他操作系统市场化的难度。任何操作系统的开发应用，除技术外，最核心的部分便是生态，而生态的建立需要产业链上下游软件开发者、芯片企业、传感器供应商、整车企业、科技企业、运营服务企业等各个主体通力合作。没有足够多的参与者，一个操作系统的开发应用很难成功。

二 开发应用面临的问题

当前，我国汽车操作系统的开发应用主要面临政策法规、研发设计、测试认证、安全应用等几个方面的问题。

（一）政策法规

国内支持操作系统发展的政策内容分散在各个文件中，暂无顶层规划、专项支持政策、法规要求等。近年来，国家和地方出台的新能源、智能网联汽车产业政策中，常将操作系统作为关键技术纳入重点发展方向，但并未在此基础上展开或进一步规划，相关政策还停留在宏观层面。一方面，没有系统性政策支持方案，如未说明重点突破领域、攻关载体、协同创新路径及具体推动措施等；另一方面，也无对操作系统的技术、性能方面的法规要求，以确保操作系统安全、高效运转。

（二）研发设计

开发汽车操作系统是一项极其艰难的任务，国外成熟操作系统发展已有三四十年的生命周期，而我国汽车操作系统的研发应用起步较晚，技术上落后于国外，也无法完全掌握底层内核技术。国内车企多选择基于 Linux、Android 等开源操作系统进行定制开发，虽技术灵活度高，但系统稳定性不足，也很难通过车规级功能安全要求。汽车操作系统是海量协议和标准的集合体，需要软硬件公司的认可和配合，我国自主研发的汽车操作系统受制于品牌及生态效应，市场份额仍然较小。

（三）测试认证

针对汽车操作系统的测试认证，国外无成熟经验可供参考，国内缺乏统一测试方法及要求。国外汽车操作系统的研发采用正向开发思路，遵照相关规范和标准进行开发，故没有相关测试工具及体系。国内目前测试体系和测试工具较为零散，无成熟、成体系的工具链，缺少标准化的测试体系。同时，测试工作需基于对系统的深刻理解及研读分析相关文档和代码，对测试团队的能力和条件要求也较高。从认证角度看，目前在操作系统领域，国家认证认可监督管理委员会没有备案相对应的认证规则，国内暂无权威认证项目和机构。

（四）安全应用

我国汽车操作系统在应用方面还存在一系列安全问题。一是开源安全问题。我国操作系统多基于开源代码实现，而开源基础型操作系统本身存在漏洞，造成漏洞"带病上车"。二是信息安全问题。操作系统上层应用程序和底层设备驱动多由第三方公司开发，对第三方供应商的技术和产品缺乏有效的安全性测试验证，单一角度验收使系统易被攻击并暴露控制权。三是功能安全问题。车辆系统数据须确保实时性和真实性，且须满足汽车功能安全等级 ASIL 要求，基于开源系统开发的定制型系统在满足高安全等级要求上存在困难。

三　开发应用建议

我国自主操作系统的开发，需要产业链上下游共建生态，从政策研究、标准制定、测试认证全流程开展协同研发与推广应用，助力打造自主可控、性能稳定、满足行业应用需求的车用操作系统。

（一）政策研究

建议出台促进车用操作系统产业发展的顶层设计文件或专项规划。对车用操作系统进行明确定义，包含操作系统边界、类型、架构等。设定车用操作系统研发及应用路线图，明确发展时点和预期成效。在顶层设计或专项规划中设定发展任务，指出发展措施或路径。

1.设定发展任务

一是攻关核心技术，如 OS 内核。二是培育优势企业，优先培育具有较好底层操作系统研发基础的企业。三是建立应用生态，包括整车、关键零部件、基础数据与软件等主体。四是加快标准制定，将安全要素纳入，考虑稳定性、网络与数据安全等。五是建立测试评价体系，包括测试流程、评价项目等。

2. 指出发展措施或路径

一是通过联合攻关平台，发挥新型举国体制优势，明确参与主体及作用。二是设立企业扶持措施，从人才、财税、项目资金等方面给予操作系统发展支持。三是开展协同创新应用，建立企业合作机制，明确如何协同应用、如何促进迭代等。四是遵循急用先行原则，缩短急用标准立项、报批等周期。五是进行测试认证机构认定，授予测试认证机构相应资质。

（二）标准制定

目前，全国汽车标准化技术委员会在研的车用操作系统相关标准主要有两项，分别是《智能网联汽车 车载操作系统技术要求及试验方法》和《智能网联汽车 车控操作系统技术要求及试验方法》，建议加快这两项标准的出台进度。

此外，未来预计仍需继续开展以下标准研究工作。一是建立标准化 API（人机交互接口）、数据格式等相关技术标准。车控、车载操作系统测试在一致性、功能安全、信息安全及性能测试基础上建立相关标准，以支撑软件定义汽车时代的互融互通需求。二是推动我国标准最佳实践应用于国际标准。在实现国内车控、车载操作系统测试平台和相关标准落地的同时，还应积极参与国际标准的建立，将我国的最佳实践推广至全球，扩大我国标准在技术和标准化领域的影响力。

（三）测试认证

对汽车操作系统进行测试离不开测试工具链和标准化测试平台。测试工具链覆盖操作系统内核、中间件、接口等，测试内容针对车控操作系统和车载操作系统的不同特性开展专项测试（见图4）。

1. 测试工具链研发

建议针对车控和车载操作系统关键测试技术及工具进行研究，建立车用操作系统测试平台、研发测试工具链，并在业界推广使用。

2. 标准化测试平台搭建

汽车操作系统测试思路的建立，需要考虑车控、车载操作系统的设计思

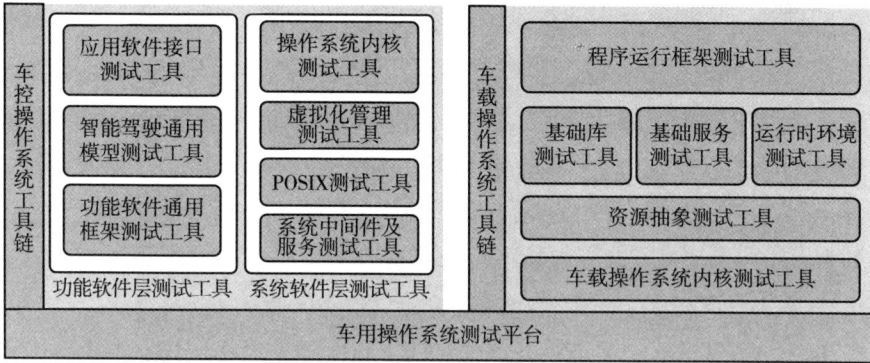

图4 车用操作系统测试工具链

资料来源：中汽研软件测评（天津）有限公司绘制。

路和开发过程的差异。从设计思路来看，车控操作系统往往运行在 MCU（微控制器）上执行特定的固定运算操作，而车载操作系统则运行在主 CPU（中央处理器）上，用来执行灵活、丰富的业务和应用操作。从开发过程来看，车控操作系统一般通过 AUTOSAR 工具链集成的方式开发，而车载操作系统往往采取敏捷开发方式完成。因此，车控和车载操作系统在业务功能层面的测试方法和测试用例会有较大区别。

在搭建操作系统测试体系及测试平台时，测试框架设计要充分考虑测试方法的可落地性，以体系化的思路避免疏漏。测试框架设计通过对现有可落地的测试方法进行统计，确保测试过程的技术全面性。由于测试目标与结果判定依据有紧密关系，本部分以一致性检查、功能安全、信息安全及性能四个试验目标对测试体系进行进一步分类（见图5）。考虑到送测企业可能无法提供操作系统源代码的实际情况，进一步以黑/白盒测试为维度进行分类。

3. 认证规则统一构建

汽车操作系统认证方案的关键要素主要有如下五点。一是明确认证范围和认证产品的类型。先明确认证对象是操作系统还是搭载系统的整车，认证时需要确定产品的认证范围和类型，对应哪个认证领域。二是引用标准或其他规范性文件，对尚未发布标准的部分要求需制定测试方法等规范性文件。

目标	试验方法		黑盒	白盒	操作系统内核	资源抽象层	基础库	运行时环境	协议栈	基础服务	程序运行框架	多系统	可信执行环境
	分类												
一致性检查	业务功能		●	●									
	隐私策略		●	●									
	安全功能		●	●									
功能安全	静态	自动化静态代码扫描		●									
		人工代码审计		●									
		形式化数学验证		●									
		仿真测试	●										
		控制流和数据流的分析验证		●									
	动态	模糊测试	●	●									
		故障注入（代码层面故障注入）		●									
		混合测试（系统层面故障注入）	●	●									
		符号执行		●									
信息安全	静态	自动化静态代码扫描		●									
		人工代码审计		●									
		形式化数学验证		●									
		逆向工程		●									
		安全基线核查	●										
		软件成分分析（供应链安全）	●										
	动态	模糊测试	●	●									
		渗透测试	●										
		漏洞扫描	●										
		符号执行		●									
性能		验收性能测试	●										
		基准测试	●										
		稳定性测试	●										
		压力测试	●	●									

车控/车载OS试验对象

图5　车用操作系统测试框架

资料来源：中汽研软件测评（天津）有限公司绘制。

三是对相关合格评定机构的要求，对检测实验室的能力资质进行认可。四是对认证公正性及内外部人员能力的要求。进行认证公正性设置，建立针对汽车操作系统的人员能力清单。五是监督程序。软件产品更新速度快，需克服一致性监督存在的困难。

参考文献

汪志鸿等：《车用操作系统技术现状及发展趋势》，《汽车工程》2023 年第 6 期。

赵世佳等：《我国智能网联汽车操作系统发展的实施策略》，《科技管理研究》2020 年第 9 期。

中国软件评测中心（工业和信息化部软件与集成电路促进中心）等：《车载智能计算基础平台参考架构 2.0（2023 年）》，2023 年 9 月。

中国汽车工业协会软件分会、中国汽车基础软件生态委员会：《中国汽车基础软件发展白皮书 3.0》，2022。

B.4
汽车芯片国产化应用实践与发展路径展望

董长青　李澜涛　夏显召　张颖奇　李明阳*

摘　要：　随着我国汽车产业的日益壮大，汽车芯片成为关系国家安全的重要器件。本文分析全球汽车芯片产业发展现状与形势，总结全球市场竞争格局呈现规模稳中有升、日益形成垄断格局、供需关系牢固对于新进企业构成较高行业壁垒、积极布局第三代半导体、企业并购频发等五大特点。针对我国芯片尚处在起步发展阶段，面临芯片短缺问题和对外依赖挑战的情况，本文提出加强顶层设计、加大专项资金投入、开展技术攻关、提高本土生产制造能力、构建产业公共服务体系和大力推动国产芯片规模化应用等建议。

关键词：　汽车芯片　国产化　汽车产业　竞争格局

一　全球汽车芯片产业现状与形势

（一）产业概况

我国是汽车生产大国，对汽车芯片需求旺盛，加上近年来我国汽车智能化、网联化进程加快，汽车单车所需芯片数量激增，推动我国汽车芯片市场规模快速增长。根据相关数据，中国汽车芯片市场规模逐年扩大，2021年

---

* 董长青，高级工程师，中汽研科技有限公司总经理；李澜涛，上海芯钛信息科技有限公司副总经理；夏显召，博士，高级工程师，中汽研软件测评（天津）有限公司芯片测试平台总监；张颖奇，上海芯钛信息科技有限公司生态事业部总经理；李明阳，工程师，中汽研软件测评（天津）有限公司芯片测试项目经理。

达 150.1 亿美元，2022 年达 167.5 亿美元。从我国汽车芯片市场结构来看，控制类芯片、传感器芯片规模占比较高，分别为 27.1%、23.5%。另外，功率半导体在汽车芯片中占比为 12.3%。

汽车芯片产业链如图 1 所示。其中，汽车电子芯片的上游是半导体制造，包括半导体材料（如硅晶圆、光刻胶）、半导体设备（如单晶炉、光刻机）、算法与 IP（如神经网络、接口 IP）、开发工具（如 EDA、编程平台）；中游包括芯片设计、晶圆制造、封装测试三个关键环节，按应用领域可分为应用处理器（AI、MCU 等）、感知芯片、功率半导体及分离器件；下游应用细分领域包括传统汽车、智能汽车、新能源汽车等。

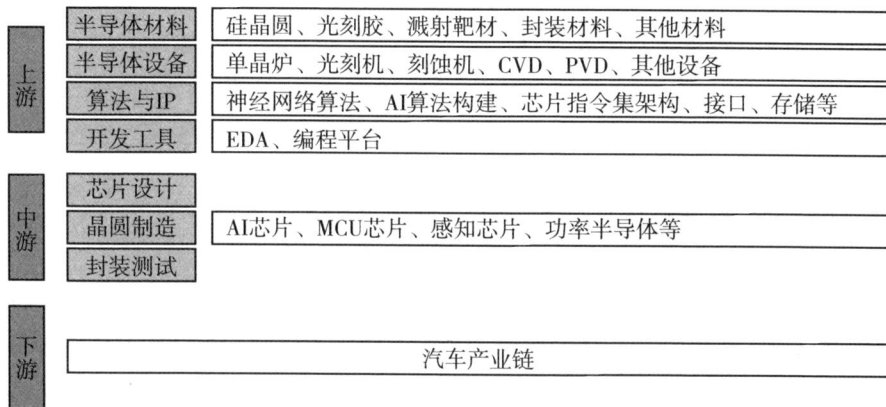

上游	半导体材料	硅晶圆、光刻胶、溅射靶材、封装材料、其他材料
	半导体设备	单晶炉、光刻机、刻蚀机、CVD、PVD、其他设备
	算法与IP	神经网络算法、AI算法构建、芯片指令集架构、接口、存储等
	开发工具	EDA、编程平台
中游	芯片设计	
	晶圆制造	AL芯片、MCU芯片、感知芯片、功率半导体等
	封装测试	
下游	汽车产业链	

图 1　汽车芯片产业链结构

（二）全球汽车芯片产业竞争格局

从企业看，全球市场竞争格局呈现五大特点。一是各大企业芯片业务发展稳定、增长平稳，份额较为固定，汽车芯片整体市场规模稳中有升。二是市场日益形成垄断格局，跨国企业积极开展投资并购，巩固竞争优势。三是供需关系牢固，芯片企业与整车企业形成强绑定供应链，汽车对芯片性能、可靠性要求高，车规级芯片需要长周期供货能力等，对于新进企业构成较高行业壁垒。四是全球领先企业均积极布局第三代半导体，加大在氮化镓、碳化硅等领域的投资，加快抢占未来竞争制高点和主动权。五是芯片企业并购频发，芯片企业看好智能电动化汽车这一新兴领域未来需求空间，通过投资并购芯片企业，提高在汽车芯片领域的产能和技术布局。

从国别看，美国是全球汽车芯片领域的重要力量，拥有众多芯片设计公司和先进的制造技术。美国的芯片设计企业在汽车芯片领域拥有较高的技术水平，尤其在高性能处理器和感知芯片等关键领域具有优势。欧洲在汽车芯片领域也有一定的技术实力，尤其在汽车安全芯片和通信芯片等方面具备一定的竞争力。德国和法国在汽车芯片技术研发和应用方面较为活跃。日本一直致力于半导体技术的研发和生产，在汽车芯片领域有一些关键技术和产品。日本的芯片制造商如东芝、日立等在全球芯片市场具有重要地位。韩国的芯片企业在存储芯片、传感器和显示器等领域有较强的竞争力。韩国的三星、SK海力士等芯片制造商在全球芯片市场中具有一定份额。

（三）美日欧韩相关产业政策及影响

美国、日本、欧洲、韩国等国家和地区的产业政策对全球汽车芯片产业竞争格局有重要影响，从技术研发、投资支持、市场开拓等方面制定产业政策，相关政策实施提升了本国芯片产业的技术实力和竞争优势，也影响着全球芯片产业的发展和合作。

1. 美国

美国政府一直致力于推动半导体和汽车芯片产业的发展，并将其视为国家安全和经济竞争力的重要组成部分，出台了一系列政策和计划，如《芯片和科学法案》及所谓"2021年美国创新和竞争法案"等。相关政策旨在增加对半导体制造和研发的投资，加强技术研发和人才培养，维持美国在芯片领域的竞争优势。2022年8月，《芯片和科学法案》签署，该法案对美国本土芯片产业提供巨额补贴，并要求任何接受美方补贴的公司必须在美国本土制造芯片。该法案的签署全面奠定了未来全球半导体行业"由供需竞争框架转向国家科技竞赛框架，由自由市场竞争转向国家资本主导扶持"的发展基调，芯片领域全球化分工彻底被打乱。此外，美国政府也鼓励美国企业加大研发和生产投入，以提高技术水平和市场份额。美国的技术领先地位和政策支持使得美国芯片企业在高性能计算、人工智能和自动驾驶等领域具有竞争力，帮助美国汽车芯片企业在技术创新和市场占有率方面取得突破，但与此同时，美国的产业政策对全球芯片产业格局产生深远影响，全球芯片供应链面临冲击。

2. 日本

日本政府一直致力于推进半导体产业的发展，以推动自主研发和制造高性能芯片。日本制定了半导体产业振兴计划等，旨在加强日本半导体产业的研发能力、提高制造技术水平，同时鼓励本土企业在汽车芯片等领域实现自主创新。相关政策加强了日本芯片产业的技术实力和竞争力，促进日本在汽车显示、传感器和控制芯片等方面形成技术优势。

3. 欧洲

欧盟主要集中在支持和鼓励本土企业在汽车电子领域的研发和创新，在半导体领域也提出了相关政策和计划，如《欧洲芯片法案》和《欧洲电子芯片和半导体产业联盟》等。这些政策旨在推动欧洲半导体产业创新，提升竞争力，加强在汽车芯片、人工智能等领域的技术研发和合作。此外，欧盟倡导开展跨国合作，加强对技术创新的支持，促进欧洲汽车芯片产业的发展。相关产业政策推动了本地芯片产业的发展和合作，提升了汽车芯片领域的技术实力，持续巩固欧洲芯片企业在汽车电子领域的市场份额和地位。

4. 韩国

韩国政府积极推动企业发展汽车芯片，通过制定《国家尖端战略产业法》等支持韩国芯片产业发展。政府提供资金支持，采取税收优惠等措施，加大对半导体研发和制造的投资，鼓励企业加大研发投入，提升技术水平，以促进本土企业在汽车芯片等领域的自主创新。韩国的产业政策促进了本国芯片产业的发展，在存储器芯片、显示芯片等领域的市场份额和技术优势得到加强。

二　我国汽车芯片产业迎来发展机遇

（一）政策驱动力度加大

近年来，国家各部门相继推出了一系列优惠政策、鼓励和支持集成电路行业发展。相关政策从战略、资金、专利保护、税收优惠等多方面推动半导体行业健康、稳定和有序发展。2020年9月，国家发展改革委、科技部、工业和信息化部、财政部等四部门联合印发了《关于扩大战略性新兴产业投资培育壮大新增长点增长极的指导意见》，提出加快新材料产业强弱项，围绕保障大飞机、微电子制造、深海采矿等重点领域产业链供应链稳定，加快在光刻胶、高纯靶材、高温合金、高性能纤维材料、高强高导耐热材料、耐腐蚀材料、大尺寸硅片、电子封装材料等领域实现突破。半导体行业是支撑经济社会发展和保障国家安全的战略性、基础性和先导性产业，其发展程度是衡量国家科技发展水平的核心指标之一，我国政府高度重视和鼓励汽车芯片产业发展，未来将继续出台扶持政策，为汽车芯片发展提供良好的产业环境。

（二）国产替代需求强烈

当前，国际环境日趋复杂，经济全球化遭遇逆流，单边主义、保护主义盛行，全球产业链、供应链面临冲击。芯片作为高度专业化分工的高技术、高投资产品，虽然在设计、制造、封测等环节已实现了全球区域化分工，但在逆全球化的背景下，区域化分工也使得整个供应链面临巨大的风险。近年来，美西方联盟通过一系列手段（组建Chip4联盟等）对我国芯片产业接连实施打压。我国芯片自给率较低，作为芯片消费大国，迫切需要改变半导体行业落后局面，强化我国芯片产业链，推进汽车半导体持续健康发展。目前我国芯片产业尚处在起步发展阶段，需要强有力的政策推动国产化替代进程，并引导市场良性发展。从长期来看，产业需要调整供应结构，以应对车规级芯片需求的快速增长，实现供应链、产业链核心环节自主可控，使我国汽车工业不再受"缺芯"之痛。

（三）摩尔定律即将接近极限，SiC 创造新契机

半导体技术的发展在很大程度上服从摩尔定律：持续性的技术创新使得集成电路上可容纳的晶体管数量每隔 18~24 个月就会翻倍，性能提高一倍的同时成本会下降一半。摩尔定律不断被印证，本质上是依赖半导体制造工艺、材料技术和设计工具的不断精进，但随着时间的推移，芯片制造正在逐渐逼近物理极限和工艺极限，探索新技术和新解决方案的难度与日俱增。全球半导体行业经过近 60 年的发展，目前已经形成第三代半导体材料。第三代半导体材料是宽禁带半导体材料，其中最重要的就是 SiC（碳化硅）和 GaN（氮化稼），与传统半导体材料相比，更大的禁带宽度允许材料在更高的温度、更强的电压与更快的开关频率下运行。SiC 具有高临界磁场、高电子饱和速度与极高热导率等特点，其器件适用于高频高温的应用场景，相较于硅器件，可以显著降低开关损耗。因此，SiC 可以制造高耐压、大功率电力电子器件如 MOSFET、IGBT、SBD 等，被广泛用于智能汽车、新能源汽车等行业，为行业创造了新路线、新契机。

（四）新能源和智能网联汽车发展带来的新机遇

近年来，我国新能源、智能网联汽车产业快速发展，以电池、电机、电控、智能座舱系统、自动驾驶系统、车联网等为代表的新技术正在快速崛起，芯片的种类、用量与日俱增。2021 年，平均每辆车所需芯片数量已经达 1000 颗以上，从胎压监测系统 TMPS、摄像头、整车控制器、自动驾驶域控制器等，各种芯片必不可少。新能源汽车需要大量的 DC-AC 逆变器、变压器、换流器等部件，对 IGBT、MOSFET、二极管等半导体器件的需求量也大幅增加，一辆智能网联化新能源汽车需要的芯片能达 2000 颗左右。与庞大的传统汽车保有量相比，新能源、智能网联汽车占比仍有很大的发展空间，相关需求必将迎来爆发。

三 我国汽车芯片产业技术发展现状

（一）我国汽车芯片市场情况分析

从行业整体发展来看，随着汽车电动化、智能化、网联化的推进，半导体行业已成为产业发展新风口，汽车芯片产业规模快速扩大。截至2022年，我国芯片设计企业已达3243家，全行业销售额为5345.7亿元。从芯片设计企业销售额分布来看，上海（1350.0亿元）、北京（845.8亿元）、深圳（724.2亿元）位列前三，分别占据全行业的25.3%、15.8%和13.5%。从汽车芯片企业数量来看，目前有300余家企业主营汽车芯片业务，约占芯片企业总数的10%，同时60%的芯片企业计划布局汽车芯片业务。从汽车芯片产值来看，汽车芯片产值约占全部产值的15%左右，市场规模约为800亿元。从单车芯片成本看，一辆智能电动汽车需搭载800~1000颗芯片，汽车芯片约占单车成本的10%，并呈上升趋势。但是就汽车芯片而言，目前我国虽已初步具备ASIL-D级别高端MCU量产能力，如芯钛科技Alioth A8等产品（见表1），但国内各类芯片厂商在整体市场中占比仍较小，尤其在汽车中高端MCU市场，国外芯片供应商仍占据主导地位。我国汽车芯片市场还面临芯片短缺问题和对外依赖的挑战。

表1 国内各车规MCU厂商现状分析

厂商	芯片	中高端	低端	应用领域
芯钛科技	Alioth A9 Alioth A8 Alioth A0	√	√	电子转向控制器、底盘控制器、TBOX、IVI、汽车电源管系统、车身控制
兆易创新	/		√	车身
华大半导体	HC32FA4xx	√	√	门窗控制、座椅、车灯、空调、T-box、汽车电源管系统、车载充电机、车身控制

续表

厂商	芯片	中高端	低端	应用领域
国芯科技	CCM3310 CFCC2002 CFCC2003	√	√	发动机控制、车身控制、动力总成系统、T-Box、ETC、OBD
杰发科技	AC781x/AC7801x 系列		√	照明、车窗、空调面板
芯旺微	KF8A/KF32A 系列		√	仪表盘、雨刷、照明、车窗、空调面板
航顺芯片	HK32F030 系列		√	诊断盒子 OBD、中控显示屏、智能关窗器

资料来源：各公司网站。

（二）我国汽车芯片标准体系分析

2023 年 3 月，工业和信息化部发布的《国家汽车芯片标准体系建设指南（2023 版）（征求意见稿）》指出，到 2025 年制定 30 项以上汽车芯片重点标准，到 2030 年制定 70 项以上相关标准，以引导和规范汽车芯片产品实现安全、可靠和高效应用。该指南基于汽车芯片技术结构，适应我国汽车芯片技术产业现状及发展趋势，形成从汽车芯片应用场景需求出发，以汽车芯片通用要求为基础、以各类汽车芯片应用技术条件为核心、以汽车芯片系统及整车匹配试验为闭环的汽车芯片标准体系技术结构。

汽车芯片标准体系技术以应用场景为横向出发点，包括动力系统、底盘系统、车身系统、座舱系统及智能驾驶 5 个方面。向上延伸形成基于应用场景需求的汽车芯片各项技术规范和试验方法，根据标准内容分为基础通用、产品与技术应用和匹配试验 3 类标准：基础通用类标准包含汽车芯片的共性要求；产品与技术应用类标准基于各类汽车芯片产品技术和应用特点分为多个技术方向，结合我国汽车芯片产业成熟度和发展趋势确定标准制定需求，制定相应标准；匹配试验类标准包含芯片与系统和整车两个层级的匹配试验验证。三类标准共同实现不同应用场景下汽车关键芯片从器件、模块、系统到整车全覆盖（见图2）。

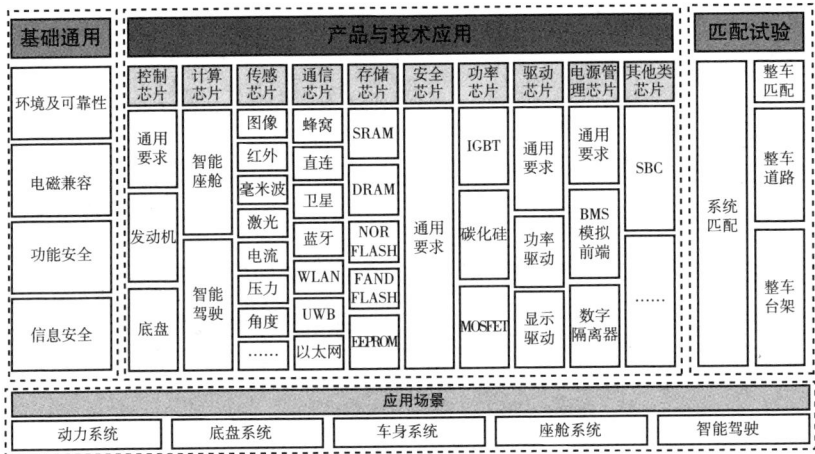

图2 汽车芯片标准体系技术结构

（三）我国汽车芯片产品研发应用情况分析

汽车芯片产品几乎涵盖了所有芯片类型，包括控制芯片、计算芯片、传感芯片、存储芯片、通信芯片、安全芯片、功率芯片、驱动芯片、电源芯片等。我国汽车芯片产业正逐渐实现自主创新和自主生产，部分国内企业加大不断研发投入、提升技术水平、开展自主设计和制造，但自主化程度仍相对不高。

我国汽车芯片发展起步晚，产业链尚不完整，存在较多缺环。相关企业仅在芯片设计和封测等环节具有部分优势，其他环节多依赖国外。研发设计方面，EDA软件工具链不完整，国内EDA产品线仅占集成电路设计所需全套软件的30%左右。生产制造方面，总体仍然依靠国外企业代工，高端光刻机设备全部依赖进口。受此影响，目前国产芯片仅在车身域、信息娱乐域、自动驾驶域实现了少量上车，而在底盘、动力域等领域，仍以国外芯片为主，国内鲜有企业实现量产应用，因此，必须进一步加快汽车芯片国产化。

四　汽车芯片国产化关键路径

（一）制定汽车芯片发展规划及行动方案

强化顶层设计，从国家层面研究制定汽车芯片产业发展规划，以短期实现供需稳定、中期夯实基础、长期引领发展为目标，同步启动并行推进短中长期计划，逐步提高国产芯片市场占有率及自给率。制定并实施汽车芯片产业强基工程，对于晶圆加工等关键基础环节给予长期稳定的政策支持。结合中长期发展规划，编制汽车芯片产业发展三年滚动行动计划，坚持扩大汽车芯片产能不动摇，支持传统领域基础通用芯片、前瞻领域高端智能芯片的国产化，建立统筹推进、结构合理的汽车芯片支持政策体系。

（二）加大汽车芯片领域专项资金投入

通过重大专项和国家重点研发计划等措施，集中攻关车规级芯片关键核心技术。加大对自主安全可控装备、材料、软件的验证和应用支持力度，将自主车规级芯片首台套装备、首批次新材料、软件首版次等纳入国家首台套支持政策，并采用补贴等方式给予重点支持。对于国产汽车芯片上车应用环节，研究给予对应的支持政策，可通过完善新能源汽车补贴支持政策，引导国产汽车芯片在新能源汽车上应用。

（三）大力开展汽车芯片技术攻关

集中科技创新及保障资源，全力支持各类产品技术 1~2 家企业或联合体攻关，产品性能及质量提升由整车企业牵头、前沿技术储备及应用由芯片企业牵头、产品开发支撑关键技术由对应环节优势企业牵头，采用"链式"攻关，实现从无到有、从低端到高端的突破。针对高端 MCU、存储、安全、功率、高边驱动等，国内有相关产品但性能要求、安全要求与国外有差距，难以满足动力域、驾驶域等需求的产品，设定指标，组织上下游协同攻关。针对前沿技术储备及应用，加快梳理传感芯片、SIC 功率芯片、高速通信芯片等技术路线，鼓励相关领域各类创新主体开展技术探索及上车试装。

（四）持续提升汽车芯片本土生产制造能力

聚焦汽车芯片生产制造短板，夯实技术基础、扩大产线布局、培育龙头企业、强调应用牵引，实现产业链薄弱环节拉平、补齐。同时积极引入外部产能为我所用，稳妥有序提升国内汽车芯片生产供给能力。一方面，设立汽车芯片产业核心生产设备及原材料国产化重大专项，用好重大设备保险补偿机制，推动高端光刻机、刻蚀机等生产设备及光刻胶、高纯化学试剂、电子气体、功能高分子材料等原材料国产化生产核心技术、供给能力持续提升，拉动已装车量产的芯片企业产品在国内实现流片，提高本地化制造比例。另一方面，持续积极引进英飞凌、恩智浦、意法半导体、罗姆等国际领先汽车芯片制造企业来华投资建厂，推动国产化项目快速落地和建设，签订产能分配协议，确保产能为本土企业所用。

（五）构建汽车芯片产业公共服务体系

一是加快完善汽车芯片标准体系。构建汽车芯片标准体系，从基础、通用规范、产品技术应用、匹配测试规范等方面，对不同种类、不同应用场景的汽车芯片提供应用引导。二是大力支持汽车芯片检测检验技术研发与能力建设。从汽车芯片质量要求出发，重点突破汽车芯片功能安全、信息安全、可靠性检测检验技术，构建汽车芯片产品测试数据库，为汽车芯片上车提供背书。三是建设汽车芯片认证体系。构建完善汽车芯片认证体系，构建审查加认证的认证流程，包括企业能力审查、产品技术审查、企业管理能力认证、产品认证四个重要方向，为企业汽车芯片选型与供应商能力审查提供抓手。

（六）大力推动国产汽车芯片规模化应用

发挥国资央企"勇担当、打头阵、做表率"作用，实现国产芯片在自主车型上的首用突破。搭建长期对话平台，推动国产汽车芯片在市场实践中成长，支撑"长期全面替代"核心目标实现。一方面，串联产业链上下游企业、产业、要素资源，推动零部件企业积极做好替代芯片产品的研发测试，配合整车企业进行装车验证和量产应用。持续开展汽车芯片首用保险试点。另一方面，依托中汽中心、中咨公司等咨询研究机构，联合国资系统内相关汽车企业、电子企业、芯片企业，建立"汽车芯片供需对接对话机制"，吸引行业企业共同参与，为国内汽车芯片企业提供产品推广平台，为汽车生产企业提供采购资源。与此同时，研究制定应用国产芯片的鼓励政策和考核机制，加大力度推动国产芯片的应用。

参考文献

工业和信息化部科技司：《国家汽车芯片标准体系建设指南（2023 版）（征求意见稿）》，2023 年 3 月。

《强链补链为汽车产业增添新动能（产经观察·保障产业链供应链安全）》，《人民日报》2021 年 11 月 24 日，第 18 版。

B.5
汽车轻量化技术创新应用情况分析

孟宪明　张　赛*

摘　要：　基于我国汽车产业的生产制造技术，本文分析汽车轻量化技术创新发展现状及未来发展趋势。我国汽车轻量化技术主要通过材料轻量化、工艺轻量化及结构轻量化实现。汽车轻量化技术不断突破，但是在材料及工艺方面依然存在新材料应用成本高且应用比例较低、技术布局较晚、设备能力不足等亟待解决的问题。本文从面向车身的轻量化结构与设计和面向整车制造的轻量化材料与工艺两个方面提出具体发展建议。

关键词：　汽车轻量化　材料创新　新能源汽车

　　近年来，汽车轻量化技术在汽车工业中得到了广泛的关注和应用。这项技术的创新不仅在于改变了汽车的设计和制造方式，还对整个行业产生了深远影响。通过采用更轻、更坚固的材料，如高强度钢、铝合金和复合材料，能够实现车辆减重，从而在降低燃油消耗和排放的同时提升车辆性能和安全性。在应用方面，轻量化技术已经在众多汽车品牌和车型中得到了体现。从小型乘用车到豪华轿车，从传统内燃机车辆到新能源汽车，轻量化技术都得到了不同程度的应用。例如，一些高端汽车品牌采用铝合金车身和碳纤维构件，显著减少了整车重量，提升了燃油经济性和操控性能。新能源汽车领域也广泛采用轻量化技术，以提高电池续航里程并优化整车重量分布。然而，

---

　　*　孟宪明，博士，正高级工程师，中汽中心中央研究院副院长，主要研究方向为汽车轻量化；
　　张赛，高级工程师，中汽中心中央研究院项目总监，主要研究方向为汽车轻量化。

轻量化技术在实际应用中仍面临一些挑战。首先，新材料的成本相对较高，可能增加汽车制造成本，影响车辆的售价和市场竞争力。其次，材料的强度和耐久性需要经过严格测试和验证，以确保车辆的安全性能不受影响。最后，制造和修理新材料可能需要更新和调整生产线和技术，这也可能给汽车制造商带来一定的挑战。综合而言，汽车轻量化技术的创新和应用给汽车工业带来了显著的变革，虽然在应用过程中面临一些挑战，但随着技术的不断进步和成本的逐步下降，轻量化技术有望继续在未来的汽车设计和制造中发挥重要作用，为环境保护和车辆性能的平衡提供可行的解决方案。

一 我国汽车轻量化技术创新发展现状

从全球汽车工业的发展看，安全、低碳和环保已成为汽车产业发展的主流趋势。同时，我国"双碳"目标加速了汽车低碳化发展进程，汽车轻量化技术是解决环境和能源问题的重要抓手。有关研究指出，传统燃油车整车降重 100kg，百公里油耗降低 $0.3 \sim 0.5g$，CO_2 排放量减少约 5g/km；新能源汽车降重 100kg，续航可提升 10%~11%。[1] 汽车轻量化技术是提升燃油经济性、提高续航里程、缓解里程焦虑的重要途径。从目前国内汽车行业发展情况来看，汽车轻量化技术主要通过材料轻量化、工艺轻量化及结构轻量化实现（见图1）。

（一）汽车材料轻量化

1. 高强钢

高强钢具有强度高、吸能性好等特点，除了可减轻车身重量之外，还可以显著提高整车碰撞安全性，但是高强钢存在强度高、韧性差的问题，易发生疲劳破坏。[2] 对此，我国研究人员对高强钢进行了持续深入探索，从第一

---

[1] 杜行：《新型材料和工艺在汽车轻量化中的应用》，《科技创新与应用》2019 年第 5 期。

[2] 黄立：《含沉头孔碳纤维复合材料层板孔边应力分布规律研究》，大连理工大学硕士学位论文，2017。

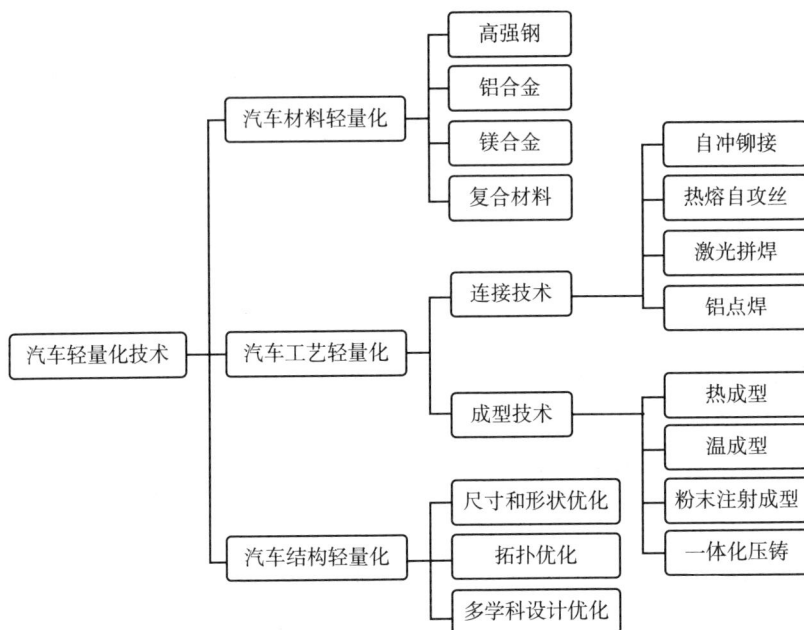

图1 汽车轻量化技术途径

代高强钢到以孪晶诱导塑性钢为代表的第二代高强钢，再到兼顾高强度和韧性的第三代高强钢。[1] 目前，第三代高强钢已经广泛应用于汽车结构件、安全件及加强件（见图2）。典型高强钢应用见表1。

图2 高强钢在车身的应用

---

[1] 胡新平、罗琴琴:《第三代高强度汽车钢的性能分析与运用》,《时代农机》2018年第1期。

表 1 高强钢应用

种类	典型应用
双相钢（DP 钢）	应用于结构件、加强件和防撞件，如车底十字构件、轨、防撞杆、防撞杆加强结构件等
复相钢（CP 钢）	应用于底盘悬挂件、B 柱、保险杠、座椅滑轨等
相变诱导塑性钢（TRIP 钢）	应用于结构相对复杂的零件，如 B 柱加强板、前纵梁等
马氏体钢（MS 钢）	应用于简单零件的冷冲压和截面相对单一的辊压成型零件，如保险杠、门槛加强板和侧门内的防撞杆等
淬火延性钢（QP 钢）	应用于形状较为复杂的汽车安全件和结构件，如 A、B 柱加强件等
孪晶诱导塑性钢（TIWP 钢）	应用于对材料拉延和胀形性能要求很高的零件，如复杂形状的汽车安全件和结构件
硼钢（B 钢）	应用于安全结构件，如前、后保险杠、A 柱、B 柱、中通道等

2. 铝合金

相较于高强度的钢材，铝合金密度小，强度与优质钢相当，在实现汽车轻量化方面有一定的优势。根据在汽车中的应用，铝合金可分为铸造铝合金和变形铝合金。[①] 其中，铸造铝合金熔点低、流动性能良好，通过重力铸造与压力铸造等方式实现复杂形状零件的成型，主要应用于汽车的发动机、减震塔和吸能盒等部位；变形铝合金具有较高的强度，主要包括 2 系、5 系及 6 系，应用于汽车结构件、装饰件和散热系统。具体应用情况如表 2 所示。

表 2 铝合金应用

种类	典型应用
铸造铝合金	发动机缸体、缸盖、活塞、活塞环、连杆、减震塔、吸能盒
2 系铝合金	驾驶室及车盖等汽车外板部件
5 系铝合金	覆盖板内外板、行李舱盖、顶盖、车身框架等
6 系铝合金	后翼子板、外部装饰件、活动顶、车身外板等

---

① 李光霁、刘新玲：《汽车轻量化技术的研究现状综述》，《材料科学与工艺》2020 年第 5 期。

3. 镁合金

镁合金密度约为铝的 2/3，除具有重量轻、吸震性能强的特点外，同时具有良好的铸造性能，且易回收，被誉为"绿色金属结构材料"。但是镁合金的耐蚀性较差，因此目前更多用于工作环境较好的部位，如汽车内部仪表盘、座椅及转向结构。虽然镁合金具有很多优点，但其应用成本较高。随着低成本镁合金的研发、镁合金回收再利用技术的发展，镁合金将在汽车领域有更多的应用。

4. 复合材料

复合材料具有比强度和比模量高、密度小、强度高、安全等级高等优点，减重的同时还可提升整车性能，是汽车轻量化的理想材料。其中以碳纤维复合材料和玻璃纤维增强热塑性复合材料为主，其应用场景如表 3 所示。但是生产成本高、加工周期长及回收利用率低等限制了复合材料的大范围应用。

表 3　复合材料应用

单位：%

种类	典型应用	减重效果
碳纤维复合材料	车门防撞梁	30
	复合变速箱壳体	30
	后围结构	50
	B 柱加强板	79
	后背门	50
玻璃纤维增强热塑性复合材料	发动机装饰罩盖	22

资料来源：张君媛等《基于抗撞性的汽车 B 柱碳纤维加强板优化设计》，《汽车工程》2018 年第 10 期。

（二）汽车工艺轻量化

1. 连接技术

材料轻量化推动了工艺轻量化的发展，随着铝合金在白车身中应用的增多，连接技术也不断革新升级。应用于钢铝车身的创新连接技术主要包括机械连接及焊接。机械连接以自冲铆接和热熔自攻丝为主。自冲铆接工艺因具备适应性好、成型快、易加工等优点而取得快速发展，被广泛应用于不易进行焊接的板材连接。热熔自攻丝可以实现单面施工，在钣金与挤压型材的腔体连接或者无法双面施工的情况下发挥了重要作用。[①] 但是自冲铆接及热熔自攻丝铆接在连接时都需要引入钉子，除了会增加整车重量外，还会增加生产成本。

激光拼焊采用先进的激光技术及设备，将一定数量的板材组成一块整体板材。这一技术是基于激光焊接技术的成熟发展及应用而衍生出的现代加工工艺技术，具有焊接速度较快和质量较高的优势。铝点焊技术也是白车身连接的主要工艺方式，与钢点焊相比在焊接设备及焊接参数上均做了一定改变。铝点焊通过增加电极压力与电流密度实现铝合金点焊连接。研究人员对电极头进行了改进，设计出了双螺旋凸起式电极、多环圆顶电极及牛顿环式电极，通过增加电极压力与电流密度的方式实现铝合金点焊连接。

2. 成型技术

新材料的应用，带动了新成型工艺的发展。热冲压成型是近年来出现的专门用于超高强度钢板冲压件加工成型的制造技术，也是汽车冲压件制造领域的先进技术，热成型工艺在车身结构件上应用越来越广泛，如 A 柱、B 柱、中央通道、门环等。[②] 近期，有研究人员针对中锰钢提出温成型工艺，通过降低成型温度实现大型复杂构件的一体化成型，实现了零件减重和降碳。

对铝合金而言，粉末注射成型和一体化压铸技术是铝合金零部件主要的成型方式。[③] 其中，粉末注射成型是将粉末冶金与塑料注射成型相结合而形成的一种全新的近净成型工艺，可生产出形状复杂的高性能小型零部件；一

---

① 李勇等：《汽车车身铝合金连接技术综述》，《汽车工艺师》2018 年第 11 期。
② 赵雨：《汽车轻量化材料及制造工艺分析》，《内燃机与配件》2021 年第 16 期。
③ 李先洲：《铝合金一体化压铸技术浅析》，《铸造》2023 年第 4 期。

体化压铸技术通过将多个零件集成到一个零件的方式，实现整车减重，提高生产效率。

（三）汽车结构轻量化

1. 尺寸和形状优化

汽车轻量化技术从结构优化设计方面而言，尺寸优化和形状优化应用相对较早。尺寸优化指在保证结构件整体性能的同时，对该结构件的截面面积和厚度等进行优化，达到推进轻量化的目的。形状优化是对结构件整体或者局部的形状及孔洞的形状进行优化改进，使材料达到更好的使用效果，减少受力不均现象。随着车身结构发展的日益成熟，尺寸和结构优化的技术发展空间逐渐减小。

2. 拓扑优化

拓扑优化在汽车的概念设计中应用广泛，而且减重效果明显，分为连续型结构和离散型结构。先根据待优化结构件与其旁边构件的方位关系来划分设计区域，以免妨碍其他零件正常工作；然后在划分好的设计区域中根据材料力学性能参数建立符合约束条件的目标函数；最后求得材料的最优分布状况和传力最佳途径使结构性能指标达到最佳。因此，相对于其他结构优化，拓扑优化有一定的优势，可以大大提高设计效率、减少开发和验证时间、提高生产效率、降低成本。

3. 多学科设计优化

现代工程技术发展迅速，各工程系统规模逐步扩大，系统间交互合作更加紧密，传统的优化方法已经不再能满足对工程领域发展的需求，多学科设计优化应运而生。在汽车领域以多级多学科设计优化中的协同优化算法和目标分流法为主，[1] 将多学科多目标优化与传统的尺寸、形状、拓扑优化进行更好的结合，使结构优化达到更好的轻量化效果。

---

[1] 程雨婷：《基于协同优化方法的汽车车身性能多学科优化》，北京理工大学硕士学位论文，2016。

二　汽车轻量化技术创新发展应用情况及面临的问题

2022 年我国新能源汽车产销分别完成 705.8 万辆和 688.7 万辆，已成为全球最大的新能源汽车市场。汽车轻量化技术不断突破，CTC 技术为新能源整车结构与模块化设计带来新理念，大型铝合金构件一体化压铸技术首次应用于国内自主品牌车身。我国汽车轻量化技术不断取得进步，但是在材料及工艺方面依然存在一些亟待解决的问题。

（一）轻量化技术创新发展应用情况

新兴的一体化压铸将传统"冲压+焊接"简化为一步。汽车一体化压铸技术最早由特斯拉于 2019 年提出，2020 年在 Model Y 后底板生产中应用了该技术，其零件数量由 70 个减少至 2 个，随后蔚来、小鹏、沃尔沃、大众等众多车企也开始了汽车一体化压铸的布局。2022 年 6 月与 9 月，蔚来发布 2.0 平台的 ES7 和 ET5 均采用一体化压铸全铝后副车架，其超高强度钢铝混合车身抗扭刚度可达 34000 N·m/deg。11 月上市的极氪 009 采用了一体化压铸后端铝车身，该铸件通过 7200 吨巨型压铸机实现。2023 年 7 月上市的小鹏 G6 采用一体化压铸前机舱与后底板，焊接点减少近 800 个，整车弯曲刚度提升 11%。

CTC 技术方面，新能源汽车动力电池系统最开始由"电芯—模组—电池包"组成，随后宁德时代 CTP 和比亚迪刀片电池的诞生使动力电池系统的集成省去了模组这一步，直接到了"电芯—电池包"模式。CTC 技术直接将电芯集成于车身底盘，有效减轻了车身重量、提升了空间利用率。通过系统性的组合创新，特斯拉每千瓦时电池成本降低 56%、续航里程提升 54%、投资生产成本下降 69%。2022 年 5 月，比亚迪海豹首次搭载了电池车身一体化技术（Cell to Body，CTB），将电池上盖与车身底板合二为一，从原来的"电池三明治"结构进化为"整车三明治"结构，动力电池既是能量体也是结构件，在简化车身结构和生产工艺的同时降低了车身总重。

（二）汽车轻量化技术面临的问题

1. 新材料应用成本高、应用比例较低

目前，我国在新型轻质材料方面取得一些进展，但在汽车白车身中的应用仍有限，主要还是使用传统钢材。高强钢的应用比例约为40%，远低于国外80%的水平。此外，镁合金应用也相对不足，2022年我国单车用量仅3~5kg，远低于北美的15kg。[①] 复合材料如碳纤维受制于成本和制造工艺，尚未广泛应用。传统钢材汽车可通过钣金修复受损，技术成熟。新材料汽车损坏修复技术有限，如一体化压铸零件、碳纤维复合材料、镁合金等。碳纤维复合材料维护、镁合金工况防腐等问题限制了新材料应用。

新材料的研发费用较高，耗费大量的成本，研发周期长，短时间内很难见效益，从事新材料研究的仅限于几个实力较强的汽车相关企业。目前车用轻量化新材料的成本普遍偏高，国内铝合金的材料成本达每吨4.5万元左右，碳纤维的材料成本则高达每吨80万元左右，让很多中低端车型在轻量化材料的使用上望而却步。

因此，对于轻量化材料而言，加快建立涉及"先进材料研发—原材料生产—零部件制造—整车集成应用—回收再利用"全产业链的需求迫在眉睫。

2. 新工艺亟待开发

近年来，我国汽车制造研发方面进步很大，汽车轻量化研发也逐步跟进，但是与发达国家相比还有差距，主要问题是技术布局较晚。特斯拉首先采用一体化压铸技术并取得成功后，以蔚来、小鹏为首的造车新势力开始布局一体化压铸领域，国内传统车企随后跟进。

在工艺应用中存在众多技术难点。如钢铝混合车身是实现汽车轻量化的主要方式，但面临钢铝连接界面腐蚀、铝合金一体化压铸技术中废品率高、低成本纤维增强复合材料成型技术中设备能力不足等问题，这限制

---

① 王子恺：《新材料在汽车轻量化技术中的应用》，《汽车与新动力》2022年第5期。

了我国汽车轻量化技术的发展进程。

因此，在加快材料体系研发的同时，做好新技术的布局，提前进行技术储备，加快新工艺的研发速度，为应对新形势下汽车产业变革做好充足准备，助力轻量化技术向前推进。

三　轻量化技术发展趋势

（一）轻量化材料应用趋势

通过材料技术实现汽车轻量化，是三种轻量化技术途径中最直接也是效果最显著的方法，在不降低零部件和整车结构强度的前提下利用更加轻质的材料进行原始替换，为部件和整车带来的轻量化效果立竿见影。

汽车先进高强钢（AHSS）历经三代，不断向高强高塑方向发展，[①] 在汽车 AHSS 评价体系不断完善背景下，汽车用钢性能指标不再局限于力学性能的考核，耐腐蚀性、疲劳特性及抗氢脆等能力也成为考核汽车高强钢的重要指标。[②] 另外，随着主机厂不断推进车身集成与模块化设计，板材一体式成型与异质材料连接等下游制造加工产业对 AHSS 成型性与连接性能也提出了进一步的要求。

铝合金作为一种轻质合金材料，可以分为变形铝合金和铸造铝合金，经过热处理后的铝合金强度可与高强钢媲美，同时具有良好的成型性和耐腐蚀性。在汽车铝合金冲压板材领域，主要集中于 5 系与 6 系铝合金。由于铝板较软，弹性模量也仅为钢的 1/3，在冲压成型时极易产生开裂、刮伤，且成型后易出现回弹现象。因此，在冲压用铝板材领域，更多关注对铝合金先进加工制造工艺的研究，提高成型铝的合格率。[③] 铸造铝合金目前在汽车关键

---

① 陈力维、高润泽：《我国新能源汽车技术发展现状分析》，《交通节能与环保》2021 年第 6 期。
② 赵征志等：《先进高强度汽车用钢研究进展及展望》，《钢铁研究学报》2020 年第 12 期；罗洁、郭正洪、戎咏华：《先进高强度钢氢脆的研究进展》，《机械工程材料》2015 年第 8 期。
③ 黄娟：《变形铝合金在汽车轻量化中的应用及挑战》，《汽车工艺与材料》2022 年第 9 期。

结构零部件中所用材料体系主要是 Al-Si、Al-Mg 和 Al-Si-Mg 系合金，该系列铝合金具有良好的流动性，可以通过压力、重力及挤压铸造等工艺制造复杂的结构件。随着汽车行业不断推进铝合金一体化压铸工艺，加之热处理工艺本身就是一个变形非常复杂和成本非常高的一个过程，开发具备良好强度、塑性和流动性的新型铝合金是实现超大型车身结构件免热处理一体压铸成型的关键。美国铝业公司在免热处理铝合金行业布局较早，形成了一系列免热处理铝合金牌号，如 Al-Si 系的 C611、Al-Mg 系的 560 合金及 A152/A153 合金，均已大规模应用。

复合材料在汽车行业的应用主要集中在纤维增强树脂基复合材料领域，在非连续纤维复合材料方面，PP、PA 玻璃纤维复合材料被广泛应用在覆盖件和框架结构零部件，同时主机厂也开展全塑尾门、全塑前机盖及全塑翼子板的研究。在连续纤维复合材料领域，主要集中在碳纤维与玻璃纤维的研究，由于复合材料具有良好的耐疲劳特性，通过高压树脂传递模塑成型工艺（High Pressure Resin Transfer Molding，HP-RTM）成型的玻璃纤维复合材料商用车板簧，其重量仅为钢制板簧的 50%。碳纤维复合材料承载着碳纤维超高强度与刚度特性，经过特定选材与一定的铺层设计，可以获得综合性能十分优良的产品。例如，蔚来 ES6 白车身搭载碳纤维-铝合金后底板总成，其整车扭转刚度达到 44930 N·m/deg。

（二）轻量化结构优化

结构轻量化旨在通过数值模拟和优化算法在保证性能的前提下实现部件的减重。常见的结构优化方法包括拓扑优化、尺寸优化、形状优化、形貌优化和多目标优化等。其中，拓扑优化可以通过迭代的添加或移除材料确定最佳结构拓扑路径。形状优化可以通过调整结构的曲率、厚度和截面形状等参数改善结构的性能。尺寸优化可以通过调整结构的尺寸和比例实现重量和质量的平衡。多目标优化通过实验设计、近似模型构建、多目标遗传算法等对关键设计变量进行减重设计。另外，通过参数化建模技术可以在进行多目标优化的过程中将形状作为设计变量，大大拓展了多目标优化的设计空间。

1. 拓扑结构优化技术

拓扑优化的核心思想是在设计空间内寻求最优材料分布。拓扑优化技术在概念设计阶段设计空间较大，减重效果更明显，在工程设计阶段设计空间减小，但仍可以得到具有一定可行性的减重方案。通过拓扑优化设计可以快速得到合理的传力路径，为结构的详细设计提供科学可靠的指导。

基于变密度法的拓扑优化方法通过假定材料密度可变，将材料的弹性模量与结构微小单元的伪密度联系起来，使得原本材料密度"非0即1"的离散问题转化为"从0到1"的连续问题。

2. 参数化建模技术

参数化建模技术的主要目的是拓展多目标优化的技术的设计空间。多目标优化的核心思想是在性能约束的前提下找到合理的设计变量水平进行合理匹配。参数化建模也称隐式参数化建模，隐式参数化建模技术采用仿真驱动设计的理念，使用隐式全参数化描述的方法，通过更改点的坐标、线的曲率、截面的形状和尺寸等参数，可以实现整车关键结构的几何模型快速更改，并保持各个部件连接关系不变。通过预设的网格划分标准自动输出用于有限元分析的网格文件，并可以实现不同求解器的集成。该技术不适用于特别复杂特征过多的几何建模，所以不适合在工程设计阶段深度使用。该技术非常适用于早期概念设计阶段，如对于概念数据阶段结构参数化建模。目前，各大主流主机厂已经将该技术纳入新车型的开发流程并获得了一定的轻量化效果，主要应用在整车的关键结构件如白车身、副车架等。

3. 多目标优化技术

在轻量化结构优化中，往往存在多个竞争性的目标函数，如重量、刚度、强度等。多目标优化技术有助于找到平衡不同目标之间的最优解集合，称为帕累托前沿。常用的多目标优化算法包括遗传算法、粒子群算法和模拟退火算法等。这些算法可以在参数空间中搜索，并生成一系列满足多个目标的优化解。多学科优化技术路线如图3所示。

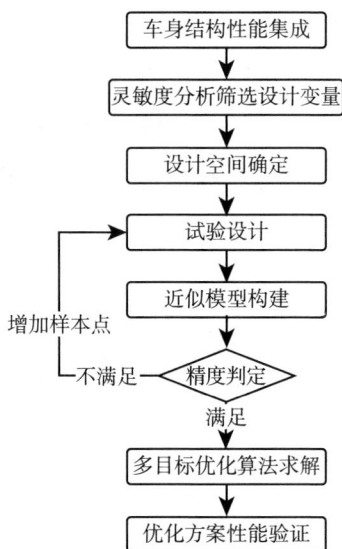

图3 多学科优化技术路线

解决多目标优化问题主要有两种思路,一是归一化方法,即将多目标优化问题中的多个目标通过加权法归结到一个目标进行优化,这种方法适用于目标函数数量不多的情况。二是非归一化方法,是指直接利用帕累托探索机制进行优化,Isight中集成了多个多目标优化算法,其中遗传算法应用较广。NSGA-Ⅱ算法是NSGA(非支配排序遗传算法)的改良版,其克服了NSGA算法中诸多不完善的方面,计算比较简便且不需要人为指定共享参数,使其探索最优解的性能得到了大幅度的提升。

(三)轻量化先进工艺

在推进轻量化材料应用过程中,实现轻质材料替换的关键在于适配的高效成型工艺。随着近些年汽车关键零部件不断朝着薄壁、高性能、大型化等方向发展,一体化成型成为轻量化工艺技术的重要发展方向。

激光拼焊热成型技术,将不同材质、板厚、镀层的板材拼合并用激光能源焊接而形成一块整体板材,然后整体进行热冲压成型,其优点非常突出,能够对零部件集成设计,减少冲压模具数量。激光拼焊门环一个零件代替了传统门环四个零件，只需使用一套冲压模具和一次冲压操作即可，在实现轻量化短流程制造的同时降低了排放与能源损耗（见图4）。

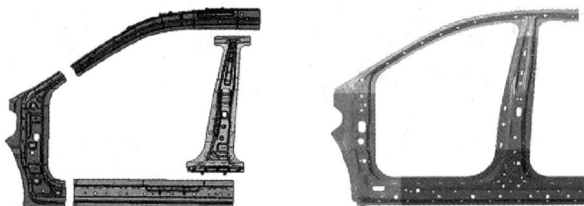

图4　一体式门环设计

铝合金一体化压铸将车身较多的铝合金零部件有效地整合为一个大结构件，通过压铸工艺一次成型，在有效节省生产成本的同时可实现汽车的轻量化目标。铝合金一体化压铸成型结构件在新能源汽车制造中所占比例越来越高。特斯拉 Model Y 采用一体化压铸后底板总成，可使下车体总成重量降低30%，制造成本下降40%（见图5）。由于所有零件一次压铸成型，Model Y 的零件数量比 Model 3 减少79个，焊点由 700~800 个减少到50个。

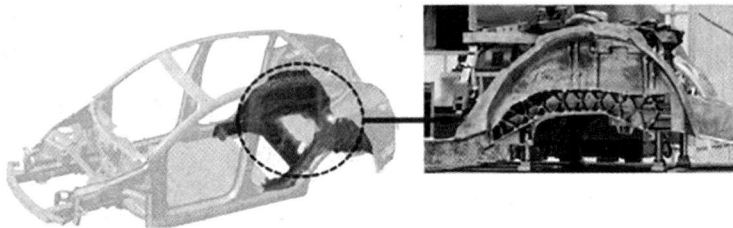

图5　一体化压铸后底板

小鹏 G6 采用车身模块化分区设计集成，利用一体化压铸成型前机舱和后底板，从而降低生产成本与整车质量（见图6）。对于超大型复杂结构件，各环节、区域工艺参数相互影响，开发稳定高效的新型短流程生产工艺和研究缺陷产生机制，也是实现零部件质量的重要保障。

复合材料成型工艺目前在热塑性成型领域发展较为迅速，热塑性成型以熔体物理变化为主，在车身常见的前后保险杠、前端框架及门内板等均是通

图 6　小鹏 G6 一体化压铸前机舱与后底板

过注塑工艺成型的复合材料零部件。片层模压成型（SMC）工艺技术对纤维连续毡、编织物及蜂窝夹心等纤维织物或夹心形式提供更多选择，也为大型复合材料构件的一体化成型提供了更高效的方法，除此之外，还存在长纤维增强热固性复合材料成型工艺、热模压等工艺。热固性复合材料成型中树脂与纤维的浸渍过程是影响复合材料生产节奏的一个关键因素，近些年不断开发出的高压树脂转移模塑法（HP-RTM）、湿法模压成型（WCM）及压缩树脂转移模塑法（C-RTM）等先进成型工艺，都是致力于解决高纤维含量、低树脂渗透率下树脂浸渍速率过慢影响生产节奏的问题。

　　HP-RTM 与 C-RTM 均为 RTM 成型衍生工艺，HP-RTM 通过高压注胶机，控制树脂注射压力在 20MPa 以上快速浸渍模具型腔内部的纤维织物，使成型总周期降低至 20min/件左右，并且可以成型复杂结构复材零部件。湿法模压（WCM）成型是一种适用于薄壁 2D 或 2.5D 型结构零部件，通过树脂喷淋装置将树脂均匀喷淋在纤维织物表面，再通过压机合模达到树脂完全浸渍，该工艺对于一些平面结构较为简单的零部件具有非常高的性价比。C-RTM 是一种利用模具压缩冲程促进树脂浸渍的成型工艺技术，其采用非闭合式型腔注射，将混合树脂液注射在树脂表面，再利用模具下压促进树脂向织物内部流动，以达到织物与树脂的完全浸渍，利用模具压缩冲程促进树脂浸渍可以减少对高压注胶设备及大吨位压力机的装备投资。

　　车身连接技术可以分为 4 个发展阶段：铝合金覆盖件开发阶段、铝合金外覆盖件成熟应用阶段、全铝车身开发应用阶段以及多材料混合应用阶段。每个阶段都有与之相应的多材料连接技术。

第一阶段：铝合金覆盖件开发阶段。这个阶段主要是为了增加材料强度级别，热成型钢逐步用于车身，还有少量铝合金覆盖件的应用，典型的车型为奥迪 A3。该阶段应用的连接技术主要是无铆连接和锁铆连接（SPR）。无铆连接适合不同金属材料及不同厚度连接，过程简单，但连接强度略低。锁铆连接具有很高的动态疲劳强度（约为焊点的 2 倍），碰撞吸收的能量较焊点高，铆接材料组合广泛，但是铆钉增加了车身自重。

第二阶段：铝合金外覆盖件成熟应用阶段。这一阶段外覆盖件大量采用铝合金，铝合金覆盖件比重显著增加，典型的车型是奥迪 A6。零部件用材方面，机盖、前后车门、翼子板和前后防撞梁应用铝合金。铝合金用量较第一阶段增加至 18%，该阶段应用的连接技术主要是自攻螺丝（FDS）、激光焊接和铆接螺母螺柱。

第三阶段：全铝车身开发应用阶段。这个阶段车身外覆盖件全部应用铝板材，铝型材和铸铝开始应用到车身结构件，轻量化效果十分显著，典型的车型是奥迪 TT。零部件用材方面，增加了 A 柱、C 柱、侧围和顶盖横梁等位置的铝合金，用量由 18% 增加到 35.8%。该阶段应用的连接技术主要是 MIG 焊和铝合金点焊。

第四阶段车身材料中，铝型材和铸铝件大量应用到车身结构件。高强钢、软钢和碳纤维为辅助用材，典型的车型是奥迪 Q7。零部件铝合金用量较上一阶段由 35.8% 增加到 49.9%，应用的连接技术主要有摩擦塞铆焊和 $\Delta\alpha$-SPR 锁铆连接。摩擦塞铆焊可以解决铝合金与高强钢、热成型钢之间的连接，且不需预先开孔，可以与胶混合使用，缺点是需要额外的紧固件，增加了自重。$\Delta\alpha$-SPR 锁铆连接解决了碳纤维和铝合金膨胀系数不同在涂装过程中导致的铆点损坏问题，但仅适用于膨胀率相差较大的材料连接。

四　汽车轻量化技术行业发展建议

（一）面向车身的轻量化结构与设计

综合运用拓扑优化、多目标优化、参数化建模等技术，可以构建一个完整的轻量化结构优化的技术路线：明确问题定义和目标函数，确定轻量化结构优化的具体问题；使用拓扑优化算法，通过迭代的添加或移除材料来确定最佳的结构拓扑路径；通过参数化建模技术，拓展设计空间；应用多目标优化算法，寻找平衡不同目标之间的最优解集合。通过这个技术路线，工程师可以实现轻量化结构的设计和优化，从而在满足各项要求的前提下，降低车身结构的重量、提升性能。

（二）面向整车制造的轻量化材料与工艺

当前汽车制造业仍以高强钢与超高强钢为材料应用主体，其材料多尺度结构及性能调控技术较为成熟，随着汽车材料评价体系的不断完善，除了瞄准高合金含量的新材料外，也要针对氢脆、焊接及成型性等指标要求，开发合金含量低、工艺处理简单及力学性能优良的钢材。同时，为保证汽车的防腐蚀性能，建议加强对高强钢镀层板的研究和生产，并不断提高镀层板的品种和质量，提高先进高强钢材料的抗腐蚀性。

对于铝合金材料，现有汽车用铝合金数据库不完整、不系统，特别是与铝合金零部件的设计、结构计算、加工工艺及使用性能相关的知识、技术严重欠缺。随着一体化压铸技术在汽车制造业中的加快应用，要在开发具备良好强度、塑性和流动性的新型铝合金的同时，提高超大型镶拼模密封性与真空度，保证大型车身压铸件生产质量，提升我国汽车装备技术及汽车关键基础零部件生产技术。

碳纤维材料的应用性能目前需要解决的共性关键问题有以下几个方面：第一，需要开发出适合汽车行业的低成本、高性能碳纤维复合材料；第二，需要建立满足工程应用的相关碳纤维复合材料基础性能数据；第三，需要探索基于零件结构性能的"材料—性能—工艺"一体化多零件集成设计方法；第四，推动先进工艺设备的国产化替代，加快车用复合材料应用步伐。

随着轻量化技术不断发展，车身由全钢质逐渐发展至多材料混合。激光焊将成为轻量化车身连接的重要手段，可以实现多种接头如铝—铝或铝—钢等异种材料的优质连接。由于传统点焊难以实现铝—铝或铝—钢等异种材料的连接，采用直流中频或高频点焊及 RES 等新型焊接技术可以实现优质点焊连接。汽车朝着多材料应用方向发展，研发钢—铝、镁—铝、碳纤维材料—铝等连接新技术尤为重要。

B.6
智能网联汽车产业创新发展特点及趋势分析

鹿文亮　王　月*

摘　要： 本报告基于中国智能网联汽车产业的发展历史和现状，对比不同企业的技术发展路径和商业模式选择，从资本投资、商业模式、创新主体、核心技术、示范试点等方面总结出我国智能网联汽车产业创新发展特点，从而预测 L2 辅助驾驶快速普及、数据积累助推自动驾驶发展、车路协同优先应用于 B 端封闭及半封闭场景、AI 大模型有望重塑自动驾驶产业链格局等产业发展趋势，为产业在市场定位、商业模式、技术路线、投资方向等方面提供参考。

关键词： 智能网联汽车　自动驾驶　车路协同　商业模式

　　智能网联汽车是汽车产业创新发展的重要领域，发展智能网联汽车是推动汽车产业变革、升级的重要机遇，也是推动世界经济增长、产业格局重构的关键契机。我国的智能网联汽车产业蓬勃发展，与新能源汽车产业一起成为我国汽车产业链乃至电子、通信等核心产业发展的重要动力。尤其是在当前复杂的国际竞争局势下，在产业发展中占得先机、提升我国的产业竞争力和产业链水平显得至关重要。

---

* 鹿文亮，博士，中国科学院科技战略咨询研究院高级工程师，主要研究方向为新能源与智能汽车产业；王月，博士，北京工商大学嘉华学院副教授，主要研究方向为汽车产业科技创新。

一　我国智能网联汽车产业发展现状

产业政策从宏观的产业方向引领转向标准体系建设和支持示范试点。随着产业的顺利发展，国家政策逐步由方向引领向具体指导转变。在标准体系方面，我国接连出台多项与智能网联汽车相关的标准体系建设指南。2023年7月，工信部、国家标准化管理委员会联合发布了《国家车联网产业标准体系建设指南（智能网联汽车）（2023版）》，完成从无实践基础的计划向有实践基础的计划的升级，并明确2025年和2030年的标准体系建设目标。在支持试点应用方面，2023年11月，工信部等4部委发布《关于开展智能网联汽车准入和上路通行试点工作的通知》，对试点城市、试点汽车生产企业、试点产品、试点使用主体的条件予以明确。深圳发布了国内首部智能网联汽车管理法规——《深圳经济特区智能网联汽车管理条例》，支持高等级自动驾驶汽车的产品准入。通过开展试点工作，引导智能网联汽车生产企业和车辆使用主体加强能力建设，在保障安全的前提下，促进智能网联汽车产品性能的提升和产业生态的迭代优化。基于试点积累管理经验，支撑相关法律法规、技术标准的制定和修订，完善智能网联汽车生产准入管理体系和道路交通安全管理体系。

在产品落地和市场渗透方面，先进驾驶辅助系统（L0～L2自动驾驶）渗透率呈飞跃式增长。根据汽车之家研究院基于新车购车线索数量和车型配置率计算的数据，2022年驾驶辅助系统中比较典型的功能（如主动刹车）的市场渗透率已超过50%，自适应巡航、车道保持辅助等功能的渗透率也达到30%左右。高级别的L3～L5自动驾驶目前则呈现两方面趋势。一方面，众多主流车企正在努力推进L3及以上高级自动驾驶系统的量产；另一方面，国内的自动驾驶技术公司和出行公司已经在国内开展相对普遍的后装上路示范运营，包含出租车、小巴、卡车、环卫车等多种产品形态。

在产业规模方面，根据公开数据，2022年中国搭载驾驶辅助系统的智能网联乘用车新车销售量达700万辆，其中新能源汽车搭载比例达48%。根据赛迪顾问的研究数据，2022年中国智能网联汽车产业规模已达5911.8亿元，增速达到46.7%。当前产业增长主要依靠驾驶辅助功能和智能座舱渗透率的提升，目前来看仍有较大的上升空间。随着后续出行、商用、智能交通等场景的发展，智能网联汽车产业规模将保持高增长趋势。

示范区差异化满足需求，稳步开展道路测试。根据工信部统计，我国已累计建设完成17个智能网联汽车测试示范区、7个国家级车联网先导区、16个"双智"试点城市。全国已开放智能网联汽车测试道路里程超1.5万公里，完成了7000多公里的道路智能化升级改造，装配路测网联设备7000余台（套），自动驾驶出租车、无人巴士、自主代客泊车、干线物流以及无人配送等多场景示范应用有序开展。

2023年11月17日，工信部、公安部、住房和城乡建设部、交通运输部4部门正式发布《关于开展智能网联汽车准入和上路通行试点工作的通知》。车企和试点城市通过试点申报后，L3和L4自动驾驶汽车可以在试点路段合法上路。车企也将开始合法生产搭载L3和L4自动驾驶系统的量产车型，这将有效推动高级自动驾驶汽车的推广落地，有利于整个产业的发展。

二 智能网联汽车产业创新发展路径与商业模式

（一）智能网联汽车产业创新发展路径分析

2020年发布的《智能网联汽车技术路线图2.0》（以下简称"路线图"）将智能网联汽车分为PA（部分自动驾驶）和CA（有条件自动驾驶）、HA（高级自动驾驶）、C-V2X（蜂窝车联网）三种类型。路线图对各阶段目标的拆分思路反映了智能网联汽车产业发展中的典型技术路线选择。

为实现高级自动驾驶，不同的企业采用了不同的发展路径。第一种发展路径以整车企业为代表，从低级的辅助驾驶切入，通过不断提升辅助驾驶能力而逐步达到无人驾驶，这种发展路径被称为渐进式发展路径；第二种发展路径以自动驾驶公司、科技公司为代表，跳过L2、L3，直接研发高级自动驾驶技术，等技术方案成熟、成本下降后再大规模商业化，这种发展路径通常被称为跨越式发展路径。两种发展路径各有特点，在不同的技术条件、基础设施和商业模式下各有优势和劣势。

1. 发展路径一：渐进式发展路径

传统车企通常选择渐进式发展路径，原因在于可以发挥其已有优势，包括造车实力、市场规模等。传统车企依托旗下汽车品牌和消费群体，在可接受的成本内推动辅助驾驶功能的商用化，过渡到无人驾驶，保持技术节奏与市场节奏的一致，不用担心低等级技术市场应用和沉没成本问题。大多数传统车企认为，为了营造更安全的自动驾驶和道路环境，从实现中级自动驾驶目标起步更为明智。传统车企通常从基础高级驾驶辅助系统（ADAS）开始应用，对自动驾驶持有较为谨慎的态度，注重投入与回报的平衡，倾向于研发现阶段可量产的 ADAS 产品，通过渐进式技术过渡到高级无人驾驶阶段，发展路径为"L2—L3—L4"或"L2—L4"。以特斯拉、小鹏、蔚来等为代表的新势力车企，则直接推出 L2 或 L2+自动驾驶车辆，现阶段主推自动泊车及导航领航功能，逐步提升自动驾驶水平。但值得关注的是，L2 自动驾驶的内部跨度较大，虽然目前 L2 或 L2+自动驾驶车辆已实现大规模量产，但成功升级量产 L3 自动驾驶车辆的企业寥寥无几，少数几家企业也将相关功能局限在高速公路或拥堵等场景。

渐进式发展路径主要选择单车智能的技术方案，商业模式顺畅，下游消费者付费意愿较强。单车智能路线对应的自动驾驶商业模式较为简单，上游零部件（传感器、芯片、域控制器、线控底盘等）企业为中游整车厂提供零部件，下游消费者花钱购买自动驾驶功能。2021 年以后上市的高端新能源车型普遍为后续更高级的自动驾驶预留足够的传感器与算力资源。以蔚来、理想、小鹏的旗舰车型为例，它们均配备了激光雷达和算力充沛的英伟达 Orin-X 芯片。虽然高级自动驾驶功能还在研发中，但车企已预留足够的硬件空间支持未来通过 OTA 实现更高级的自动驾驶功能。而相关高端新能源车型的目标用户群体也表现出对高级自动驾驶功能的期待和对硬件成本的接受。

2. 发展路径二：跨越式发展路径

跨越式发展路径以初创企业为代表，更注重技术层面的领先，直接研发高级自动驾驶技术，等技术方案成熟、成本下降后，再大规模商业化。初创企业选择跨越式发展路径，通常需要有充足的资金支持，不用考虑短期的市场应用问题，更认同自动驾驶技术的先进性，认为可以通过技术领先实现市场地位的提升。

由于直接研发 L4 及以上自动驾驶在感知和算法方面的难度较大，因此部分企业，尤其是以封闭、半封闭场景为主要商业模式的企业会采用车路协同的技术方案。但车路协同的大规模应用面临商业模式的挑战。在我国新基建的大背景下，现有的车路协同项目多为 To G 业务，如政府支持自动驾驶企业在示范区内开展业务，缺少终端消费者为车路协同业务付费的环节。同时，车路协同目前在国内缺乏通用标准，企业处于各自摸索阶段，因此车路协同若要进入良性发展循环，如何平衡好政府、车厂、公路运营单位等多方的利益是重要问题。

不同的发展路径都需考虑 L3 自动驾驶的解决方案。考虑汽车作为交通工具的产品形态和使用习惯以及驾驶安全，需要在车辆上设计驾驶员位或安全员位，因此预计 L3 自动驾驶在很长一段时间内都会是自动驾驶的核心应用场景。同时，L3 自动驾驶的量产虽然有较高的技术门槛和成本门槛，但是可以平衡算法、成本、法规、伦理、安全、习惯等诸多因素，因此 L3 自动驾驶将成为产业中的"兵家必争之地"。如 Waymo、Cruse、百度等自动驾驶领军企业，虽然选择了"跨越式"的技术路线，跳过 L3 这个级别直接奔向 L4，但从技术架构来看，L3 与 L4 在硬件与软件方面较为相同，L4 技术可以兼容 L3 产品。

同时，有企业选择双模式齐头并进，二者相互促进。随着自动驾驶技术的推进，单一发展模式并不能满足企业需求，所以有些企业选择同时采取渐进式与跨越式的做法，通过跨越式发展路径的前沿技术溢出效应"反哺"渐进式发展路径的低级别智能技术，不断进行技术迭代，加速让实验室技术实现产品化落地。如广汽的自动驾驶研发分为渐进量产式与跨越创新式两条路径，前者做加法，从 L1 到 L3 递增，形成逐年量产计划；后者做减法，从最高级 L4、L5 开始，从最完整的方案进行裁减、优化。

无论是从 L2 向上升级还是从 L4 向下兼容，目前量产车中的导航辅助驾驶（Navigate on Autopilot，NOA）竞争越发激烈，逐步成为体现车辆智能化能力的重要标志。小鹏、理想、蔚来、赛力斯等部分头部智能化企业已经进入城市 NOA 的规模化竞赛周期，行业自动驾驶的水平在不断提高。百度的极越 01 和特斯拉全系车型分别在中国和美国开始逐步推动基于纯视觉的高级辅助驾驶功能。

（二）智能网联汽车产业商业模式分析

智能网联汽车产业的渐进式和跨越式发展路径催生出乘用车和营运车两类不同的商业模式。

1. 智能网联乘用车商业模式

智能网联乘用车面向消费者，目标是在安全第一、成本控制、技术可行和路权保障的前提下实现量产。车企在乘用车上增加 L2 辅助驾驶以及 L3 及以上自动驾驶，可以提升车型的竞争力和整车销量，同时因为车辆配置更高，整车的售价提升。在智能网联乘用车商业模式中，最终由消费者为自动驾驶能力付费，推动整车企业、自动驾驶开发商以及零部件企业的发展。按照消费者不同的付费形式，该商业模式还可以细分为一次性付费模式和功能订阅模式。一次性付费模式指消费者在购车时可以选择价格更高的带有辅助驾驶功能的高配车型，之后便可以一直免费使用，目前小鹏、理想等车企通常采用该模式。功能订阅模式指消费者购车时无须加钱选择辅助驾驶功能，所有车辆已具备辅助驾驶硬件功能，消费者可以根据需要按月或者按年开通辅助驾驶功能，目前蔚来、赛力斯等车企通常采用该模式。

中国汽车市场中有 80% 左右为面向消费者的乘用车辆，乘用车是智能网联技术的核心应用场景。对于主机厂来说，采用渐进式发展路径，从 L2 辅助驾驶向 L3 自动驾驶过渡，既可以逐步培养消费者的认知，又可以通过车辆的销售收入支撑自身的技术升级。因此传统主机厂通常都采用渐进式发展路径。部分自动驾驶解决方案企业因为L4及以上自动驾驶由于技术、法规等多种因素无法量产落地，开始出现估值萎缩、融资困难等问题，一部分企业因融资不足倒闭，另一部分企业则转向与主机厂合作，以降低自动驾驶等级开发成本。

应用于量产车的辅助驾驶功能，如自动泊车辅助（APA）、自动代客泊车（AVP）、车道居中保持（LLC）等功能已成为头部智能网联汽车企业车型的特色功能，帮助车企提升车辆售价和市场竞争力。随着消费者对于辅助驾驶功能认可度的提升，辅助驾驶功能将成为车企塑造品牌、保持市场竞争力的重要因素。

智能网联乘用车商业模式的核心在于利用最低的成本开发种类丰富、性能稳定的辅助驾驶功能。早期由于智能驾驶芯片算力不足、激光雷达等传感器价格过高、软件算法性能不足以及训练成本较高的问题，用于乘用车的辅助驾驶功能较为简单。近两年，激光雷达成本大幅下降，"BEV+Transformer"模型性能显著提升，智能驾驶芯片性能成倍增长，高级辅助驾驶功能开始装车量产。并且，以特斯拉为代表的车企正在探索纯视觉的辅助驾驶技术路线，在量产车型上去掉激光雷达，甚至去掉毫米波雷达，以降低整车的成本。

2. 智能网联营运车商业模式

在智能网联营运车方面，由于车辆规模小、配置高、运营在特定环境，更容易实现高级自动驾驶。智能网联营运车商业模式不同于乘用车，该商业模式的主体是出租车公司、网约车公司、物流公司等运营方。运营方向车企采购车辆，通过改装使车辆具备自动驾驶运营能力后再对外提供服务，赚取运营服务费。由于无人驾驶车辆，运营车辆可以省掉驾驶人员的成本，同时增加车辆的运营时间，进而实现盈利。经过早期的探索，目前已经形成多种相对成熟的业务模式，按照运营性质可以分为载人服务和载货服务两大类。

在载人服务方面的应用主要分为Robotaxi和无人公交两种。国内自动驾驶初创公司在研发Robotaxi汽车产品和开展商业化部署及测试方面逐步成为行业的领导者。如百度旗下的萝卜快跑，运营区域已经涵盖武汉、重庆、北京和深圳4个城市，并且随着运营区域和车队规模的扩大以及运营效率的提升，单车每公里成本持续降低。无人公交领域通常是由自动驾驶技术企业和整车企业开展合作，共同研发自动驾驶公交产品，出售给公交公司运营。目前，我国部分城市已经在无人公交领域开展了广泛的示范验证和落地应用。

在载货服务方面的应用主要包括封闭场景下的港口自动驾驶和无人矿卡、干线物流、无人配送、无人环卫车等。港口货物装卸与运输作业是一项繁重且危险的工作，工作环境差、强度大、对从业人员资格和经验的要求高。港口的封闭环境为自动驾驶公司带来了切实可行的落地场景，帮助港口提升运营效率，降低安全风险，实现由劳动密集型产业向高科技产业的转型升级。矿山通常位于偏僻地区，工作环境恶劣，不适宜人类驾驶员长时间工作。同时矿山环境封闭、车辆行驶路线单一、车速较低等特点有利于自动驾驶技术的落地应用。无人矿卡车队可以根据管理平台智能化的路径调度指令，实现矿卡与矿卡之间、矿卡与电铲间的高效协同，提升作业的安全性与效率。在干线物流领域，自动驾驶技术可以有效弥补长途货运司机缺口，满足长途货运需求，并有效减少人为因素造成的交通事故。同时，由于高速公路路面铺装条件好、道路封闭，为自动驾驶技术的应用降低了难度。相较于乘用车，自动驾驶改装成本在营运车整体采购成本中占比较低，也有利于自动驾驶技术的商业推广与应用。

三　智能网联汽车产业创新发展的特点

（一）融资主导型的创新模式逐渐衰弱，聚焦量产落地趋势明显

智能网联汽车作为创新产业，在中国保持着相对旺盛的投融资热度，在中国培育了一批涉及产业链各核心环节的初创企业，其中部分头部企业已经完成或者正在进行 IPO（首次公开募股）。但相比前些年资本市场对于新赛道、新技术的追捧，现阶段投资更趋于理性。从投资方向来看，资本的投资逻辑正在由过去的多点布局转变为商业化落地、硬件集成和以量

产为先。

从近两年自动驾驶领域的融资事件数量和融资金额来看，虽然融资事件数量保持增长，但增长态势并不明显，且融资金额明显减少。据不完全统计，2022 年国内自动驾驶领域相关融资事件有 153 起，对外披露的融资总额近 300 亿元。与 2021 年相比，融资事件数量有所增加，但累计融资金额大幅下降。

从 2022 年资本市场对于智能网联汽车的投资方向来看，聚焦量产落地的趋势非常明显。在乘用车相关的自动驾驶整体方案融资中，70% 以上来自低级别的 ADAS 领域。而营运车的融资案例主要面向特定场景的自动驾驶，涉及干线物流、矿区、港口、无人环卫等应用领域。与早期资本更青睐潜在市场最大的 Robotaxi 不同，近年来资本开始重点投资商业模式清晰、已经量产或接近量产的领域。而在零部件方面，执行层的线控底盘，感知层的激光雷达、毫米波雷达及决策层的车载智能芯片也都是投资热点。

整体来看，自动驾驶领域已经从拼 DEMO 正式转入拼量产交付、拼上路的新发展阶段。从自动驾驶的技术发展路径来看，只有通过大规模前装量产的辅助驾驶系统积累足够丰富和多样化的数据，实现智能驾驶功能迭代与数据获取的完整闭环，才能驱动 ADAS 快速向高级自动驾驶跃升。换句话说，优先量产不仅可以帮助企业进入更稳健的商业阶段，而且可以帮助企业提升自身的技术竞争力。基于这一逻辑，从产业端到投资端，关注点都在向量产型自动驾驶领域集聚。

初创企业也已经在适应市场和资本的方向变化。高级自动驾驶乘用车尤其是面向 L4 的 Robotaxi 直到现在仍未完成商业化验证，即未来一段时间相关领域的企业还将依赖持续的资本投入。而量产型 ADAS 由于可以在用户体验上给予消费者一定的感知，已经获得市场认可，初步打通商业逻辑。因此，包括轻舟智航、文远知行、小马智行以及福特等在内的多个产业链"玩家"相继进行了自动驾驶战略调整，开始考虑从 Robotaxi"降维"到量产型 ADAS 领域。

（二）车企探索多种商业模式

直接面向消费者的 L2 辅助驾驶和 L3 自动驾驶，将在很长一段时间内成为最重要也是最主要的商业模式，而汽车厂商则是提供相关产品的核心角色。2023 年，汽车市场竞争压力剧增，汽车价格整体出现了大幅度下调，因此汽车企业在推出具备高级辅助驾驶功能的高端车型时也要重新考虑价格和定位。当前，搭载 L2+辅助驾驶功能车型的价格已经下探到 20 万~30 万元，车企需要多方面考虑辅助驾驶功能配置、车辆成本以及品牌定位等因素，选择适合自己的细分商业模式。当前比较典型的细分商业模式主要分为两种。

以小鹏、理想为代表的车企选择硬件选配、软件免费的细分商业模式。该模式已经将软件服务的成本与硬件"打包"（包入整车价格内），没有单独对辅助驾驶服务进行收费。该类企业一方面将智能驾驶作为车型的主要卖点和品牌调性，通过高性价比扩大用户规模；另一方面采集大量用户数据训练模型，提高辅助驾驶能力，获得竞争优势。但是，软件免费将导致整车成本较高，在市场竞争中缺少价格优势，低端车型利润率低。目前采用该模式的企业较少。

以赛力斯、特斯拉、阿维塔为代表的车企采用预搭载的硬件免费、软件订阅收费的细分商业模式。这些车企通常对自产车型的辅助驾驶能力有信心，通过降低车型价格为消费者预留升级空间。持续的订阅机制将改变消费者的消费习惯，真正体现出辅助驾驶的价值，也能给车企创造持续的现金流。另外，该模式可以使车企提升自身产品的功能搭载率，摊销研发成本，增加路上行驶的车辆数量，帮助积累实际工况数据。目前采用该模式的企业较多。

（三）多层次科技创新主体共同推动技术创新

在我国汽车产业突飞猛进、快速升级的发展过程中，科技创新至关重要。我国已形成以高校和研究院所、企业、供应商、行业共性平台为主的多层次协同创新机制。

　　高校和研究院所通常承担科技创新的前期研发和孵化工作。例如，清华大学智能技术与系统实验室前身是智能技术与系统国家重点实验室，于1987年7月筹建，1990年2月通过国家验收并正式对外开放运行①。全国大学生智能汽车竞赛截至2023年已开展18届，提前为产业发展储备技术和人才。同时，企业加大了与高校的合作力度，如纵目科技宣布与清华大学共同成立智能辅助驾驶系统联合研究中心。在理论和算法方面，高校和研究院所帮助我国在汽车新技术领域完成原始技术积累。

　　车企研发团队在新技术研发中的作用愈加明显。在我国汽车产业发展初期，整车企业将主要研发力量投入整车集成、产品定义和制造方面，细分技术主要依靠供应商。但随着产业链发展、人才梯队愈加完善，车企加大了在前沿核心技术方面的研发投入力度。自动驾驶技术是未来车辆的核心技术，国内主要车企均有相关研发团队。

　　初创企业和科技企业推动中国核心零部件技术发展，自动驾驶领域出现了一批优秀的零部件企业。如禾赛科技在L4自动驾驶激光雷达方面的市场占有率已达到全球第一；解决方案公司Momenta与多家车企成立合资公司，开展深度合作。同时，一批科技企业致力于发展自动驾驶业务，如华为已经成为国内第一梯队的自动驾驶供应商，自动驾驶团队超过2000人，可以提供全栈解决方案。大疆从无人机领域切入汽车自动驾驶，目前可以提供激光雷达产品和性价比解决方案，和五菱合作的2023款KiWi EV让辅助驾驶功能下探到10万元的车型。

　　行业共性技术平台发挥资源聚合优势。如国家智能网联汽车创新中心采用"公司+联盟"的运营模式，联合参与前沿基础技术和共性交叉技术研发的核心单位、开展项目和业务合作的伙伴以及作为成果受让主体的联盟成员，打造产业协同创新的枢纽和生态系统。该创新中心开展对智能网联汽车架构、操作系统等基础技术，以及计算基础平台、高精地图基础平台、云控基础平台等平台技术的研发和成果转化工作，如在车用操作系统方面，该创

---

① 资料来源：清华大学网站，https：//www.cs.tsinghua.edu.cn/jgsz/yjssys/jsjkxyjsxznjsyxtsys.htm。

新中心牵头，联合清华大学、国汽智控、黑芝麻智能、合众汽车等单位开发了通过整车集成验证的智能驾驶操作系统。

（四）互联网云服务平台提供算力支持

在自动驾驶的研发过程中，数据贯穿包含采集、标注、训练、仿真在内的全部环节。随着企业向 L3 以上的量产阶段发展，互联网云服务平台的应用是必然结果。IDC 的报告显示，每一次向高级自动驾驶的演进，对于云的基础设施、平台、应用、服务的消耗量都要上升一个数量级。因此，基于互联网云服务平台的智算中心将成为车企未来的核心竞争力之一。出于对成本、效率、安全等角度的考虑，中国车企通常选择与华为、百度、阿里等本土科技公司合作，建设智算中心。

2023 年，华为发布基于华为云的自动驾驶开发平台。该平台基于华为云强大的计算能力、大数据存储和智能处理能力，引入盘古大模型等新技术，为用户提供高效、可靠、安全、开放的自动驾驶开发环境，同时具备数据存储和处理、模型训练和测试、业务应用开发等全方位能力。据统计，中国排名前 30 的车企中，有 80% 使用了华为的云服务。

小鹏汽车于 2022 年 8 月在乌兰察布宣布建成自动驾驶智算中心"扶摇"，"扶摇"基于阿里云智能计算平台，算力可达 600PFlops，将小鹏自动驾驶核心模型的训练速度提升了近 170 倍。根据报道，通过与阿里云合作，"扶摇"以更低成本实现了更强算力。首先，对 GPU 资源进行细粒度切分、调度，将 GPU 资源虚拟化利用率提高 3 倍，支持更多人同时在线开发，效率提升 10 倍以上。其次，在通信层面，端对端通信延迟降低 80% 至 $2\mu s$；在整体计算效率上实现了算力的线性扩展；存储吞吐比业界 20GB/s 的普遍水准提升了 40 倍。"扶摇"使小鹏自动驾驶核心模型的训练时长从 7 天缩短至 1 小时内，目前"扶摇"正用于小鹏城市 NGP 算法模型训练。

毫末智行与火山引擎合作建立了自动驾驶智算中心"雪湖绿洲"。该智算中心能够实现 670PFlops 的算力，存储带宽为每秒 2T，通信带宽为每秒 800G。该智算中心一期交付了超过 2000 张 GPU 卡，已经承担毫末智行 90%

的大型训练任务。在该智算中心的助力下，毫末智行自动驾驶数据智能体系MANA 五大模型迎来全面升级，自动驾驶产品量产加速，预计 2024 年上半年，毫末城市 NOH 将实现在 100 个城市的落地。

吉利基于阿里云飞天智算平台，在湖州长兴建设星睿智算中心，计算能力达到了 810PFlops，结合领先的算力调度管理算法和研发体系，吉利的整体研发效能取得 20% 的提升。据报道，吉利星睿智算中心经过半年的试运行，智能驾驶研发效能提升明显：1000 个智驾模型的训练时长已从 3 个月缩短到云上的 8 小时，训练速度提升 200 倍。该智算中心的算力还在吉利的工厂、新能源汽车控制系统等方面有所应用。

（五）国家级产业示范区对产业发展发挥重要作用

我国通过在多地设立智能网联汽车示范区和车联网先导区，为探索智能网联汽车技术应用场景、促进智能网联汽车产业生态建设培育了优良土壤。在产业发展初期，示范区建设保障智能网联相关技术测试与认证，提供必要生产要素支撑，是产业初期集聚和发展的关键。截至 2019 年，我国有 17 个国家级智能网联汽车示范区和 7 个国家级车联网先导区。

我国从 2015 年开始陆续在上海、北京、无锡等地设立国家级智能网联汽车示范区。在各方的共同努力下，我国智能网联汽车测试示范工作取得积极成效，有力加速了新技术产业化进程，与汽车发达国家基本处于"并跑"阶段。以国家级智能网联汽车示范区为中心，我国已初步形成京津冀、长三角、渝湘鄂和珠三角四大产业集群，集群内城市分工趋势明显，形成差异化发展局面；集群内示范区城市辐射带动周边城市发展，共同构建产业生态。

国家级车联网先导区的主要任务和目标是实现 C-V2X 网络、路测单元的规模部署，装配一定规模的车载终端，完成重点区域交通设施车联网功能改造和核心系统能力提升，丰富车联网应用场景；完善与车联网密切相关的政府部门间的联络协调机制，明确车联网运营主体和职责，建立车联网测试验证、安全管理、通信认证鉴权体系和信息开放、互联互通的云端服务平台，实现良好的规模应用效果。从产业发展的角度来看，先导区以应用为导向、以一定规模的行政区域为载体，强化政府统筹，集聚产业优势，丰富应用场景，支持产品迭代，探索商业模式，促进技术、产品、政策、机制、法规、标准等的创新，在封闭测试的基础上进一步扩大应用，推动跨部门、跨行业合作，鼓励在更大范围内解决运营管理模式、投资主体等相关问题，尽快实现"从点到面"的突破，进而为全国范围内的车联网规模商用积累经验。截至2023年，我国已有江苏无锡、天津西青、湖南长沙、重庆两江新区、湖北襄阳、浙江德清、广西柳州7个国家级车联网先导区。

四 智能网联汽车产业创新发展趋势分析

（一）L2辅助驾驶快速普及，数据积累助推自动驾驶发展

2022年，我国具备辅助驾驶功能的L2乘用车新车渗透率已经达到35%，预计2025年乘用车L2及以上智能驾驶渗透率将会达到70%。从市场演变状态来看，渐进式技术路线逐步成为主流，搭载ADAS技术的硬件和软件快速发展，量产成本稳步下降，已经下降到10万元价格区间，并且从2021年6月起，L2辅助驾驶的渗透率持续高于L1，成为最主流的辅助驾驶方案。

L2+辅助驾驶助力L3自动驾驶量产。辅助驾驶尤其是L2+辅助驾驶的逐步应用，将在硬件、数据、算法方面提高L3自动驾驶的渗透率。在硬件端，以新能源车企为代表的多家车企开始在开端车型搭载激光雷达和高算力芯片，产量的增长将有效降低硬件的BOM成本。在软件端，大模型从NLP领域延伸至自动驾驶，在感知端使用深度学习大模型已经成为行业的主流做法。特斯拉开始实现"端到端"的模型应用。在数据端，理想、小鹏等企业开始陆续推送L2+辅助驾驶功能，该功能的应用可以快速帮助企业积累数据。在政策端，工信部等4部委发布《关于开展智能网联汽车准入和上路通行试点工作的通知》，首次从国家层面为L3、L4智能网联汽车的准入和上路通行试点工作制定明确的指导文件。结合以上内容，预计2025年L3自动驾驶渗透率有望达到10%。

（二）车路协同优先应用于 B 端封闭及半封闭场景

车路协同技术可以在城市复杂场景下发挥其在感知、数据与算力方面的优势，解决盲区死角、意图判断难等问题，提升感知准召率；同时可以通过与单车智能技术的融合，在高级自动驾驶中提高自动驾驶能力、降低单车智能成本。但从车企视角和商业模式出发，车路协同的应用还有诸多问题需要考虑。第一，通过算法、数据和传感器的综合调整，优化长尾场景。如 AutoX 发言人认为，单车智能技术可以获得 300 米甚至更大范围的视距，对开车来说已经完全足够，更远距离和更长时间信息对安全驾驶没有帮助，核心在于如何获取"大数量+高质量+非雷同"的数据。第二，成本方面，随着单车智能技术的量产化，硬件成本必然会快速下降。但如果车路协同技术无法全面铺开，为保持自动驾驶功能的连续性，车端仍需搭载必要的硬件。第三，车企通常要考虑技术安全与自主可控，但车企通常无法主导车路协同相关的建设和技术应用，关于路测设备的建设和维护，目前也没有探索出明确的商业模式。

考虑以上因素，预计车路协同的优先应用场景短期为 B 端的封闭和半封闭场景。在该类场景中，可以建设全覆盖的路测设备，车辆的运营场景也与路测设备完全匹配，从而可以降低自动驾驶的开发设计成本、车端激光雷达和芯片成本，并且有效节约人力成本，形成更具经济性的商业模式。我国一直致力于推动车端、路端、云端共同发展，这是我国智能网联汽车产业发展的重要技术创新方向。

（三）C 端瞄准辅助驾驶，B 端商业模式分化

做好辅助驾驶是自动驾驶企业维持长期发展的压舱石。Robotaxi 兼具乘用车无人驾驶和出行服务两大市场，其中进展最快的百度 Apollo 已经逐步开展"车内无人"商业化试点。但由于 L4 赛道企业短期无法实现无人驾驶的商业价值，长期依赖资本"输血"，存在融资断供导致的生存风险。因此，文远知行、轻舟智航、小马智行等企业均开始发展面向主机厂的前装辅

助驾驶业务。

在 B 端，以干线物流为主的无人货运与低速封闭场景自动驾驶逐步分化。目前无人物流面临 Robotaxi 类似的困局，前期的新技术研发投入导致成本过高，无法形成正向的商业模式，同时开放道路也带来了更大的技术挑战。干线物流企业还面临来自 Robotaxi 企业的竞争，如小马智行和百度都开展了自动驾驶卡车业务。港口、矿区、末端配送等低速封闭场景的自动驾驶则发展得如火如荼，如港区自动驾驶集卡已可以实现多车编组作业、双路装船作业、复杂场景避让、与有人集卡共同运营等。但值得关注的是，随着封闭场景的可控程度提高、落地难度降低，低速封闭场景预期的营收规模和市场前景均不及干线物流。

（四）AI 大模型有望重塑自动驾驶产业链格局

传统自动驾驶算法以模块化部署为主，功能的实现依托众多独立小模型的堆叠。端到端自动驾驶方案是将感知、决策规划、控制等环节融合的一体化模型，可以把传感器收集的信息直接输入统一的深度学习神经网络，处理后直接生成驾驶命令。一方面，端到端自动驾驶方案用一个大模型实现了原先模块化架构下多个小模型的功能，避免了原先多模块下"流水线"工作导致的误差累积；另一方面，大模型能更好地集中资源，实现功能聚焦，研发人员仅需对一个模型进行训练与优化，省去了大量工作。大模型可实现自动标注，提升数据处理速度与精度，降低成本。大模型更容易挖掘长尾数据，进而提升自动驾驶的可靠性。大模型还可产出大量仿生场景数据，加速自动驾驶模型的迭代。

AI 大模型的应用在一定程度上降低了自动驾驶技术的研发门槛和成本，更依赖算力和数据。而相比自动驾驶企业，车厂凭借自身的资金储备以及算力需求自建超算中心，通过量产车型进行数据采集，有可能借助大模型技术实现在自动驾驶领域的技术优势。而围绕车企的大模型应用也可以带动如 AI 芯片、存储芯片、服务器、数据中心等硬件及 AI 数据平台和算法平台等的发展。

五　总结

回顾我国智能网联汽车产业发展历程，智能网联汽车展现出在产品、技术、商业模式等多方面的蓬勃创新力，同时为我国汽车市场带来了大量发展机会。首先，汽车企业及产业链可以跳出传统制造业视角、研发模式和研发周期，把握消费者对新技术尤其是智能网联技术的需求，在汽车产品上积极引入新技术。其次，企业要根据自身的市场规模、研发能力、研发生态、产品定位，选择合适的商业模式，踩准技术和市场的节奏，实现健康、可持续发展。再次，随着智能网联技术的发展，汽车的技术和供应链愈加复杂，企业应加强外部合作，共同推动辅助驾驶发展。最后，企业需遵守国家法规，积极参与相关标准的制定，一方面为行业发展添砖加瓦，另一方面把握行业发展趋势，把控产品和市场节奏，通过产品和技术领先实现市场地位的提升。

参考文献

《关于〈智能汽车创新发展战略〉（征求意见稿）公开征求意见的公告》，中国政府网，2018 年 1 月 7 日，https：//www.gov.cn/xinwen/2018-01/07/content_5254108.htm。

刘三超、石良清：《新一轮科技革命对公路交通运输发展的影响》，《交通运输研究》2020 年第 4 期。

秦志媛、白文岭、贾宁：《【研究】最全！各家车企对智能网联技术路线之选择（附表格）》，搜狐网，2019 年 5 月 9 日，https：//www.sohu.com/a/312992259_236016。

《中国公路学报》编辑部：《中国汽车工程学术研究综述·2017》，《中国公路学报》2017 年第 6 期。

《天津市加快推动"天津智港"建设　促人工智能与经济社会发展深度融合》，中国政府网，2020 年 9 月 18 日，https：//www.gov.cn/xinwen/2020-09/18/content_5544371.htm。

B.7
充电基础设施创新驱动产业高质量发展

王娜　姜运哲　周玮　姚占辉*

摘　要： 本报告通过分析我国新能源汽车充电基础设施政策、商业模式和技术创新情况及效果，发现我国充电基础设施发展面临部分区域和场景布局不完善、快慢充结构不合理、先进技术应用迟缓、运营维护不规范等主要问题，提出了通过持续创新促进产业高质量发展的相关建议，一是完善充电基础设施布局，二是加快推进商业模式、技术创新及应用，三是优化行业监管体系。

关键词： 新能源汽车　充电基础设施　高质量发展

充电基础设施是新能源汽车高质量发展的重要支撑和现代能源体系的重要组成部分。在一系列政策创新、商业模式创新和技术创新的推动下，我国充电基础设施建设取得明显成效，基本建成了满足当前新能源汽车充电需求的充电网络体系，并不断朝高质量方向发展。

一　国家和地方政策创新情况

（一）国家政策层面

充电基础设施是新能源汽车产业的配套新兴产业，通过国家政策层面持

---

* 王娜，中国汽车技术研究中心中国汽车战略与政策研究中心高级工程师，主要研究方向为新能源汽车及基础设施；姜运哲，中国汽车技术研究中心中国汽车战略与政策研究中心工程师，主要研究方向为新能源汽车及基础设施；周玮，中国汽车技术研究中心中国汽车战略与政策研究中心高级工程师，主要研究方向为新能源汽车财税政策；姚占辉，中国汽车技术研究中心中国汽车战略与政策研究中心高级工程师，主要研究方向为新能源汽车政策。

续创新，"十三五"期间初步构建涵盖发展规划、电价优惠、财政奖励、互联互通等方面的政策支持体系，对调动社会资源、促进充电基础设施发展起到至关重要的作用。《关于加快电动汽车充电基础设施建设的指导意见》（国办发〔2015〕73号）明确了我国充电基础设施的发展规划；《关于"十三五"新能源汽车充电基础设施奖励政策及加强新能源汽车推广应用的通知》（财建〔2016〕7号）建立了充电基础设施奖补政策体系；《关于加强城市电动汽车充电设施规划建设工作的通知》（建规〔2015〕199号）、《关于加快居民区电动汽车充电基础设施建设的通知》（发改能源〔2016〕1611号）、《关于统筹加快推进停车场与充电基础设施一体化建设的通知》（发改基础〔2016〕2826号）明确了充电基础设施在不同场景建设的思路和要求。

"十四五"以来，我国进一步创新政策以支持充电基础设施建设完善。《关于进一步提升电动汽车充电基础设施服务保障能力的实施意见》（发改能源规〔2022〕53号）针对居住社区建桩难、公共充电基础设施发展不均衡、用户充电体验有待提升、行业质量与安全监管体系有待完善等突出问题，提出充电基础设施建设布局重点方向；《加快推进公路沿线充电基础设施建设行动方案》（交公路发〔2022〕80号）、《关于加快推进充电基础设施建设　更好支持新能源汽车下乡和乡村振兴的实施意见》（发改综合〔2023〕545号）强调进一步推动高速公路服务区、国省干线公路和农村地区充电基础设施建设；《关于进一步构建高质量充电基础设施体系的指导意见》（国办发〔2023〕19号）明确了建设城市面状、公路线状、乡村点状布局充电网络的发展目标。

（二）地方政策层面

为促进本地新能源汽车发展，地方政府结合本地实际开展了政策方面的创新和尝试。"十三五"期间，在国家有关政策要求和中央财政奖补资金的支持下，各地陆续制定发展规划，并根据充电基础设施的投资额、功率或运营情况进行奖励。"十四五"以来，上海、重庆、南京、北京等城市陆续出台充电基础设施财政支持政策。

地方政策的创新和扶持方向主要有以下特点。一是从注重数量向注重质量转变。奖励资金从充电基础设施建设端向运营端转移，不再盲目鼓励数量扩张，而是鼓励提升设施利用率。如北京、上海根据充电站的服务质量和效率制定分级分类评价标准，并根据评价考核等级给予不同程度的资金奖励，鼓励充电站服务质量的提升。二是鼓励新技术、新模式的发展。部分省市为大功率充电、共享换电提供额外支持。如重庆对提供多车型共享换电服务的出租换电站按额定充电功率给予 400 元/千瓦的一次性建设补贴；在市内新建并投运单桩功率不低于 350 千瓦的大功率充电桩，给予 350 元/千瓦的一次性建设补贴。三是鼓励充电基础设施均衡布局。重庆发布的充电基础设施补贴政策对中心市区、非中心市区和高速公路建设的充电桩分别给予不同额度的补贴，通过差异化补贴，促进非中心市区和高速公路充电基础设施的建设，鼓励充电基础设施合理均衡布局。

二　商业模式创新和技术创新情况

随着全球充电基础设施朝快速化、绿色化和网络化方向发展，我国充电基础设施持续开展商业模式和技术层面的创新，一批新技术、新模式涌现，包括大功率充电、换电、无线充电等，有力地带动了新能源汽车产业的发展。

（一）大功率充电

大功率充电通常指充电功率在 350 千瓦及以上，以单枪方式在 10～15 分钟给动力电池充电 80%～90%。大功率充电需要两侧技术创新：在汽车侧，零部件要高压化，并保障安全性与供应链稳定；在电力侧，涉及大功率充电规模化普及、充电设备高压化与成本控制。从技术角度来看，充电设备并不是限制大功率充电的重要因素，整车电压平台的升级和动力电池快充性能的提升决定了未来大功率充电的普及规模。在动力电池环节，电池快充能力取决于电芯负极快速嵌锂能力、电解液导电率以及电池系统的热管理能力等。

目前，包括吉利、保时捷、广汽在内的国内外主流车企都已开发或正在布局开发 800V 电压的高压快充平台车型，并已陆续开始量产。电池企业也加快推出快充电池产品，如宁德时代推出了 2C~5C 麒麟电池、4C 神行超充电池；比亚迪首创应用电驱升压技术的快充刀片电池；中创新航推出可满足6C 快充场景的"顶流"46 系圆柱电池等，通过材料创新、结构创新及整包热管理，大大提升了充电速度。目前我国尚未出台大功率充电统一标准，大功率充电设备尚未大规模生产和应用。

（二）换电

换电是一种模式创新，指将动力电池与车身分离，通过换电站对动力电池集中充电、存储，并为车辆快速更换动力电池的技术模式。换电能够有效缩短补能时间，降低车辆初始购置成本，在与能源融合方面具有广泛前景。近年来，随着国家政策支持力度加大，换电模式在出租车、网约车、重卡等特定场景实现了规模化应用，商业模式加速探索，社会资本加快集聚。

从车端来看，蔚来、吉利、北汽、广汽、一汽等整车企业推出面向 B 端和 C 端的换电车型，能够实现"可充、可换、可升级"的灵活补能模式。换电运营是换电产业的核心环节和跨界融合的切入点，整车企业、充换电运营企业、能源企业、动力电池企业等均加大对这一领域的布局力度，如奥动新能源、易易互联、蔚能、EVOGO 等是市场主流的换电运营品牌。目前，换电技术已经能够实现乘用车 20 秒极速换电、重卡 5 分钟快速换电，推动高频应用场景下车辆的电动化发展。换电站还能作为分布式储能系统，通过有序充放电管理与电网进行高效互动，参与调峰调频及后续绿能的电力交易等商业活动，实现"削峰填谷"的作用。

（三）车网互动（V2G）

V2G（Vehicle to Grid）是一种让电动汽车与电网进行互动的技术，它可实现电动汽车的分布式移动储能单元功能，在用电低谷时充电，在用电高峰时向电网放电，减轻电动汽车对电网的影响，实现调整用电负荷、改善电能质量、消纳可再生能源等作用，并为电力系统调控提供新的调度资源，避免电网和电源资源的过度投资，同时可以为车主带来一定的电网能源互动经济收益。

目前，V2G技术在多个环节还存在一定障碍，如支持V2G功能的双向充放电桩改造升级需要大量资金，还不具备盈利条件；电网对于智能化调度系统和计量设备的改造成本较高；缺乏完整配套的"车—桩—网"通信协议，难以实现车网协同应用。另外，电动汽车分布式储能准入、聚合交易等政策尚需完善。

目前，国内部分企业已完成V2G充电设备的开发和示范应用，但受制于可双向充放电的电动汽车数量少、设备投资成本较高、同时具备峰谷电价差的区域较少，无法体现V2G的经济性优势，因此V2G仍然处于示范测试阶段。

（四）无线充电

无线充电是指通过埋藏在停车位地面下的无线能量发送模块，向装置于电动汽车底盘下的无线能量接收模块进行电能传输，对电池进行充电。无线充电主要分为静止式无线充电和移动式无线充电。

无线充电具有便捷、安全、占用空间小等优势，但也有一些局限：不同车企的无线充电技术路径不同，无法完全实现充电兼容；无线充电设备成本及场地建设成本均高于传导式充电；无线充电的传输距离较近，传输功率和效率普遍低于传导式充电；充电线圈可能会受掉落金属物体的影响而改变磁场，存在发热和火灾的风险；用户对无线充电的电磁辐射问题存在一定担忧。

目前，特斯拉、宝马、奔驰等车企在部分车辆中集成了无线充电技术，国内的上汽荣威、比亚迪、北汽新能源等主流车企也都对电动汽车无线充电系统进行了研发测试，但国内尚未有支持无线充电的量产车型。

三 创新效果分析

（一）市场快速发展

政策、商业模式和技术等方面的创新有力地促进了我国充电基础设施市场的发展和产业的升级。2022年，我国充电基础设施年度建设数量达到259.3万个[①]，同比增长176.9%，车桩增量比为2.7∶1，充电服务保障能力进一步增强。其中，公共充电桩建设数量达到65.1万个，同比增长91.6%；私人充电桩建设数量达到194.2万个，同比增长225.5%，私人充电桩的电动汽车服务保障能力进一步增强。随着充电桩建设数量大幅增长，2022年我国充电桩保有量达到520.9万个，车桩比从2021年的3.0∶1调整至2.5∶1（见表1），充电服务保障能力进一步提升。

表1 2020~2022年中国新能源汽车与充电桩保有量

单位：万辆，万个

年份	新能源汽车保有量	充电桩保有量		车桩比
2020	492	168.1	80.7（公共）	2.9∶1
			87.4（私人）	
2021	784	261.7	114.7（公共）	3.0∶1
			147.0（私人）	
2022	1310	520.9	179.7（公共）	2.5∶1
			341.2（私人）	

资料来源：中国电动汽车充电基础设施促进联盟、中汽中心。

截至2022年底，全国累计建设公共充电站11.1万座，公共充电桩保有量达到179.7万个，同比增长56.7%（见图1）。其中，公共直流充电桩达到76.1万个，公共交流充电桩达到103.6万个，公共直流充电桩占比为42.3%。随着公共充电基础设施建设提速，公共充电桩车桩比由2016年的

① 中国电动汽车充电基础设施促进联盟数据，下同。

8.2∶1 调整至 2020 年的 6.1∶1，而随着新能源汽车保有量的快速提升，公共充电桩车桩比又有所调整，2022 年为 7.3∶1。

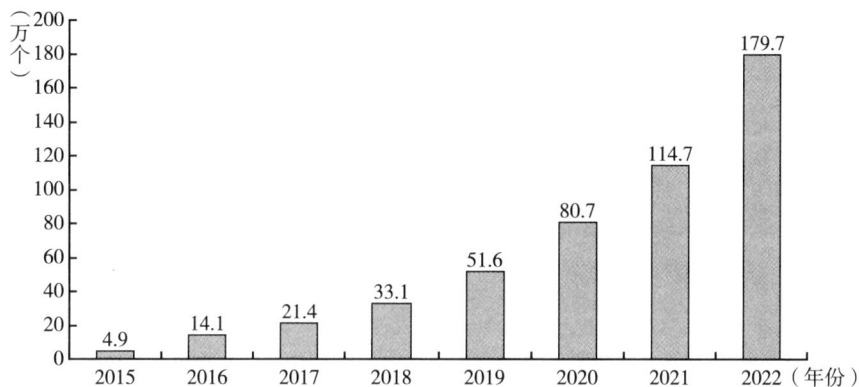

图 1　2015～2022 年中国公共充电桩保有量

资料来源：中国电动汽车充电基础设施促进联盟、中汽中心。

截至 2022 年底，我国累计建设私人充电桩 341.2 万个，其中交流充电桩 340.6 万个、直流充电桩 6534 个。2022 年月均新增私人充电桩 16.2 万个，整体呈逐月上涨趋势。

（二）投资积极性明显提升

充电基础设施运营企业市场集中度较高，头部企业存在较大市场优势。截至 2022 年底，运营公共充电桩数量超过 2 万个的中国充电基础设施运营企业共有 14 家，特来电、星星充电、云快充等排名前十的充电基础设施运营企业的公共充电桩保有量占全国公共充电桩保有量的 86% 以上。2022 年中国排名前十的充电基础设施运营企业的公共充电桩运营数量见图 2。其中，特来电和小桔充电的公共直流充电桩占比超过了 50%，分别为 59.5% 和 93.7%，其余 8 家企业的公共充电桩仍以交流慢充桩为主。

目前，民营企业成为充电基础设施运营市场的主要支撑，特来电、星星充电、云快充位列前三，国有企业国家电网、南方电网分别位列第四和第八。越来越多的车企和能源企业进入充电基础设施运营行业，车企投建的公

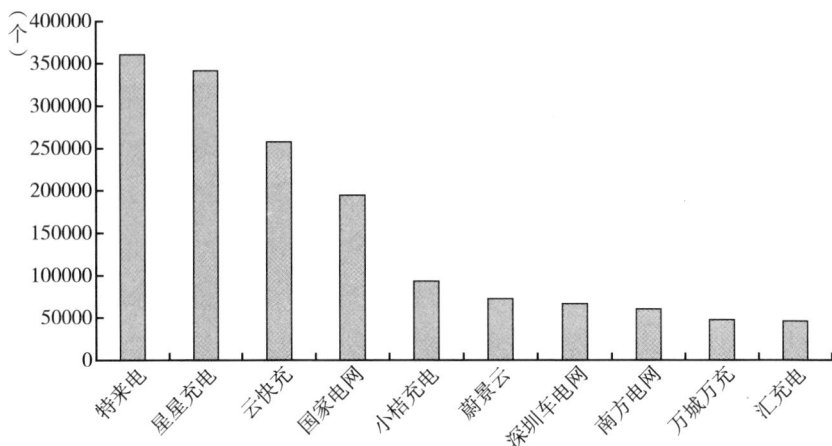

图 2　2022 年中国排名前十的充电基础设施运营企业的公共充电桩运营数量

资料来源：中国电动汽车充电基础设施促进联盟。

共充电桩以服务能力较强的大功率直流充电桩为主，中石油、BP、壳牌等能源企业依托传统加油站进行充电桩建设。充电基础设施运营行业已形成多种资本与多个行业协同发展、充分竞争的开放格局。

（三）区域布局日趋完善

充电基础设施呈现覆盖率与区域经济高度相关的特点，公共充电桩保有量排名前五的地区合计占 48.5%，均为沿海发达地区，西北和东北地区排名普遍靠后。广东、江苏、浙江、上海、北京、湖北、山东、安徽、河南及福建作为 2022 年公共充电桩保有量排名前十的省份，公共充电桩保有量均超过6 万个，其中，广东公共充电桩保有量超过 38 万个，位列第一（见图 3）。截至 2022 年底，我国公共充电桩保有量较低的省区为青海和西藏，分别为 2326个和 557 个。

从充电量来看，2022 年，中国新能源汽车总充电量达 213.2 亿千瓦时，同比增长 91.2%，充电需求持续保持快速增长。2022 年全国充电量主要集中在广东、江苏、四川、浙江、河北、福建、上海、陕西、湖南及北京等新能源汽车保有量较高的省份，电量主要流向与 2021 年一致，以公交车和乘

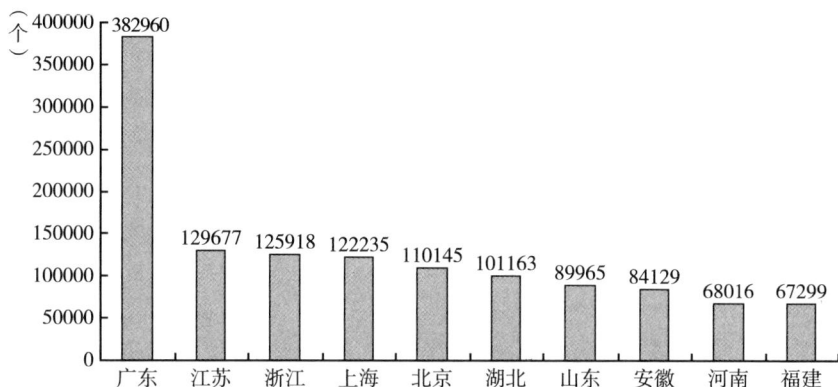

图3 2022年中国公共充电桩保有量排名前十的省份

资料来源：中国电动汽车充电基础设施促进联盟。

用车为主，环卫车、物流车、出租车等其他类型车辆占比较低。

换电站主要集中于北京、广东、浙江、江苏及上海等省份。截至2022年底，我国换电站保有量大于100座的省份有6个，其中北京289座、广东248座、浙江239座、江苏170座、上海132座、吉林103座。

四　存在的主要问题

（一）部分区域和场景布局不完善

一是经济欠发达地区尚未实现充电网络完整覆盖。西北地区地广人稀，交通基础设施建设相对薄弱，充电网络覆盖难度较大；东北地区气候严寒，新能源汽车在低温条件下续航里程降幅达40%以上，车辆使用体验不佳。经济欠发达地区的新能源汽车市场和充电基础设施发展均较为缓慢，企业建设运行积极性不高。

二是农村地区建设不足。我国充电基础设施主要集中于城市中心区域，一线城市中心区域充电基础设施覆盖率超过80%，县、乡、村等地区尚未形成覆盖网络。截至2023年4月，我国县级以下农村地区公共充电基础设施保有量约为 18 万个，仅占全国充电基础设施保有量的 10%，县级、乡镇级行政区域充电基础设施平均保有量分别为 63 个、3 个，农村地区新能源汽车车桩比为 20.8：1，与全国 7.3：1 的平均水平相比存在较大差距，尚未形成基本充电服务保障能力。

三是高速公路和普通国省干线充电基础设施建设维护不足。据交通运输部统计，截至 2023 年 5 月，高速公路服务区共有 47 万个车位，其中已建成或具备安装充电桩条件的车位共 5.4 万个，占比仅为 11%。我国新能源汽车保有结构以私人乘用车为主，高速公路充电需求潮汐效应明显，平时充电基础设施平均利用率仅为 2% 左右，闲置情况严重，但"小长假"期间出现短时充电高峰，部分热门服务区充电桩利用率甚至达到 60%，导致充电拥挤、体验较差。据调研，高速公路存在取电难、电力增容难、建设用地保障难、协调难度大等痛点，加之收益情况不容乐观，社会企业建设积极性严重不足。

（二）快慢充结构不合理

据中国城市规划设计研究院统计，我国主要城市中心城区公共快充桩平均利用率为 16.2%，远高于公共慢充桩的 4.7%，快充设施更受消费者欢迎。2022 年起，比亚迪、小鹏、广汽等整车企业开始推出支持大功率快充的车型，未来消费者对高压快充的需求将日益提升。在新能源汽车密集的中心城区，充电基础设施运营商未来将主要投放高压快充桩，以提升充电体验、提高场站客流量。但受早期公共慢充桩保有量较大、中心城区可用场地和电力资源紧张等因素影响，当前公共快充桩建设缺口仍然较大。截至 2022 年底，我国 120 千瓦以上公共快充桩保有量为 31.1 万个，占比仅为 17.3%。

（三）先进技术应用迟缓

一是换电模式大规模推广仍存困难。换电站建设投入较大，对企业资金周转造成较大压力。据调研，一座满足 50 辆重卡补能需求的换电站建设成本超过 800 万元，需要 8 年左右才可收回成本。同时，换电模式车辆标准不统一，不同品牌车辆的电池无法实现互换，换电站服务车型有限，导致利用率不高。

二是光储充一体化等新技术的市场化应用进展缓慢。光储充一体化技术能够充分利用光伏等可再生能源，提升能源利用效率，减少对电网的冲击，并降低配网增容改造的成本。但光储充一体站建设成本较高，据调研，额定发电功率为 5 千瓦的光储充一体站的安装成本为 5 万元左右，年收益约为5000 元，需要 10 年左右才可收回成本，企业和居民投资意愿有限，市场化发展受阻。

（四）运营维护不规范

一是部分充电桩处于长期闲置状态，运营维护不足。部分企业"重圈地、轻运营"，对设备维护不足，导致坏桩较多；加之企业倒闭、接口不符合国标等原因，企业不愿或不能承担较高的运营维护或拆除成本，导致部分地区存在大量无法使用的"僵尸桩"。上海充电平台数据显示，数量占 80%的交流充电桩提供了仅占 10% 的电动汽车充电量。"僵尸桩"不仅占用大量核心地段资源，造成有效充电服务能力下降，还存在充电设备短路、起火等安全隐患。据北京市相关部门反馈，因缺乏强制拆除、罚款等处罚手段的法律依据，目前对"僵尸桩"的监管措施有限，主要依靠建设及运营补贴发放考核机制落实。

二是缺乏充电基础设施统一安全监管平台。国家层面尚未建设纵向贯通、横向协同的充电基础设施统一安全监管平台。消费者无法获知全面准确、实时更新的充电基础设施使用状况，影响充电便利性、可及性及安全性；政府部门不能全方位掌握全国充电基础设施的运行、运营和维护信息，难以对新能源汽车充电实施全面的安全监管，也无法针对充电基础设施建设运营精准施策。

五　对策建议

充电基础设施建设是促进新能源汽车产业高质量发展的基础。为贯彻落实党中央、国务院决策部署，打造高水平先进补能网络，建议充分发挥各级政府和市场作用，统筹规划，持续开展政策创新，加大对商业模式、技术创新及应用的支持力度，促进充电基础设施行业提质增效。具体建议如下。

（一）持续开展政策创新，完善充电基础设施布局

一是针对高速公路服务区、普通国省干线沿线、农村地区等充电基础设施保障能力较弱地区和场景，研究出台中央财政奖补政策，加快补齐充电基础设施短板；二是鼓励地方政府结合实际制定充电基础设施发展规划，开展县、乡公共充电网络规划，做好与国土空间规划、能源规划的衔接，进一步加强充电基础设施发展要素保障，科学合理、适度超前建设充电基础设施；三是引导地方继续加大公共充电基础设施资金投入力度，鼓励地方建立与服务质量挂钩的运营补贴标准，通过地方政府专项债券等支持符合条件的充电基础设施项目建设，不断加大全国公共充电网络覆盖密度。

（二）多措并举，加快推进商业模式、技术创新及应用

一是加快推进大功率充电、换电等的国家标准出台，使行业发展有据可依；二是积极推进换电、光储充一体化等车网融合新技术、新模式试点示范，引导地方加大对大功率充电、车网互动等示范类项目的补贴力度；三是国家层面研究出台综合措施，破解新技术、新模式发展难点，充分释放新能源汽车在电网调节和清洁能源消纳等方面的潜力。

（三）研究监管手段和制度，优化行业监管体系

一是充分考虑"车、桩、网"融合发展需求和充电基础设施监管要求，建立国家充电基础设施大数据智能监管体系，实现全国充电基础设施建设运行数据实时采集监控，加强互联互通；二是研究"僵尸企业""僵尸桩"退出机制，鼓励老旧充电基础设施更新改造；三是加强建设、运营、监管相关政策标准研究，明确充电基础设施建设、运营、使用涉及的主体的责权利，规范充电基础设施建设运营市场，促进充电基础设施高质量发展。

政策篇 ⟪⟫

B.8
中国汽车产业科技创新支持政策研究

曹大千 李君 阎瑾*

摘　要： 本报告对汽车产业科技创新相关政策总体情况进行总结与分析，通过分析宏观综合、新能源、智能网联、低碳节能、关键核心技术、装备制造等不同领域汽车产业科技创新支撑政策，梳理近年来中央及地方政府出台的政策，系统分析我国汽车产业科技创新政策情况和特点。通过全面分析我国汽车产业科技创新政策，为我国汽车产业的可持续发展提供参考依据。

关键词： 汽车产业　科技创新政策　智能制造

随着全球汽车产业的快速发展和创新技术的不断涌现，中国作为全球最大的汽车市场，其汽车产业正处于转型升级的关键时期。在这一背景下，汽

---

* 曹大千，工程师，中汽中心中国汽车战略与政策研究中心；李君，高级工程师，中汽中心中国汽车战略与政策研究中心；阎瑾，中国汽车战略与政策研究中心工程师，主要研究方向为汽车质量数字化。

车科技创新政策成为支持中国汽车产业可持续发展的关键因素之一。经过多年发展，我国汽车产业基本形成以国家宏观科技创新政策为基本框架，新能源、智能网联、低碳节能、关键核心技术、装备制造等领域重点支持的科技创新体系。本报告旨在通过总结和分析中国汽车产业科技创新政策支撑体系，深刻理解中国汽车产业科技创新政策的体系结构、特点和影响，为中国汽车产业的可持续发展提供重要的参考依据。

一　我国汽车产业科技创新政策总体情况

近年来，我国政府通过采取一系列科技创新支持政策，鼓励和引导汽车产业进行技术升级和创新。整体来看，我国科技创新政策存在从集中计划调配到市场驱动，从关键领域攻关到全面创新的变化趋势，构建了以法律性政策为基础、宏观战略为核心、实施性细则为支撑，全社会协同发展的科技创新战略体系。随着汽车产业对经济发展与产业转型的驱动力日益增强，鼓励产业科技创新，强化企业在科技创新中的重要地位，科技创新在汽车产业高质量发展中的核心驱动作用日益增强。

（一）我国科技创新政策框架

自改革开放以来，我国科学事业进一步发展，进入举国体制下的全面规划阶段。1978 年发布的《1978—1985 年全国科学技术发展规划纲要》提出，要以当前世界先进水平为起点，密切结合我国经济建设和国防建设需求，制定一个先进的、高度的、为实现四个现代化服务的科学技术长远规划。1995 年 5 月，《中共中央　国务院关于加速科学技术进步的决定》首次提出"在全国实施科教兴国战略"的方针。把科技和教育摆在经济、社会发展的重要位置，增强国家的科技实力及实现生产力转化的能力，提高全民族的科技文化素质。次年，科教兴国被列为我国的基本国策。

21 世纪初期，信息网络技术的发展和普及成为科技发展的主要方向。基于网络信息通信、多媒体技术和材料科学技术等的蓬勃发展，中国加入

WTO 和经济全球化的时代背景，科学技术对社会经济发展的影响力逐渐凸显，我国产业和经济发展面临新形式和新挑战。2006 年 2 月，国务院发布《国家中长期科学和技术发展规划纲要（2006—2020 年）》，提出推动企业成为技术创新的主体，并首次提出建设创新型国家战略。明确"到 2020 年，自主创新能力显著增强，科技促进经济社会发展和保障国家安全的能力显著增强，为全面建设小康社会提供强有力的支撑；基础科学和前沿技术研究综合实力显著增强，取得一批在世界具有重大影响的科技成果，进入创新型国家行列，为在本世纪中叶成为世界科技强国奠定基础"。《国家中长期科学和技术发展规划纲要（2006—2020 年）》的发布标志着我国进入全面开启国家创新体系建设阶段，为鼓励企业成为技术创新主体、深化科研机构改革、推进科技管理体制改革、人才队伍建设等提供政策保障。

自党的十八大以来，创新驱动发展上升成为国家战略。2012 年 10 月，中共中央、国务院印发《关于深化科技体制改革加快国家创新体系建设的意见》，提出要强化企业技术创新主体地位，促进科技与经济紧密结合，标志着我国建设创新型国家的进程进入一个新的时期。2016 年 5 月，中共中央、国务院印发《国家创新驱动发展战略纲要》，提出"到 2020 年进入创新型国家行列、2030 年跻身创新型国家前列、到 2050 年建成世界科技创新强国'三步走'目标"。该目标与我国现代化建设"三步走"战略目标相互呼应、互为支撑，与制度创新、管理创新、商业模式创新等共同推动发展方式转变。2022 年，《中华人民共和国科学技术进步法》进一步强调了基础研究、区域合作和国际创新合作的重要作用，把科技创新摆在国家发展全局的核心位置，奠定了我国加快实现高水平科技自立自强、建设世界科技强国的法律制度基础，实现了国家科技治理体系基本法治框架的全面升级。

（二）汽车产业科技创新政策发展历程

中国汽车产业科技创新政策始终紧密贴合我国宏观政策，早布局、早创新，并在新时期围绕新能源汽车、智能网联等新机遇，完善政策支撑体系，持续提升行业整体科技创新水平。

1.开展以政策支撑为主体的关键重大项目攻关

我国在"七五"时期即明确了汽车产业的支柱产业地位，提出"按照高起点、大批量、专业化和联合发展的原则，建立一批汽车制造基地"。但当时我国汽车工业分散、重复、低水平的问题日益凸显。1994年7月，《汽车工业产业政策》出台，从政策目标、产品发展重点、产品认证、产业组织、产业技术、资金筹措、进出口管理、国产化等方面，提出20世纪乃至更长一段时间中国汽车工业的指导方针和主要措施，标志着我国汽车工业进入一个新的历史阶段。通过将汽车相关项目列入重点科技攻关计划、国家科技攻关计划等，着力提升新能源汽车关键技术水平，并为其提供研究经费、试验示范区建设试点等保障。在此背景下，我国的电动轿车概念车设计完成并成功开展试运行，实现了关键零部件研发等方面的技术突破。2001年9月，科技部启动"十五"国家高技术研究发展计划（863计划）"电动汽车重大科技专项"，确立"三纵三横"的系统性研发布局。2006年，科技部启动"863计划节能与新能源汽车项目"，在前期研发布局的基础上，明确以整车集成为载体、动力系统为核心，重点突破关键零部件技术瓶颈的行动方案，初步构建我国电动汽车产学研联合技术创新体系。依托重点攻坚项目的前瞻性，经过4个五年计划的持续攻关，我国攻克了一大批节能与新能源汽车关键技术，在大功率氢燃料电池发动机组制备、动力电池性能、车用驱动电机产品功率密度、关键零部件生产、试点示范、研发平台建设等方面均取得重大突破，多项指标接近当时国际先进水平。在整车技术开发方面，燃料电池轿车和客车技术指标接近国际先进水平。从混合动力汽车性能来看，样车节油30%以上、排放减少30%，纯电动客车动力性、经济性均达到国际先进水平，纯电动轿车车型通过正面碰撞试验。

2.市场化发展推动企业主体地位提升

为适应市场需求及经济全球化发展新形势，科技创新政策对推进我国汽车产业结构调整和提高汽车产业国际竞争力发挥了重要作用。2004年5

月《汽车产业发展政策》正式施行，将汽车产业整体发展和提升纳入发展重点，推动由国家牵头重点攻关项目创新向企业研发和技术创新发展。《汽车产业发展政策》提出，要健全汽车产业法制化管理体系，激励汽车生产企业积极开发具有自主知识产权的产品，提升自身技术创新能力，打造形成若干驰名整车和零部件品牌。同时，国家支持汽车生产企业开展良性竞争，跟踪国际前沿技术，引进有国际竞争力的技术产品，在新型车用燃料、车用新材料、汽车电子产业、新能源汽车、车用动力电池等领域积极开展研究和产业化。2009 年 3 月，国务院办公厅发布《汽车产业调整和振兴规划》。该规划首次提出大规模发展新能源汽车的目标，在加快提升现有新能源汽车产能的基础上，启动国家节能和新能源汽车示范工程，在大中城市示范推广新能源汽车。为配合做好相关资金补贴政策，同年，财政部发布《关于开展节能和新能源汽车示范推广试点工作的通知》，提出对试点城市公共服务领域购置新能源汽车给予补助。为进一步促进新能源汽车技术创新、产品研发及市场化推广，围绕产业规划和支撑保障，2012 年国务院发布《节能与新能源汽车产业发展规划（2012—2020）》，明确纯电驱动为新能源汽车发展和汽车产业转型的主要战略方向，提出到2020 年我国新能源汽车、动力电池、关键零部件技术等整体水平达到国际先进水平的更高要求。

3. 技术融合发展促进科技创新

"十三五"期间，我国汽车产业科技创新发展仍以产业规划类政策为主，但体系化趋势明显。"十四五"时期，以关键技术突破为核心，法规标准、金融保障、安全监管、跨界融合、健全发展的科技创新新生态逐渐形成。持续聚焦关键领域技术创新，推动实现技术自立自强。围绕智能化方向，加快汽车产业科技创新相关体系建设。2016 年 2 月，国务院常务会议提出推动组建动力电池创新平台、加快充电设施建设、提高城市公交等领域新能源汽车应用比例等一系列政策措施。同年 8 月，国务院发布《"十三五"国家科技创新规划》，提出启动"科技创新2030 重大项目"，进一步强化企业的创新主体地位和主导作用，完善新能源汽车能耗与安全性相关标准体系、新能源汽车动力系统技术体系和产业链，针对新能源汽车实施"纯电驱动"技术转型战略，推进重点领域技术突破。2020年2月，《智能汽车创新发展战略》出台，提出构建协同开放的汽车技术创新体系。该战略提出，到2025年，我国标准智能汽车的技术创新、产业生态、基础设施、法规标准、产品监管和网络安全体系基本形成，培育智能汽车关键零部件和技术平台产业化集群。

（三）汽车产业科技创新相关政府部门

汽车产业产业链条长、技术路线多样，包括设计、制造、销售、维护、安全、环保等多个方面。我国汽车产业科技创新涉及工业和信息化部、国家发展和改革委员会、科学技术部、财政部、国家市场监督管理总局、商务部、交通运输部、生态环境部等多个部门（见图1）。工业和信息化部是中国汽车产业的主管部门之一，在制定和实施汽车产业相关政策与发展规划方面发挥重要作用。国家发展和改革委员会负责规划和审批国家重大项目，同时包括涉及汽车产业科技创新的重要计划。科学技术部负责国家的科技政策和研究资助，支持汽车科技研发和创新项目。财政部通过创新资金、科技创新基金和补贴计划，提供资金支持汽车产业科技创新项目。国家市场监督管理总局负责监督汽车质量与安全，确保汽车科技创

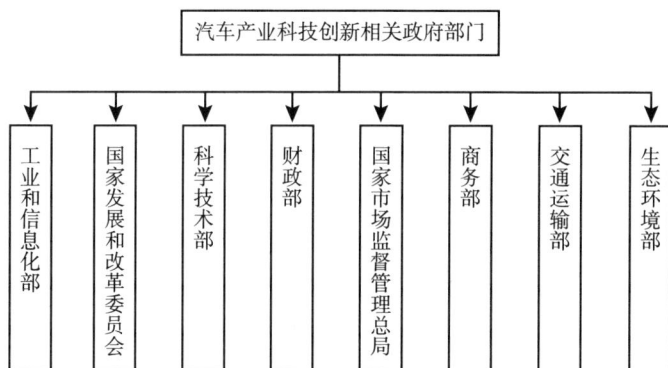

图1　汽车产业科技创新相关政府部门

新成果符合国家标准。商务部推动国际贸易、外商投资和市场准入，促进国际合作和汽车产业国际化。交通运输部负责监管汽车行业，并推动交通系统创新，促进新技术在交通运输领域的应用。生态环境部负责制定排放标准，推动环保政策、法规的执行，以确保汽车产业科技创新与环境保护协同推进。

二　汽车产业重点领域科技创新政策情况

我国汽车技术创新的重点领域在多个方面得到政策支持，推动新能源汽车、智能网联、低碳节能、工业技术和智能制造发展。近年来，新能源汽车领域受到广泛关注，政府实施了一系列政策鼓励新能源汽车和混合动力汽车发展，以推动新能源汽车普及和新能源技术研发。在智能网联方面，支持自动驾驶技术的研发和应用，推动自动驾驶汽车的测试和试点项目。此外，在绿色低碳、共性关键核心技术、智能制造等领域，国家也积极出台政策促进技术创新和发展。

（一）动力电池科技创新政策

动力电池作为新能源汽车的核心组成部分，在中国汽车产业科技创新政策中得到充分的支持和重视。政府出台一系列政策措施，包括财政补贴、税收优惠、研发资金支持等，以促进动力电池技术的研发和产业化。在技术创新方面，我国动力电池企业不断加大研发投入，推出更加先进和高性能的产品。目前，我国已形成以磷酸铁锂、锰酸锂和三元材料为主的动力电池技术体系。与此同时，我国在动力电池核心技术的研发上也取得了令人瞩目的成果，特别是在电池材料、电池结构和电池管理系统等方面。在成果应用方面，我国动力电池企业在新能源汽车领域取得显著成绩。据统计，我国动力电池产品已覆盖全球超过70%的新能源汽车市场，其应用规模和市场竞争力均处于世界领先地位。此外，动力电池技术的发展也推动我国新能源汽车产业链的形成和完善，促进我国汽车产业结构的调整和升级。我国汽车产业科技创新政策对动力电池技术的发展给予大力支持，通过政策的引导和支持，我国动力电池技术已取得巨大的突破和发展，为我国新能源汽车产业的健康发展提供强大的动力和支撑。

（二）氢能燃料电池科技创新政策

近年来，我国高度重视氢能燃料电池汽车的发展，积极推动相关科技创新政策实施，为相关技术研发和应用提供支持和保障。一是在技术研发方面，政府加大投入，鼓励企业、高校和科研院所加强技术创新，加速氢能燃料电池汽车技术突破。采取的措施包括增加科研经费、设立科技创新基金、支持科研院所建设等。此外，政府还大力支持技术研发平台建设，为科研机构和企业提供共享技术创新平台。二是在成果应用方面，政府出台一系列支持政策，为氢能燃料电池汽车的推广和应用创造良好的环境。政府采取激励措施，鼓励企业购买和使用氢能燃料电池汽车，同时加大对相关基础设施建设的投入。此外，政府还积极推动氢能燃料电池汽车与智能能源系统融合，促进能源的高效利用。通过一系列政策措施，氢能燃料电池汽车的产业化水平得到提升。政府在技术研发、成果应用和人才培养等方面提供了具体的政策支持，为氢能燃料电池汽车产业的发展提供重要保障。

（三）智能网联科技创新政策

1. 单车智能

在单车智能领域，政策支持主要集中在智能驾驶和车辆数据监测方面。首先，政府出台了一系列政策和措施，支持企业开展智能驾驶技术的研发和测试。例如，政府对智能驾驶技术进行分类和分级管理，制定相应的技术标准和测试要求，为企业提供发展和试验的法律依据。其次，政府还鼓励企业在特定区域或特定道路上进行智能驾驶车辆的示范运行，以推动智能驾驶技术的现实应用。政策支持还涉及车辆数据监测方面。政府出台政策鼓励企业开发车辆数据采集和分析技术。在数据采集方面，政府鼓励企业使用新一代传感器和通信设备，实时、准确地获取车辆各项数据。在数据分析方面，政府支持企业开展大数据和人工智能技术研究，提高数据的价值和利用效率。此外，政府还鼓励企业在车辆数据的开放共享方面进行探索，促进产业链的合作和信息共享，提升整个行业的发展水平。相关政策的出台不仅为企业提供了研发和试验的机会，也为政府监管提供了依据，并促进数据的采集、分析和共享，为汽车产业的智能化转型提供重要支撑。

2. 车路协同

车路协同是智能网联汽车技术的重要方向之一，在中国汽车产业科技创新政策中得到充分的支持。首先，在车路协同技术创新方面，我国政府出台一系列政策措施，以推动技术研发和应用推广。其中，包括支持企业进行车路协同关键技术研发和创新，为相关企业提供资金支持和税收优惠政策。此外，政府还通过成立专门的研究机构和实验基地，提供科研设备和试验场地，促进车路协同技术的实际应用和验证。其次，在车路协同关键零部件方面，政府强调加强关键零部件的研发和生产。通过采取鼓励企业自主创新、引导技术引进和培育国内品牌等措施，政府促进关键零部件产业链的协同发展，推动车路协同技术的快速应用。最后，为加快车路协同技术的普及推广，政府还开展了一系列测试示范项目。通过在不同地区建立车路协同测试示范区和智能交通试点城市，政府为企业提供试验场地和实际应用环境，促进车路协同技术的落地推广。

（四）节能低碳科技创新政策

中国汽车产业科技创新政策在轻量化领域的支持情况值得关注。轻量化技术是当今汽车产业科技创新的重要方向之一，可以有效降低车辆的能耗和排放，提升汽车的整体性能和竞争力。在中国汽车产业科技创新政策体系中，轻量化领域得到了相应的政策支持。一方面，政府在技术研发方面给予轻量化领域的项目以资金支持。通过设立专项资金，鼓励企业、高校和科研院所在汽车轻量化技术研发上进行创新。这些资金可以用于研发设备的购置、人员的培训和研究成果的应用转化，为轻量化技术研发提供必要的资金保障。另一方面，政策还鼓励企业进行轻量化产品的研发和推广应用。政府实施了一系列激励措施，如给予轻量化产品研发和生产企业以税收减免、贷款优惠、技术转让和知识产权保护等多方面支持。这些措施不仅为企业降低了研发和生产成本，还提升了企业的竞争力和创新动力。除此之外，政府还推动轻量化技术在汽车生产中的应用，鼓励企业生产更加轻量化的汽车产品。政府组织了一系列评选和示范活动，表彰那些在轻量化技术应用方面具有突出成果的企业，并对这些企业予以政策倾斜，给予相应的奖励和支持。这些举措有效促进了轻量化技术在汽车生产中的应用，推动中国汽车产业科技创新的发展。

（五）汽车共性关键核心科技创新政策

1. 汽车芯片

芯片技术作为汽车共性关键核心科技之一，得到广泛的关注和支持。汽车芯片作为汽车电子系统的核心，能够实现车辆的智能化、网络化和自动化，对提升汽车的性能和安全性具有重要意义。然而，目前中国汽车芯片技术在国际竞争中处于相对落后的地位，存在依赖进口、缺乏核心技术和创新能力亟待提升等问题。政府通过出台一系列政策文件，鼓励和支持企业、高校与科研院所在芯片技术研发方面进行创新。例如，政府对芯片相关企业采取提供资金支持、税收优惠和研发项目申报等政策措施，以鼓励它们开展自主创新和技术研发。同时，政府还加大对芯片领域人才培养的投入，通过设立专门的人才培养计划和奖励机制，吸引和培养更多优秀人才从事芯片研发和应用工作。一方面，政府的政策支持力度逐渐加大，为芯片技术创新提供有力的保障。另一方面，政策的重点也逐渐从技术研发转向应用推广，注重推动芯片技术在汽车产业中的落地和实际应用。此外，政府还注重加强国际合作，利用国际资源和市场提高中国芯片技术在全球范围内的竞争力。中国汽车产业科技创新政策支撑体系中的芯片技术创新政策具有重要意义。通过政府的引导和支持，中国汽车芯片技术不断取得突破和进步，为汽车产业的升级和转型提供有力支持。政府需加大政策支持力度，加强与企业、高校和科研院所的合作，培育和积累更多的芯片创新人才，进一步提高我国汽车芯片技术的研发和应用水平。

2. 车用操作系统

操作系统是汽车的核心软件之一，在汽车智能化发展中起到关键作用，控制和管理汽车的各种功能。相关部门陆续出台政策，通过采取一系列措施支持操作系统发展。其中，包括建立和完善操作系统的研发平台、支持相关技术的研究和开发、推动操作系统的产业化和应用等。这些政策措施为操作系统的研发和应用提供有力的支持，推动中国汽车产业科技创新。通过操作系统的不断创新，中国汽车产业的智能化水平得到显著提升。操作系统的应用不仅提高了汽车的驾驶安全性和舒适性，还增强了车辆的智能化和互联性。在新能源汽车、智能网联等领域，操作系统的应用促进了相关技术的快速发展，推动中国汽车产业向高端化、智能化方向迈进。此外，操作系统的研发和应用还带动相关产业的发展。在操作系统的支持下，相关企业积极推动新技术的转化和产业化，促进汽车与信息技术的融合。操作系统的应用还带动相关产业链的发展，包括软件开发、硬件制造、智能化设备等领域，推动中国汽车产业的全面升级。

3. 新材料新工艺

新材料和新工艺在汽车制造领域具有广阔的应用前景，可以提高汽车的安全性、舒适性和环境适应性。在新材料的支持政策方面，我国政府一方面鼓励企业和研究机构加大对新材料研发的投入，提供财政资金和采取税收优惠政策。同时，政府加强与研究机构和高校的合作，支持科技成果转化。另一方面，政府还积极推动新材料标准的制定和应用，提高新材料的市场准入门槛，促进新材料产业发展。随着政府支持力度的不断加大，近年来新材料新工艺的研发和应用水平得到提高。

（六）汽车装备和智能制造科技创新政策

在当前汽车产业发展过程中，装备和制造技术的创新已成为提高汽车生产效率、质量和竞争力的重要因素。我国政府高度重视汽车装备和智能制造领域的科技创新，制定了一系列有针对性的政策支持措施。政府通过财政、金融和科技支持等多种手段，为企业的装备升级和制造技术创新提供了有力的支撑。此外，政府还鼓励行业间的合作和联合研发，推动智能制造技术在汽车装备领域的应用。例如，通过财政资金的补助，支持企业购置先进的装备和设备，提高生产效率和品质。同时，政府还鼓励企业加大对自主创新的投入，提高技术水平和核心竞争力。政府为企业提供创新平台，包括技术创新中心、工程中心和实验室等，为企业的研发工作提供支持和保障。此外，政府还提供金融支持，通过设立专项资金和引导基金等方式，为企业提供更加便利的融资服务，促进创新项目的开展。政府鼓励行业间的合作和联合研发，以提高装备与制造技术的创新能力。政府支持行业协会、研究机构和高校等开展合作研究，形成"政产学研用"的协同创新机制。此外，在技术应用和商业化方面，政府积极推动智能制造技术在汽车装备领域的应用和推广，加快实现从传统制造业向智能制造业的转型升级。政府鼓励企业采用自动化和智能化的生产设备与系统，提高生产效率和产品质量。同时，政府还推动数字化技术在装备和制造领域的应用，例如物联网、大数据和人工智能等，提升工业制造的智能化水平。这些政策措施将促进我国汽车装备和智能制造领域的科技创新和发展，推动中国汽车产业转型升级。

三 我国汽车产业科技创新政策存在的问题及建议

（一）我国汽车科技创新政策存在的问题和挑战

中国汽车科技创新政策在推动技术进步和产业升级方面取得显著进展，

但仍面临一些问题和挑战。一是政策出台相对分散，不同部门之间存在重叠和冲突，导致政策碎片化，难以形成一体化的支持框架。二是技术标准和规范有待完善，技术标准的不一致和缺乏统一的规范可能导致不同厂商的产品之间互通性不强，降低汽车技术的整体效率，技术加速迭代和产业的不断变革导致标准滞后。三是知识产权保护方面仍存在不足，特别是在一些新兴领域，知识产权保护政策不完善，成果转化不顺畅，阻碍技术的跨界合作和创新。四是新创企业可能发现市场准入难度大，感受到来自传统汽车制造商的竞争压力，这可能阻碍创新的进展。五是新技术有待推广，尽管近年来政府大力支持技术研发，但如推广新技术，特别是智能网联汽车技术，仍有许多工作要做。

（二）我国汽车科技创新政策建议

我国汽车科技创新政策对促进汽车产业科技创新和发展起到积极作用，但需要进一步加强政策的整合和协调，确保政策的有效执行和落地，提高政策的针对性和实施效果，推动中国汽车产业科技创新向更高水平迈进。在未来的政策制定中，应根据汽车产业发展的实际需求，加强对新能源汽车、智能网联、节能低碳、汽车共性关键核心技术、汽车装备等领域的支持，为汽车产业的高质量发展提供有力支撑。一是进一步加大对新能源汽车科技创新的支持力度。新能源汽车是未来汽车产业发展的趋势，应加大对新能源汽车动力电池和氢能燃料电池汽车的研发与应用的支持力度。注重提高新能源汽车的技术水平和市场竞争力，推动新能源汽车产业健康发展。二是加强对智能网联科技创新的支持。智能网联技术是汽车产业创新的重要方向，应加强对单车智能、车路协同和关键零部件等领域的研发和示范推广。加强对智能网联技术安全和隐私保护的研究。三是积极推进节能低碳技术的开发和应用。节能低碳是汽车产业可持续发展的关键，应加强对轻量化技术的研发和推广，减少汽车能耗和污染排放。同时，还应加强对新材料新工艺的研究和推广，提高汽车的整体性能和质量。四是加大对汽车共性关键核心技术的支持力度。芯片、操作系统和新材料新工艺是汽车产业的核心技术，应加强对这些关键技术的研发和应用。还应鼓励企业加强技术创新和自主知识产权保护，提高汽车产业的核心竞争力。地方各级政府应加强对汽车产业科技创新的政策指导和支持。发挥不同地区在汽车科技创新方面具有的独特优势，根据地方实际情况制定相应的政策，加强地方政府之间的合作和交流，推动汽车产业协同发展。

B.9
智能网联汽车创新发展政策研究

秦志媛　葛　鹏　张怡凡*

摘　要：　产业政策对产业发展起到引领和支撑作用，完善的政策体系是产业健康发展的重要基础。为促进我国智能网联汽车产业创新、快速发展，本文对智能网联汽车政策体系进行研究，厘清政府职能部门间的关系，建立政策体系框架，剖析智能网联汽车政策创新趋势，为未来政策调整和企业制定发展战略提供参考依据。

关键词：　智能网联汽车　科技创新　政策法规

近年来，智能网联汽车产业在我国快速发展。但智能网联汽车属于新兴领域，与人工智能、互联网、大数据等众多行业交叉融合，科技属性明显，其创新链、产业链、价值链与传统汽车存在较大差异，原有经验举措和政策法规已不能完全支撑产业发展。我国高度重视智能网联汽车产业，出台了一系列政策以推动产业创新发展。这些政策不仅关注技术创新，还关注产业生态系统的构建，包括数字经济、智能交通、智慧城市、商用化等领域。

一　智能网联汽车科技创新政策体系

有多个监管部门对智能网联汽车进行监督和管理，这些部门既在各自职

* 秦志媛，高级工程师，中汽中心中国汽车战略与政策研究中心；葛鹏，高级工程师，中汽中心中国汽车战略与政策研究中心；张怡凡，高级工程师，中汽中心中国汽车战略与政策研究中心。

责范围内发挥管理职能，又相互协同，出台一系列监管政策，形成智能网联汽车政策体系框架，推动智能网联汽车安全可持续发展。

（一）政府管理职能

智能网联汽车相关的政府管理部门包括工信部、中央网信办、国家发展改革委、交通运输部、住建部、公安部、国家市场监督管理总局、自然资源部、科学技术部、财政部、国家能源局等。工信部和国家发展改革委负责协调推动；中央网信办、工信部、公安部在网络安全、数据安全管理方面形成有效衔接；交通运输部、住建部、公安部、国家能源局共同负责智能交通，智慧城市的规划、建设与管理；自然资源部侧重于地理信息管理；公安部主管道路交通安全和责任判定；国家市场监督管理总局关注产品质量安全和缺陷召回；科学技术部和财政部分别从科技专项和财政资金方面给予支持（见图1）。

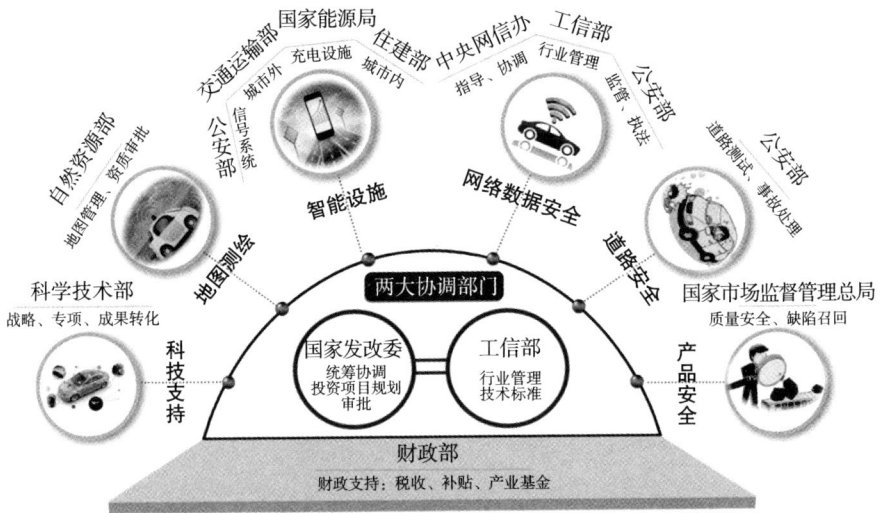

图1　国家各部门在智能网联汽车领域的管理职能

资料来源：中汽中心中国汽车战略与政策研究中心绘制。

（二）政策法规体系

我国智能网联汽车政策兼顾发展与安全两大方面。其中，发展领域包括战略引领、数字经济、智能交通、智慧城市和测试示范，安全领域包括产品安全、交通安全、数据安全、网络安全和测绘地理信息安全。每个方面都各有其特征，又相互联系。战略引领是顶层设计和整体规划，数字经济是未来发展方向，智能交通、智慧城市、测试示范是智能网联汽车商业化的重要应用领域。产品安全、交通安全、数据安全、网络安全、测绘地理信息安全等都是智能网联汽车产业安全的核心领域（见图 2 和表 1）。

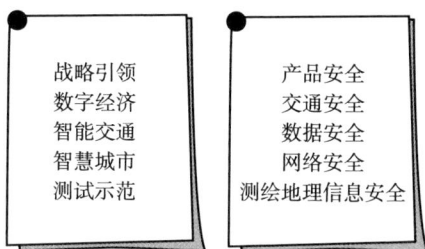

图 2　中国智能网联汽车政策法规体系

表 1　中国智能网联汽车主要政策

发展领域		安全领域		
类别	政策	类别	政策	
战略引领	国家发展改革委等：《智能汽车创新发展战略》（2020 年 2 月）	产品安全	工信部：《关于加强智能网联汽车生产企业及产品准入管理的意见》（2021 年 7 月）	国家市场监督管理总局：《关于进一步加强汽车远程升级（OTA）技术召回监管的通知》（2020 年 11 月）
			工信部：《汽车自动驾驶分级》（2021 年 8 月）	国家市场监督管理总局：《关于汽车远程升级（OTA）技术召回备案的补充通知》（2021 年 6 月）
	中国汽车工程学会：《节能与新能源汽车技术路线图 2.0》（2020 年 10 月）		工信部等：《关于开展智能网联汽车准入和上路通行试点工作的通知》（2023 年 11 月）	国家市场监督管理总局等：《关于试行汽车安全沙盒监管制度的通告》（2022 年 2 月）

发展领域		安全领域		
类别	政策	类别	政策	
战略引领	工信部:《国家车联网产业标准体系建设指南(总体要求)》(2018年6月)	产品安全	工信部装备中心:《关于开展汽车软件在线升级备案的通知》(2022年4月)	国家市场监督管理总局:《关于启动汽车安全沙盒监管试点申报的通知》(2022年12月)
数字经济	国务院:《"十四五"数字经济发展规划》(2021年12月)	交通安全	公安部:《道路交通安全法(修订建议稿)》(2021年3月)	深圳市人大:《深圳经济特区智能网联汽车管理条例》(2022年6月)
	中共中央、国务院:《中共中央国务院关于构建数据基础制度更好发挥数据要素作用的意见》(2022年12月)		工信部等:《关于开展智能网联汽车准入和上路通行试点工作的通知》(2023年11月)	江苏省人大:《江苏省道路交通安全条例》(2023年8月)
	国家发展改革委:《加快构建中国特色数据基础制度体系,促进全体人民共享数字经济发展红利》(2023年1月)		《数据安全法》(2021年6月)	中央网信办:《数据出境安全评估办法》(2022年7月)
	国务院:《数字中国建设整体布局规划》(2023年2月)		《个人信息保护法》(2021年8月)	中央网信办:《数据出境安全评估申报指南(第一版)》(2022年8月)
智能交通	交通运输部:《关于推动交通运输领域新型基础设施建设的指导意见》(2020年8月)	数据安全	中央网信办:《网络数据安全管理条例(征求意见稿)》(2021年11月)	国家市场监督管理总局等:《关于开展数据安全管理认证工作的公告》(2022年6月)
	国务院:《国家综合立体交通网规划纲要》(2021年2月)		工信部:《关于加强车联网网络安全和数据安全工作的通知》(2021年9月)	中央网信办:《个人信息出境标准合同办法》(2023年2月)
	交通运输部:《数字交通"十四五"发展规划》(2021年10月)		工信部:关于印发《工业和信息化领域数据安全管理办法(试行)》的通知(2022年12月)	中央网信办:《个人信息出境标准合同备案指南(第一版)》(2023年5月)
	交通运输部等:《"十四五"交通领域科技创新规划》(2022年3月)		工信部:《工业和信息化领域数据安全风险评估实施细则(试行)(征求意见稿)》(2023年10月)	国务院:《关于进一步优化外商投资环境加大吸引外商投资力度的意见》(2023年7月)
	交通运输部:《关于推进公路数字化转型加快智慧公路建设发展的意见》(2023年9月)		中央网信办等5部门:《汽车数据安全管理若干规定(试行)》(2021年8月)	中央网信办:《规范和促进数据跨境流动规定(征求意见稿)》(2023年9月)

续表

发展领域		安全领域		
类别	政策	类别	政策	
智慧城市	住建部等:《关于组织开展智慧城市基础设施与智能网联汽车协同发展试点工作的通知》(2020年11月)	网络安全	《网络安全法》(2016年11月)通过,2022年9月修订	工信部等:《关于印发网络产品安全漏洞管理规定的通知》(2021年7月)
	住建部等:《关于确定智慧城市基础设施与智能网联汽车协同发展第一批试点城市的通知》(2021年4月)		国务院:《关键信息基础设施安全保护条例》(2021年7月)	工信部:《关于加强车联网卡实名登记管理的通知》(2021年9月)
			工信部:《关于加强车联网网络安全和数据安全工作的通知》(2021年9月)	中央网信办等:《网络安全审查办法》(2021年12月)
	住建部等:《关于确定智慧城市基础设施与智能网联汽车协同发展第二批试点城市的通知》(2021年12月)		工信部:《关于开展车联网身份认证和安全信任试点工作的通知》(2021年6月)	中央网信办:《关于调整〈网络关键设备和网络安全专用产品目录〉的公告》(2023年7月)
测试示范	工信部等:《智能网联汽车道路测试与示范应用管理规范(试行)》(2021年7月)	测绘地理信息安全	《测绘法》(2017年4月最新修订)	自然资源部:《发布关于进一步加强测绘资质审批管理的通知》(2022年3月)
			自然资源部等:《测绘地理信息管理工作国家秘密范围的规定》(2020年6月)	国务院:《关于开展营商环境创新试点工作的意见》(2021年10月)
	工信部:《支持重庆(两江新区)创建国家级车联网先导区》(2020年12月)		自然资源部:《推进地理信息保密处理技术研发和服务工作》(2021年2月)	自然资源部:《关于做好智能网联汽车高精度地图应用试点有关工作的通知》(2022年8月)
			自然资源部:《关于印发测绘资质管理办法和测绘资质分类分级标准的通知》(2021年6月)	自然资源部:《关于促进智能网联汽车发展维护测绘地理信息安全的通知》(2022年8月)
	工信部:《支持湖北(襄阳)、浙江(德清)、广西(柳州)创建国家级车联网先导区》(2023年4月)		自然资源部:《关于开展测绘资质复审换证工作的通知》(2021年6月)	自然资源部:《智能汽车基础地图标准体系建设指南(2023版)》(2023年3月)
			自然资源部:《关于导航电子地图制作甲级测绘资质复审换证结果的公告》(2022年)	自然资源部:《关于加快测绘地理信息事业转型升级更好支撑高质量发展的意见》(2023年8月)

资料来源:根据公开资料整理。

二 智能网联汽车科技创新政策特点

发展与安全是同一事物的两个不同方面。智能网联汽车发展虽然面临诸多安全问题，但在推动我国科技进步方面起到了非常重要的作用。所以，应辩证地看待发展中的安全问题，以安全基础筑牢发展屏障。

（一）发展方面

1. 以战略规划引领科技创新发展方向

战略引领政策分为三个层次，分别是顶层设计、技术路线和标准体系。《智能汽车创新发展战略》是我国智能汽车产业的顶层设计文件，从技术创新、产业生态、基础设施、法规标准、产品监管、网络安全六大方面部署主要任务及推进措施。《节能与新能源汽车技术路线图2.0》提出"三横两纵"技术构架，对车辆关键技术、信息交互关键技术、基础支撑关键技术进行研究（见图3）。《国家车联网产业标准体系建设指南（总体要求）》分为智能网联汽车、信息通信、电子产品与服务、车辆智能管理、智能交通相关5个部分（见图4）。截至2021年2月，5个建设指南均已发布，整个车联网标准体系基本搭建完成，智能网联汽车板块在2023年已进行了第二版修订更新。

2. 以数字经济激活产业发展潜能

数据是数字经济时代最活跃的生产要素，为智能化网联化技术创新、商业模式创新注入动力。国家加快建设数据基础制度，优化数据资源利用环境。《"十四五"数字经济发展规划》提出，要优化升级数字基础设施，充分发挥数据要素作用，大力推进产业数字化转型。党的二十大报告指出，加快发展数字经济，促进数字经济与实体经济深度融合，营造市场化、法治化、国际化一流营商环境。2022年12月，《中共中央 国务院关于构建数据基础制度更好发挥数据要素作用的意见》出台，提出统筹推进数据产权、流通交易、收益分配、安全治理制度建设，加快构建数据基础制度体系。2023年

基础原则
- 统筹谋划，协同推进
- 创新驱动，平台支撑
- 市场主导，跨界融合
- 开放合作，安全可控

发展目标
- 2025年：中国标准智能汽车的技术创新、产业生态、基础设施、法规标准、产品监管和网络安全体系基本形成
- 2035—2050年：中国标准智能汽车体系更加完善。绿色、安全、高效的智能汽车强国愿景逐步实现，智能汽车充分满足人民日益增长的美好生活需要

重点任务
- 构建协同开放的智能汽车技术创新体系
- 构建跨界融合的智能汽车产业生态体系
- 构建先进完备的智能汽车基础设施体系
- 构建系统完善的智能汽车法规体系
- 构建科学规范的智能汽车产品监管体系
- 构建全面高效的智能汽车网络安全体系

政策框架
- 突破关键基础技术
- 完善测试评价技术
- 开展应用示范试点
- 增强产业核心竞争力
- 培育新型市场主体
- 创新产业发展形态
- 推动新技术转化应用
- 推进智能化道路基础设施规划建设
- 建设广泛覆盖的车用无线通信网络
- 具备覆盖全国的车用高精度时空基准服务能力
- 建设国家智能交通地理信息平台
- 建设国家智能汽车大数据云控基础平台
- 健全法律法规
- 完善技术标准
- 推动车辆技术认证认可
- 加强车辆产品管理
- 加强智能车辆使用管理
- 完善安全管理联动机制
- 提升网络安全防护能力
- 加强数据安全监督管理

车载平台 / 基础设施

车辆关键技术：
- 环境感知技术
- 智能决策技术
- 控制执行技术
- 系统设计技术

信息交互关键技术：
- 专用通信与网络技术
- 大数据云控基础平台技术
- 车路协同技术

基础支撑关键技术：
- 人工智能技术
- 安全技术
- 高精度地图和定位技术
- 测试评价技术
- 标准法规

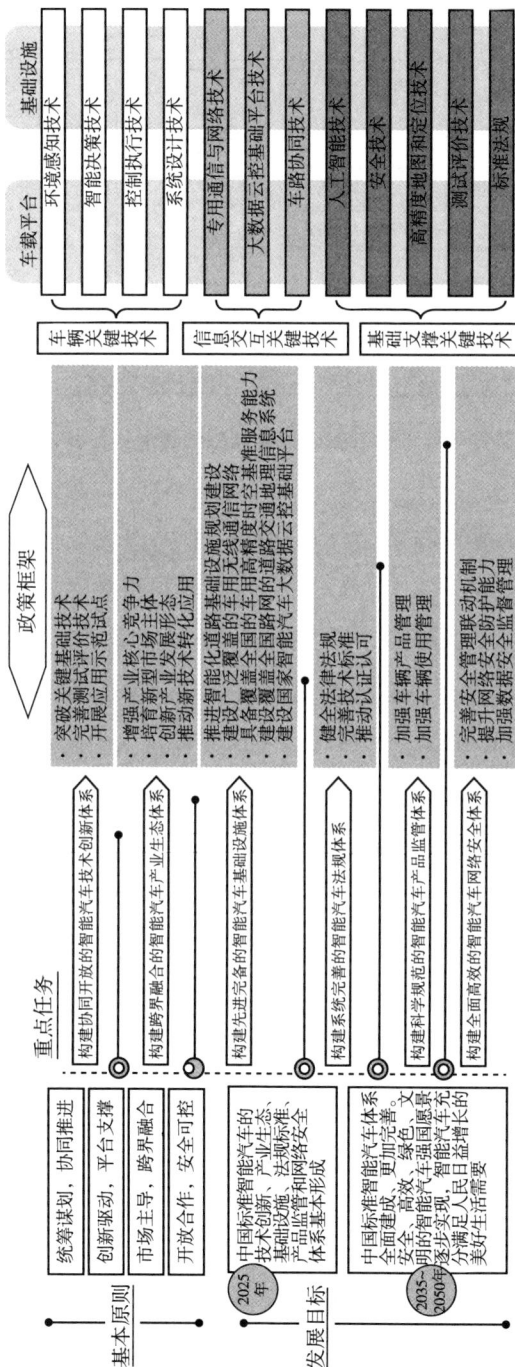

图3 《智能汽车创新发展战略》及《节能与新能源汽车技术路线图2.0》技术框架

《国家车联网产业标准体系建设指南（总体要求）》

智能网联汽车	信息通信	电子产品与服务	车辆智能管理	智能交通相关
功能评价	通信协议和设备	汽车电子产品	登记管理	道路设施
功能安全	业务和应用	网络设备	身份认证	车路交互
信息安全	网络安全	服务与平台	运行管理	管理与服务
自动控制	数据安全	电子信息	车路协同管控与服务	网络安全
14项细分类别	24项细分类别	13项细分类别	13项细分类别	17项细分类别
开端 2017年12月	逐步完善 2018年6月	逐步完善 2018年6月	逐步完善 2020年4月	体系健全 2021年2月

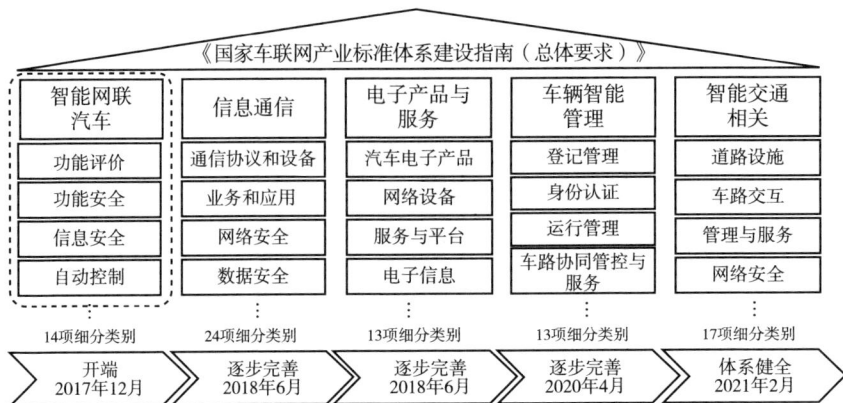

图4　《国家车联网产业标准体系建设指南（总体要求）》技术框架

1月1日，国家发展改革委发布题为《加快构建中国特色数据基础制度体系，促进全体人民共享数字经济发展红利》的文章，明确建设中国特色数据基础制度的重大意义、总体要求和重点任务，将扎实推进"数据二十条"部署的各项任务落实落细，充分激活数据要素潜能，做强做优做大数字经济。2023年2月，《数字中国建设整体布局规划》描绘出中国数字经济的未来发展蓝图，明确数字基础设施和数据资源体系是两大基础。

3. 以智能交通承载科技创新应用成果

智能交通是智能网联汽车科技价值体现的重要应用领域。2020年8月，交通运输部发布《关于推动交通运输领域新型基础设施建设的指导意见》，提出要重点发展智慧交通基础设施和信息基础设施，打造智慧公路，丰富车路协同应用场景，提升交通运输行业北斗系统高精度导航与位置服务能力。《国家综合立体交通网规划纲要》鼓励新型基础设施建设及智能网联汽车应用，加快提升交通运输科技创新能力，推动车联网部署和应用。《数字交通"十四五"发展规划》提出建设"一脑、五网、两体系"的发展格局（见图5）。《"十四五"交通领域科技创新规划》统筹推进"十四五"交通领域科技创新发展，将大力发展智慧交通，推动云计算、大数据、物联网、移动互联网、区块链、人工智能等新一代信息技术与交通运输融合，加快北斗导航技术应用，开展智能交通先导应用试点。《关于推进公路数字化转型加快智慧公路建设发展的意见》致力于提升路网管理服务数字化水平和推动智慧出行，打造路网智能感知体系、构建监测调度体系、创新管理和服务。

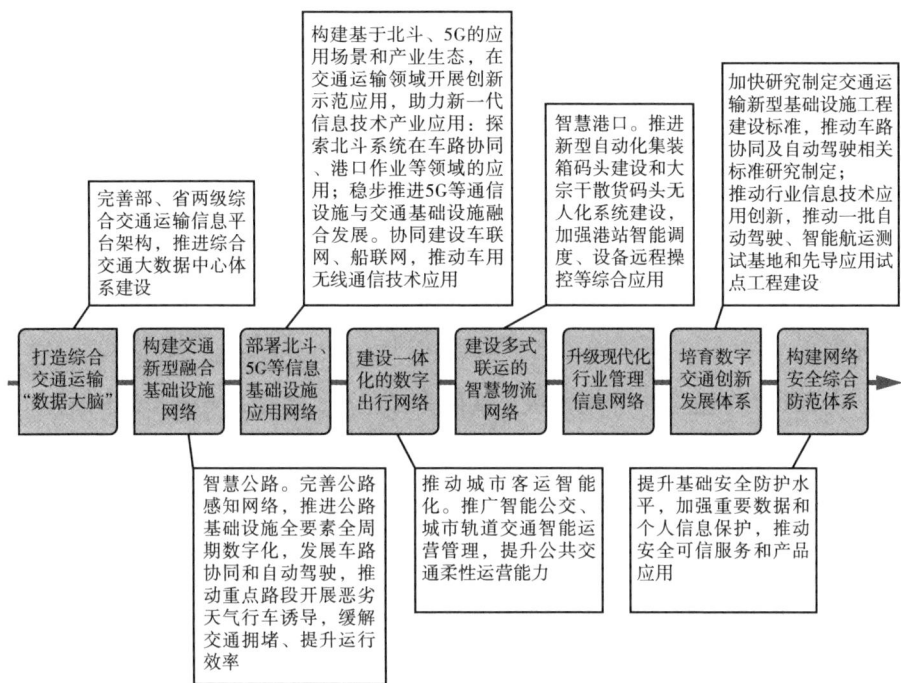

图5　《数字交通"十四五"发展规划》技术框架

4. 以智慧城市落实科技创新升级应用

智慧城市是智能交通发展的高级阶段。顺应物联网技术、云计算以及5G技术的快速发展和应用，未来的智能交通将进一步向智慧化交通方向发展，其目标是让城市交通变得更智慧。自2020年底住建部、工信部发布《关于组织开展智慧城市基础设施与智能网联汽车协同发展试点工作的通知》以来，已先后确认16个城市为"双智"试点城市，在城市一体化车城网平台建设、多场景示范应用、多主体协作模式等方面取得了阶段性成果。其中，第一批6

个试点城市为北京、上海、广州、武汉、长沙、无锡，第二批 10 个试点城市为重庆、深圳、厦门、南京、济南、成都、合肥、沧州、芜湖、淄博。

5. 以测试示范带动商业应用先行开展

智能网联汽车发展正式进入示范应用阶段，试点示范运营陆续小规模展开，为大规模商用化积累先行先试经验。2021 年 7 月，工信部、公安部、交通运输部联合发布《智能网联汽车道路测试与示范应用管理规范（试行）》，包括允许高速公路测试、载人载物示范应用开展、异地测试申请等内容。同时，将地级市纳入可具体制定实施细则并组织道路测试和示范应用的省市范畴。截至 2021 年 7 月，国内已有 20 余个省市发布测试示范管理相关政策，多个城市根据产业发展特征及当地实际持续更新管理政策。其中，北京开创无人道路测试新模式，先后向企业开放副驾有人、后排有人、车外远程等测试资格。

自 2019 年批复第一个国家级车联网先导区后，工信部支持车联网先导区在全国有序建立，深化政策和制度创新，建立健康可持续的建设和运营模式，完善安全管理体系，形成可复制、可推广的经验做法。截至 2023 年 4 月，中国共有 7 个国家级车联网先导区，包括江苏（无锡）、天津（西青）、湖南（长沙）、重庆（两江新区）、湖北（襄阳）、浙江（德清）和广西（柳州）（见图 6）。

2019年5月	2019年12月
江苏（无锡）国家级车联网先导区	天津（西青）国家级车联网先导区
2021年1月	2020年10月
重庆（两江新区）国家级车联网先导区	湖南（长沙）国家级车联网先导区
2023年4月
湖北（襄阳）、浙江（德清）、广西（柳州）国家级车联网先导区

图 6 车联网先导区发展历程

（二）安全方面

1. 坚守产品安全是创新技术应用的底线要求

自动驾驶准入监管政策持续创新。《关于加强智能网联汽车生产企业及产品准入管理的意见》从数据安全、网络安全、OTA 升级安全、自动驾驶安全等领域规范企业和产品准入。《汽车自动驾驶分级》明确各等级自动驾驶定义及区别，为后续产品准入、交通责任判定提供参考依据。《关于开展智能网联汽车准入和上路通行试点工作的通知》将针对 L3 和 L4 级智能网联汽车开展产品准入和上路通行试点，探索中高级别智能网联汽车商用化的管理要求，基于试点实证积累管理经验。

主管部门针对汽车 OTA 升级采取以备案为主的管理方式。工信部装备中心发布《关于开展汽车软件在线升级备案的通知》，要求企业在实施 OTA 升级前，依次完成企业管理能力、车型及功能、具体升级活动三项备案。国家市场监督管理总局先后发布《关于进一步加强汽车远程升级（OTA）技术召回监管的通知》《关于汽车远程升级（OTA）技术召回备案的补充通知》等文件，要求生产者及销售者采用 OTA 方式对已售车辆开展技术服务活动的，要向国家市场监督管理总局质量发展局备案，如 OTA 方式未能有效消除缺陷或造成新的缺陷，生产者应当再次采取召回措施。

在技术监管上，国家市场监督管理总局发布《关于试行汽车安全沙盒监管制度的通告》《关于启动汽车安全沙盒监管试点申报的通知》等文件，指出要坚守产品安全底线，对进入沙盒监管的前沿技术或新功能新模式在部分车型、部分地区试行开展，采取企业自律、信息公开、公众监督、行政指导、质量服务等多元化管理，确保制度适度、安全、可控，并提出技术目录清单。

2. 保证交通安全是智能网联汽车上路行驶的重要课题

2021 年，公安部对《道路交通安全法（修订建议稿）》公开征求意见。《道路交通安全法（修订建议稿）》允许通过准入的 L3 级自动驾驶汽车合法上路行驶，驾驶人应当处于车辆驾驶座位上，监控车辆运行状态及周围环境，随时准备接管车辆。该文件还对自动驾驶汽车的责任认定进行了探索，规定发生道路交通安全违法行为或者交通事故的，应当依法确定驾驶人、自动驾驶系统开发单位的责任，但具体定责依据及定责裁量标准并未明确。《关于开展智能网联汽车准入和上路通行试点工作的通知》针对智能网联汽车上路通行过程中的道路交通违法违规行为取证和处置、安全事故追溯和责任追究相关问题做出进一步规定。

除国家政策外，各地方政府部门也对智能网联汽车上路通行做了初步探索。《深圳经济特区智能网联汽车管理条例》规定智能网联汽车经公安机关交通管理部门登记，可以上道路行驶；经交通运输部门许可，可以从事道路运输经营活动。江苏对《江苏省道路交通安全条例》做出修订，提出自动驾驶功能的汽车开展道路测试或者上道路通行的相关要求以及违法责任认定的规定，有条件自动驾驶汽车、高度自动驾驶汽车上道路行驶均应配备驾驶人。

3. 强化数据安全是产业稳定运行的基本条件

《数据安全法》《个人信息保护法》从上位法层面对数据安全、个人信息安全的各个领域做出基本要求和规范指引。《网络数据安全管理条例（征求意见稿）》进一步落实上位法精神，从个人信息保护、重要数据安全、数据跨境安全、互联网平台运营等方面提出管理要求。《关于加强车联网网络安全和数据安全工作的通知》《工业和信息化领域数据安全管理办法（试行）》在工业和信息化领域对国家数据安全管理制度进行细化，《工业和信息化领域数据安全风险评估实施细则（试行）（征求意见稿）》要求重要数据和核心数据处理者每年完成至少一次数据安全风险评估。《汽车数据安全管理若干规定（试行）》及其试点工作，在汽车领域落实数据安全管理要求，提出"车外人脸信息、车牌匿名化处理""座舱数据车内处理""处理个人信息的显著告知"三项要求。

《网络安全法》《数据安全法》《个人信息保护法》均提出在中国境内收集和产生的相关数据应在境内存储，如确需向境外提供的应当通过网信部门组织的安全评估。不适用安全评估的数据跨境传输还需满足其他条件，如进行标准合同备案或跨境个人信息保护认证等。《数据出境安全评估办法》

于 2022 年 9 月 1 日起正式施行，规定数据出境安全评估的范围、条件和程序，为数据出境安全评估工作提供具体指引。《数据出境安全评估申报指南（第一版）》进一步说明了数据出境安全评估的适用范围、申报方式及流程、申报材料，并对行业共性问题给出回复。

在完善数据出境管理机制的基础上，国家着力探索数据跨境便利化措施。国务院发布《关于进一步优化外商投资环境加大吸引外商投资力度的意见》，提出促进数据跨境流动，试点探索形成可自由流动的一般数据清单。中央网信办发布《规范和促进数据跨境流动规定（征求意见稿）》，解释根据我国数据安全相关法规无须走数据出境安全程序的几种情形，创新提出自由贸易试验区可自行制定本区域内数据安全"负面清单"。

4. 保障网络安全是确保公共安全的重要前提

《网络安全法》从上位法层面规范网络安全管理的各个方面，并确立了国家实行网络安全等级保护制度。《关键信息基础设施安全保护条例》确立我国关键信息基础设施安全保护的专门制度，为开展关键信息基础设施安全保护工作提供基本遵循，但目前智能网联汽车领域的关键信息基础设施还未有清晰界定。

工信部从行业管理、可信身份认证、漏洞管理、车联网卡实名制等领域开展网络安全监管。《关于加强车联网网络安全和数据安全工作的通知》作为工信部在网络安全领域的综合性管理文件，聚焦车联网融合发展过程中的安全风险与挑战，明确车、网、平台、数据、标准等方面要求，为车联网安全工作提供系统性指引。其余细分领域政策还有《关于开展车联网身份认证和安全信任试点工作的通知》《关于印发网络产品安全漏洞管理规定的通知》《关于加强车联网卡实名登记管理的通知》等。

中央网信办等部门发布的《网络安全审查办法》关注企业赴海外上市安全风险。新版《网络关键设备和网络安全专用产品目录》在原"网络安全专用产品"部分已有条目的基础上，新增了近年来新兴的网络和数据安全保护产品，代表性条目有安全存储、公钥、态势感知、文件加密、数据泄露防护、日志分析、身份鉴别等。

5. 维护测绘地理信息安全对保障国家安全至关重要

《测绘法》作为地理信息领域的上位法对测绘活动给出基本定义，并提出我国实行测绘资质管理制度。自动驾驶地图（高精度地图）归属导航电子地图的新型种类，对其资质管理参照导航电子地图制作的资质管理。根据《测绘资质管理办法》和《测绘资质分类分级标准》，导航电子地图测绘资质分为甲、乙两级，甲级资质由自然资源部审批，乙级资质由地方自然资源主管部门负责审批。2021 年，自然资源部对测绘资质进行复审换证，复审后符合导航电子地图甲级资质要求的企业从 2021 年的 31 家减少到 2022 年的 19 家。《关于促进智能网联汽车发展维护测绘地理信息安全的通知》明确需要从事相关数据收集、存储、传输和处理的车企、服务商及智能驾驶软件提供商等，应依法取得相应测绘资质，或委托具有相应测绘资质的单位开展相应测绘活动。

自然资源部一方面严抓测绘地理信息安全，另一方面着力促进释放地理信息要素潜能。《测绘地理信息管理工作国家秘密范围的规定》进一步明确测绘地理信息涉密范围，有助于引导自动驾驶汽车企业合规开展测绘工作。为优化营商环境，《关于做好智能网联汽车高精度地图应用试点有关工作的通知》提出在北京、上海、广州、深圳、杭州、重庆开展智能网联汽车高精度地图应用试点。《智能汽车基础地图标准体系建设指南（2023 版）》中含多项众源更新相关标准，有助于提升地图采集效率和鲜度。2023 年 8 月，自然资源部发布《关于加快测绘地理信息事业转型升级更好支撑高质量发展的意见》，提出强化数据要素保障、拓展信息赋能应用、构建新安全格局、优化发展环境等重要任务。

三　智能网联汽车科技创新政策存在的问题与挑战

当前，智能网联汽车面临商用推进、基础设施联通、数据价值利用等多方面挑战，只有加强各方面的合作与创新，才能更好地推动智能网联汽车可持续发展。

（一）高级别智能驾驶相关法律问题仍未解决

智能网联汽车"机器驾驶人认定"仍处于研究和孵化阶段，尚未有阶段性成果。2021 年公安部发布的《道路交通安全法（修订建议稿）》虽然对自动驾驶汽车的责任认定进行了探索，但并未明确具体定责依据，且该法修订进度偏缓。我国长安、广汽等车企在 2020 年便发布了 L3 产品计划，但未能如期销售。国际上，2021 年本田 L3 级自动驾驶汽车在日本首发，成为全球首款合法量产的 L3 产品；2022 年奔驰 L3 级自动驾驶汽车在德国商用，2023 年获批在美国商用。2023 年底我国开启自动驾驶准入和上路通行试点，L3 级智能汽车产品商用最快在 2024 ~ 2025 年实现，整体来看落后国际水平 2 ~ 3 年。

（二）车路云标准互通和商业模式仍需探索

车路云一体化是一种综合性的智能交通解决方案，能够提高交通运行效率。然而，这种方案也面临建设标准不统一、建设成本高、投入产出模式不明确等问题，有待国家进一步给予政策引导。车路云涉及多个领域，需要遵守的行业标准、政策法规均不同，各设施间、各区域间的设备规格和数据格式也各不相同，这对车路云的推广和应用造成了一定制约。车路云系统运行需要大量的基础设施支持，包括智能道路、智能交通信号灯、智能停车系统等。这些基础设施的建设需要大量资金和时间，如何平衡投入与产出、协调各方利益关系、形成可持续的商业模式，也是车路云推广的难点之一。

（三）汽车行业数据分类分级方法仍未明确

《数据安全法》提出国家建立数据分类分级保护制度，各部门应制定本行业的重要数据目录。虽然目前汽车行业各部门都在开展汽车数据分类分级研究工作，但还未正式产出相关成果。目前，《智能网联汽车 数据通用要求》给出了汽车数据分类分级的初步指引，但还处于征求意见阶段，标准出台进度有待加快。

四　产业发展趋势

随着智能网联汽车技术不断进步，企业在技术研发和商业模式上不断创新，政府也顺应产业发展趋势，出台一系列促进产业发展的政策法规，推动智能网联汽车实现更大突破。

（一）智能网联汽车商用化进程加速推进

近年来，L1、L2级辅助驾驶功能已成为20万元以内家用车的标配，其解决方案日渐成熟。不少汽车厂商正在探索部署更高等级的自动驾驶技术，一些国家汽车监管部门也允许L3级自动驾驶车辆销售和上路行驶。我国车企也纷纷推出高速领航、城市领航等高级辅助驾驶功能车型，并在公共交通、出租车、物流运输等领域开展高级别自动驾驶示范运营。政府在政策层面持续加大对智能网联汽车商用化的支持力度，允许智能网联汽车付费商业示范运营，探索准入和上路通行试点，为智能网联汽车商用化提供更好的环境和条件。

（二）车路云一体化成为智能驾驶的更优解决方案

车路云一体化通过车辆、道路和云端之间的紧密连接，实现数据共享和信息交互，完善汽车、交通、城市和能源等系统，获得全局最优的智能化解决方案，进而实现社会效益的最大化。目前，我国已在智能交通、智慧城市等领域开展了一系列试点示范和新型基础设施布局工作。下一步，我国将加快智能化基础设施建设，统筹推进智能网联汽车产业高质量发展。

（三）数据价值创造与数据安全治理齐头并进

统筹发展与安全，是智能网联汽车科技创新和数字化发展面临的新形势和新问题。自2021年以来，国家密集出台了大量网络和数据安全相关政策法规，立足总体国家安全观，落实企业主体责任，旨在促进新技术、新业态发展。2023 年 10 月，国家数据局正式揭牌，数据要素被提升到前所未有的高度，数据基础制度建设推进力度将加大，数据要素市场将驶入发展的快车道。

五 对策建议

科技创新是推动智能网联汽车产业发展的关键因素，政府应通过多种方式持续加大对智能网联汽车科技创新和产业发展的支持力度。

（一）加快立法进度，推动智能网联汽车产品全面商用化

目前，我国自动驾驶系统技术研发和测试应用已具备较好基础，进入从试验验证到商用部署的过渡阶段。新技术发展到一定阶段催生的商业应用需求，推动智能网联汽车立法释法修法与产业前进步伐保持一致。现阶段，我国尚未开展智能网联汽车"机器驾驶人认定"，《道路交通安全法（修订建议稿）》自 2021 年征求意见后至今也还未正式发布，智能汽车制修法工作亟须快速推进，确保监管政策符合技术发展需求，实现法规现代化。同时，参考日美欧已开放自动驾驶汽车在私人消费领域商用，建议加快推进智能网联汽车准入与上路通行试点工作，为私人消费领域的商用化积累经验。

（二）出台车路云一体化鼓励支持政策

构建"车能路云"融合发展的产业生态体系是建设交通强国、数字中国的必然要求。希望相关主管部门通过出台顶层战略、推动融合试点、给予资金支持等形式鼓励和带动各领域积极参与产业发展初期的探索，共同推动产业融合发展新格局建设。通过车路云各领域的广泛参与，开展更加复杂、更深层次、更大范围的智能交通应用服务，满足跨行业、跨领域、跨地域交通需求，解决交通资源紧张、能源浪费等复杂问题。"车能路云"融合发展是对智能交通大系统的全面优化提升，是推进城市建设精细化、便捷化的重要手段。

（三）加快制定汽车行业重要数据目录

近年来，汽车数据安全监管体系已初步搭建完成，在整套体系中，汽车数据分类分级划分至今仍未明确。《汽车数据安全管理若干规定》中明确汽车重要数据的定义，建议在此基础上，从国家安全、经济运行、社会稳定、公共安全角度出发，根据企业端的数据实际用途和功能场景，识别汽车行业重要数据，进行数据种类划分和风险定级，建立汽车行业重要数据目录，推动《数据安全法》在汽车领域落地，加强汽车重要数据管理。同时，加快《智能网联汽车　数据通用要求》出台进度，为汽车行业重要数据目录制定提供参考指引。

参考文献

秦志嫒等：《我国智能汽车管理及政策法规体系研究》，《汽车工业研究》2019 年第 2 期。

秦志嫒等：《2021 年智能汽车网络安全与数据安全政策法规综述》，《汽车与配件》2021 年第 18 期。

秦志嫒、刘锋：《美国智能汽车战略演变及发展思路研究》，《汽车与配件》2023 年第 10 期。

中国汽车技术研究中心有限公司、中国汽车工业协会：《中国汽车工业年鉴（2023 年版）》，2023。

生态体系篇

B.10
中国汽车产业科技创新发展概述

李君 樊琛 鲁光远 刘万祥*

摘 要: 在创新驱动发展战略指引下,相关产业主管部门出台政策大力支
持汽车产业科技创新。近年来,我国汽车产业加速电动化、智能化转型,新
能源汽车和智能网联汽车市场规模不断扩大。以整车和零部件企业为代表的
研发主体不断加大研发投入,钠离子电池、电池底盘一体化、高级别自动驾
驶等先进技术陆续实现应用,固态电池、智慧座舱等新型技术成为行业新亮
点。但仍需加大基础研究投入,促进科技成果产业化应用和跨行业合作,完
善创新环境以支撑产业创新发展。

关键词: 汽车产业 科技创新 电动化 智能化

---

* 李君,高级工程师,中汽中心中国汽车战略与政策研究中心;樊琛,工程师,中汽中心中国
汽车战略与政策研究中心;鲁光远,工程师,中汽中心中国汽车战略与政策研究中心;刘万
祥,工程师,中汽中心中国汽车战略与政策研究中心。

新一轮科技革命蓬勃发展，科技创新驱动汽车产业转型升级。当前，电动化、智能化成为汽车产业的发展趋势，相关技术持续提升，自动驾驶技术商业应用取得突破，汽车技术与清洁能源、人工智能、信息通信等加速融合、协同创新。2022 年，我国汽车产业保持恢复态势，新能源汽车产销量全球领先，整车、关键零部件领域部分技术达到世界领先水平。科技创新政策在引导和推动技术发展中发挥了重要作用。在当前全球科技竞争愈发激烈的形势下，我国需进一步完善科技创新体系，激发创新主体活力，推动新技术新模式创新应用，促进国际技术合作交流，加快实现汽车产业科技自立自强，加速迈进汽车强国之列。

一 政策：突出科技创新驱动，优化产业发展环境

（一）以科技创新驱动汽车产业转型升级

科学技术是第一生产力。党和国家始终高度重视科技发展，坚持科技在国家建设中的战略核心地位。党的十八大以来，以习近平同志为核心的党中央对科技创新做出重要部署，强化国家战略科技力量，优化配置创新资源，提升国家科技创新体系整体效能，力争实现高水平科技自立自强。2012 年，党的十八大提出实施创新驱动发展战略，强调科技创新是提高社会生产力和综合国力的战略支撑，必须摆在国家发展全局的核心位置。2015 年 3 月 13 日，中共中央、国务院印发《关于深化体制机制改革加快实施创新驱动发展战略的若干意见》。2016 年 1 月 18 日，中共中央、国务院印发《国家创新驱动发展战略纲要》。以习近平同志为核心的党中央确立了以创新为首的新发展理念，提出创新是引领发展的第一动力，是国家命运所系，世界大势所趋，对科技创新进行战略性、全局性、长远性系统谋划。2021 年 3 月 11 日，十三届全国人大四次会议表决通过了《中华人民共和国国民经济和社会发展第十四个五年规划和 2035 年远景目标纲要》。"十四五"规划指出，坚定不移贯彻创新、协调、绿色、开放、共享的新发展理念。坚持创新在我国现代化建设

全局中的核心地位，把科技自立自强作为国家发展的战略支撑，面向世界科技前沿、面向经济主战场、面向国家重大需求、面向人民生命健康，深入实施科教兴国战略、人才强国战略、创新驱动发展战略，完善国家创新体系，加快建设科技强国。2022 年 12 月 16 日，习近平总书记在中国共产党第二十次全国代表大会上指出，必须坚持科技是第一生产力、人才是第一资源、创新是第一动力，深入实施科教兴国战略、人才强国战略、创新驱动发展战略，开辟发展新领域新赛道，不断塑造发展新动能新优势。

宏观层面，《国家创新驱动发展战略纲要》和《中华人民共和国国民经济和社会发展第十四个五年规划和 2035 年远景目标纲要》对汽车产业科技创新提出了具体要求。《国家创新驱动发展战略纲要》指出坚持科技创新和体制机制创新双轮驱动，建设国家创新体系。在汽车领域部署任务，推广节能新技术和节能新产品，推动新能源汽车、智能电网等技术的研发应用。推动无人驾驶汽车发展，开发氢能、燃料电池等新一代能源技术。围绕涉及长远发展和国家安全的"卡脖子"问题，加强基础研究前瞻布局。《中华人民共和国国民经济和社会发展第十四个五年规划和 2035 年远景目标纲要》指出要发展壮大战略性新兴产业。新能源汽车等战略性新兴产业将加快关键核心技术创新应用，增强要素保障能力，培育壮大产业发展新动能。

具体到汽车领域，相关产业主管部门出台多项政策，全方位支持汽车产业科技创新（见图 1）。2017 年，国家发展改革委印发《增强制造业核心竞争力三年行动计划（2018—2020 年）》。增强制造业核心竞争力三年行动计划的实施，推动智能汽车等领域一批关键技术产业化，提高行业工艺、装备和智能化水平。同年，工业和信息化部、国家发展改革委和科技部联合发布《汽车产业中长期发展规划》，深入实施创新驱动战略，指出汽车产业是推动新一轮科技革命和产业变革的重要力量。明确以新能源汽车和智能网联汽车为突破口，引领产业转型升级。针对新能源汽车、智能网联汽车和节能汽车三个重点领域，布置重点任务。强调建立协同创新机制，完善以企业为主体、市场为导向、产学研用相结合的技术创新体系，充分发挥企业在技术创新中的主体地位。2021 年 10 月，国务院发布《新能源汽车产业发展规划（2021—

2035 年）》，坚持电动化、网联化、智能化发展方向，以融合创新为重点，突破关键核心技术，优化产业发展环境，推动我国新能源汽车产业高质量可持续发展。为深入落实《新能源汽车产业发展规划（2021—2035 年）》，国家发展改革委动态修订产业结构调整指导目录，组织编写《"十四五"推动传统产业转型升级实施方案》，强化新能源汽车国家统筹布局，规范新能源汽车发展秩序，推动新能源汽车产业高质量发展。工业和信息化部联合相关部门持续开展新能源汽车下乡活动，启动换电模式应用试点，优化调整"双积分"政策，启动燃料电池汽车示范应用，推动公共领域电动化水平提升。组建智能网联汽车推进组，编制发布《智能网联汽车道路测试和示范应用管理规范》，开展智慧城市基础设施与智能网联汽车协同发展试点，加快推进整车信息安全、软件升级、数据记录系统等标准制定，加速产业化进程。2023 年 8 月，工业和信息化部、财政部、交通运输部等多部门联合出台《汽车行业稳增长工作方案（2023—2024 年）》，鼓励发展混合动力、低碳燃料技术路线；支持开展车用芯片、固态电池、操作系统、高精度传感器等技术攻关和推广应用；引导企业加快 5G 信息通信、车路协同、智能座舱、自动驾驶等新技术的创新应用。

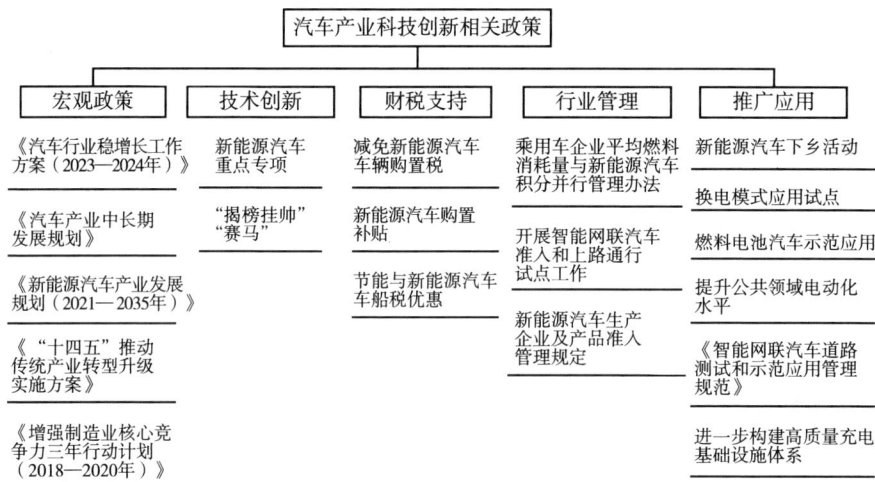

图 1　汽车产业科技创新相关政策

资料来源：根据公开资料整理。

（二）打造新能源汽车"三纵三横"研发布局

发展新能源汽车是我国从汽车大国迈向汽车强国的必由之路。科技创新一直是新能源汽车发展的核心动力。2001年9月，科技部启动了国家高技术研究发展计划（863计划）"电动汽车重大科技专项"，确立了混合动力汽车、纯电动汽车、燃料电池汽车为"三纵"，能源动力总成控制系统、电机及其控制系统、电池及其管理系统为"三横"的总体研发布局，为我国新能源汽车技术发展打下坚实基础。此后，新能源汽车被确定为战略性新兴产业，逐步形成以企业为主体、产学研联合攻关的模式，确立了"纯电驱动"战略，"新能源汽车"重点专项突破一批关键核心技术，进一步提升了新能源汽车产业链的技术水平。"十四五"期间，科技部以国家重点研发计划"新能源汽车"重点专项为牵引，并行推进多条技术路线，围绕产业链、供应链关键环节、关键领域、关键产品，布局补短板和建长板并重的创新链，从能源动力、电驱系统、智能驾驶、车网融合、支撑技术、整车平台等方面支持新能源汽车关键技术研发。2009年，中央出台新能源汽车推广应用补助、车购税和车船税减免等优惠政策，带动新能源汽车及动力电池等关键零部件发展，推动产品技术水平不断提高。中央财政坚持"扶优扶强"的政策导向，不断完善优惠政策，通过提高技术门槛等措施促进新能源汽车技术发展。值得一提的是，为应对燃料电池汽车核心技术和关键部件缺失、创新意识和能力不强等难题，2020年9月，财政部、工业和信息化部、科技部、国家发展改革委等四部门将燃料电池汽车的购置补贴政策，调整为选择一部分城市围绕燃料电池汽车关键零部件核心技术攻关，开展燃料电池产业化示范应用，采取"以奖代补"方式对示范城市给予奖励，支持地方组织企业开展新技术研发攻关和产业化、人才引进和团队建设以及新技术在燃料电池汽车上的示范应用等。在中央政策的支持下，北京、天津、上海等示范城市群积极出台氢燃料电池汽车产业发展相关政策，有效地促进了技术进步与示范应用。

2021年10月，国务院发布《新能源汽车产业发展规划（2021—2035年）》，明确深入实施创新驱动发展战略，建立以企业为主体、市场为导向、产学研用协同的技术创新体系，完善激励和保护创新的制度环境，鼓励多种技术路线并行发展，支持各类主体合力攻克关键核心技术、加大商业模式创新力度，形成新型产业创新生态。《新能源汽车产业发展规划（2021—2035年）》强调提高技术创新能力，深化"三纵三横"研发布局（见图2）。一方面，强化整车集成技术创新。以纯电动汽车、混合动力汽车、燃料电池汽车为"三纵"，布局整车技术创新链。研发新一代模块化高性能整车平台，攻关纯电动汽车底盘一体化设计、多能源动力系统集成技术，突破整车智能能量管理控制、轻量化、低摩阻等共性节能技术，提升电池管理、充电连接、结构设计等安全技术水平，提高新能源汽车整车综合性能。另一方面，提升产业基础能力。以动力电池与管理系统、驱动电机与电力电子、网联化与智能化技术为"三横"，构建关键零部件技术供给体系。开展先进模块化动力电池与燃料电池系统技术攻关，探索新一代车用电机驱动系统解决方案，加强智能网联汽车关键零部件及系统开发，突破计算和控制基础平台技术、氢燃料电池汽车应用支撑技术等瓶颈，提升基础关键技术、先进基础工艺、基础核心零部件、关键基础材料等研发能力。

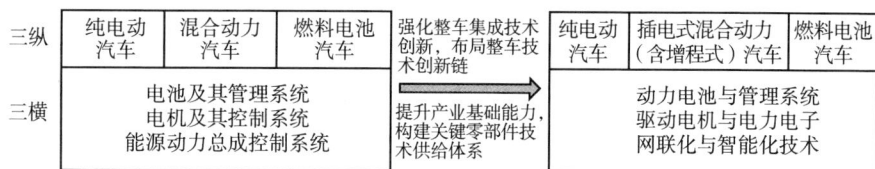

三纵	纯电动汽车	混合动力汽车	燃料电池汽车	强化整车集成技术创新，布局整车技术创新链	纯电动汽车	插电式混合动力（含增程式）汽车	燃料电池汽车
三横	电池及其管理系统 电机及其控制系统 能源动力总成控制系统			提升产业基础能力，构建关键零部件技术供给体系	动力电池与管理系统 驱动电机与电力电子 网联化与智能化技术		

图2　新能源汽车"三纵三横"研发布局

资料来源：根据公开资料整理。

（三）测试示范促进智能网联汽车技术创新发展

为加快智能汽车创新发展，2020年2月，国家发展改革委等11个部门联合发布《智能汽车创新发展战略》，指出发展智能汽车有利于提升产业基础能力，突破关键技术瓶颈，增强新一轮科技革命和产业变革引领能力，培育产业发展新优势。测试和示范应用是智能网联汽车产品研发验证的重要一环，对产品技术创新意义重大。

《智能汽车创新发展战略》提到，完善测试评价技术和开展应用示范试点，建立健全智能汽车测试评价体系及测试基础数据库。重点研发虚拟仿真、软硬件结合仿真、实车道路测试等技术和验证工具，以及多层级测试评价系统。推动企业、第三方技术试验及安全运行测试评价机构能力建设，开展应用示范试点。开展特定区域智能汽车测试运行及示范应用，验证车辆环境感知准确率、场景定位精度、决策控制合理性、系统容错与故障处理能力、智能汽车基础地图服务能力、"人—车—路—云"系统协同性等。推动有条件的地方开展城市级智能汽车大规模、综合性应用试点，支持优势地区创建国家车联网先导区。

2018年4月，工业和信息化部、公安部、交通运输部联合发布《智能网联汽车道路测试管理规范（试行）》，积极引导智能网联汽车开展道路测试工作。在道路测试工作开展过程中，发现存在测试方案不统一、测试结果不互认、车路协同不到位等问题，行业企业提出进一步放开高速公路、无安全员测试等需求。2020年6月，国务院办公厅印发《关于进一步优化营商环境更好服务市场主体的实施意见》，提出在特定路段和区域探索开展智能网联汽车示范应用、统一自动驾驶功能测试标准，推动测试结果全国通用互认等要求。为贯彻落实文件要求，适应行业新的发展需求，推动实现由道路测试向示范应用的扩展，工业和信息化部、公安部、交通运输部启动修订工作，2021年7月，工业和信息化部、公安部、交通运输部联合印发《智能网联汽车道路测试与示范应用管理规范（试行）》，推动汽车智能化、网联化技术应用和产业发展，规范智能网联汽车道路测试与示范应用。从管理规范的具体内容来看，申请开展道路测试、示范应用的智能网联汽车种类多样，包括乘用车、商用车辆和专用作业车。道路测试和示范应用的范围涵盖公路（包括高速公路）、城市道路、区域范围内等用于社会机动车通行的各类道路的指定路段，满足多场景测试需求。通用检测项目较为完善，包括交通信号识别及响应、道路交通基础设施与障碍物识别及响应、行人与非机动车识别及响应、周边车辆行驶状态识别及响应、动态驾驶任务干预及接管、风险减缓策略及最小风险状态、自动紧急避险和车辆定位等。除检测通用项目外，还应检测智能网联汽车自动驾驶功能设计运行范围涉及的项目，如 C-V2X 联网通信等。《智能网联汽车道路测试与示范应用管理规范（试行）》为地方各级政府主管部门制定实施细则，具体组织开展智能网联汽车道路测试与示范应用工作提供了依据，引导测试道路和示范区建设，助推创新技术应用。2022 年 11 月，工业和信息化部和公安部发布《关于开展智能网联汽车准入和上路通行试点工作的通知（征求意见稿）》，对试点城市、试点汽车生产企业条件、试点产品条件、试点使用主体条件都予以明确。在全国智能网联汽车道路测试与示范应用工作的基础上，工业和信息化部、公安部将遴选符合条件的道路机动车辆生产企业和具备量产条件的搭载自动驾驶功能的智能网联汽车产品，开展准入试点；对通过准入试点的智能网联汽车产品，在试点城市的限定公共道路区域内开展上路通行试点。通知明确，智能网联汽车搭载的自动驾驶功能是指国家标准《汽车驾驶自动化分级》定义的 3 级驾驶自动化（有条件自动驾驶）和 4 级驾驶自动化（高度自动驾驶）功能。2023 年 11 月，工业和信息化部、公安部、住房和城乡建设部、交通运输部联合发布了《关于开展智能网联汽车准入和上路通行试点工作的通知》，在智能网联汽车道路测试与示范应用工作基础上，遴选具备量产条件的智能网联汽车产品，开展准入试点。对取得准入的产品，在限定区域内开展上路通行试点，用于运输经营的需满足有关运营资质和运营管理要求。引导智能网联汽车生产企业和使用主体加强能力建设，在保障安全的前提下，促进产品的功能、性能提升和产业生态的迭代优化。基于试点实证积累管理经验，支撑相关法律法规、技术标准制修订，加快健全完善智能网联汽车生产准入管理和道路交通安全管理体系（见表1）。

表 1　智能网联汽车道路测试与示范应用主要政策

发布时间	发文机构	文件名称	主要内容
2018 年 4 月	工业和信息化部、公安部、交通运输部	《智能网联汽车道路测试管理规范(试行)》	积极引导智能网联汽车开展道路测试工作
2020 年 6 月	国务院办公厅	《关于进一步优化营商环境更好服务市场主体的实施意见》	提出在特定路段和区域探索开展智能网联汽车示范应用、统一自动驾驶功能测试标准，推动测试结果全国通用互认等要求

发布时间	发文机构	文件名称	主要内容
2021 年 7 月	工业和信息化部、公安部、交通运输部	《智能网联汽车道路测试与示范应用管理规范(试行)》	推动汽车智能化、网联化技术应用和产业发展,规范智能网联汽车道路测试与示范应用。为地方各级政府主管部门制定实施细则,具体组织开展智能网联汽车道路测试与示范应用工作提供了依据
2022 年 11 月	工业和信息化部、公安部	《关于开展智能网联汽车准入和上路通行试点工作的通知(征求意见稿)》	对试点城市、试点汽车生产企业条件、试点产品条件、试点使用主体条件都予以明确
2023 年 11 月	工业和信息化部、公安部、住房和城乡建设部、交通运输部	《关于开展智能网联汽车准入和上路通行试点工作的通知》	在智能网联汽车道路测试与示范应用工作基础上,遴选具备量产条件的智能网联汽车产品,开展准入试点

资料来源:根据公开资料整理。

此外,为更早地将前沿技术存在的质量安全问题纳入监管范围,为新技术、新产品、新业态提供必要的发展空间和纠错空间,鼓励企业开展技术创新,倡导最佳安全设计实践,2022 年 4 月,国家市场监督管理总局、工业和信息化部、交通运输部、应急管理部和海关总署共同发布《关于试行汽车安全沙盒监管制度的通告》。汽车安全沙盒监管是在后市场阶段针对车辆应用的前沿技术进行深度安全测试的机制,主要目的是引导企业查找问题、改进设计、降低风险。

二 技术:电动化技术发展迅速,智能网联技术取得突破

(一)新能源电驱技术创新发展

围绕动力电池的研发创新正成为新能源汽车技术进步的核心。钠离子电

池作为动力电池的重要技术路线，一直备受关注，国内外电池企业纷纷开展相关布局。2022年，我国钠离子电池在性能和成本之间取得了平衡，逐步从研发走向应用，成为电池材料体系新亮点。宁德时代与孚能科技生产的钠离子电池已分别在奇瑞和江铃旗下车型实现装车，搭载QQ冰淇淋、羿驰玉兔车型。比亚迪钠离子电池计划于2023年第四季度，率先在A00级车型海鸥上装车。欣旺达与4家国内主机厂及1家国际主机厂联合开发超低温钠离子电池包，预计2023年第四季度进行装车验证，第一代产品在2024年第三季度批量投产。鹏辉能源基于聚阴离子体系的钠离子电池循环次数已达6000次以上，层状氧化物体系的钠离子电池已交车厂装车测试。中科海纳与江淮思皓新能源联合打造钠离子电池试验车"思皓花仙子"，该车型首次应用采用蜂窝电池技术的钠离子电池包。

电池包结构及装配设计打开新思路，无模组方案（Cell to PACK，CTP）、电池底盘一体化（Cell to Chassis，CTC）、电车车身一体化（Cell to Body，CTB）创新技术为"新电池"研发注入活力。基于CTP技术，比亚迪开发并量产"刀片电池"。刀片电池凭借出色的安全性，成为无模组方案的代表，被广泛接受和大规模应用。通过结构创新，刀片电池在成组时可以跳过模组，大幅提高体积利用率，相较传统电池包，刀片电池既保持了磷酸铁锂材料的安全性优势，又弥补了能量密度短板，性能相对全面。目前，作为比亚迪的独家技术，刀片电池已实现全面量产装车，在旗下海洋系、王朝系相关车型均有搭载。比亚迪销量增长显著，刀片电池得到了市场的肯定。基于一体化压铸技术，CTC与CTB技术快速发展。通过CTC、CTB技术将电池、底盘和下车身进行集成设计，可极大地简化产品设计和生产工艺，减少零部件数量，降低整车重量，提升续航能力和增加车内空间。国内相关代表性企业主要有零跑和比亚迪，零跑是国内首家发布量产CTC技术的厂家，目前搭载CTC技术的零跑C01已率先在国内实现量产。比亚迪的CTB技术是CTC技术的改良版，规避了CTC技术存在的一些短板，目前比亚迪采用CTB技术的车型海豹也已发售。

此外，电驱动总成集成化成为技术共识，企业纷纷加快多合一电驱系统研发。目前，电驱动总成已从三合一走向多合一，有八合一、九合一、N 合一。三合一方案逐渐趋同，多合一产品持续增多，各类产品都在走集成路线，除电机、电机控制器、减速器之外，高压分线盒、DC/DC、充电机 OBC 等零部件正逐步走向集成，形成功能更全的多合一动力总成系统。华为等厂商已发布 N 合一的大集成系统。随着多合一深度耦合等技术进步，驱动总成转速达 20000~25000rpm，峰值效率达 92%~93%，预计将在乘用车领域实现规模化应用。此外，相关驱动部件技术正加快升级，"高效、高速、高压、低碳"成为新标签：永磁电机是主流，扁线油冷是趋势；功率电子控制器 IGBT 是主流，SIC 模块是趋势；纯电动减速器是主流，变速是趋势；系统电压 280~400V DC 是主流，800V DC 或更高是趋势；冷却系统间接冷却与水冷是主流，直接冷却是趋势；带减速器是主流，轮毂电机直驱是趋势。

（二）智能网联技术走向应用

智能化基础技术水平大幅提升。一方面，作为自动驾驶汽车大脑的核心，车规级计算芯片进入大算力时代，算力超 100TOPS+。自主车规级芯片已在 ADAS/智能座舱等功能域实现批量应用，大算力车规级计算芯片（单芯片算力>100TOPS）正在开展测试；多款单芯片算力超过 100TOPS 的产品进入量产前装应用阶段，进一步为高级别自动驾驶汽车量产落地奠定算力基础。另一方面，多种定制型车用操作系统百花齐放。科技公司、传统车企、造车新势力均积极打造自主研发的定制型车用操作系统，如华为鸿蒙、阿里巴巴 AliOS 等典型产品。鸿蒙系统是华为研发的首个拥有 Security（CC EAL 5+）&Safety（ASIL-D）双高认证的开源操作系统，具备 Linux 内核和 Lite 微内核等多个内核，并基于此发布鸿蒙座舱操作系统 HOS、智能驾驶操作系统 AOS 以及智能车控操作系统 VOS 三大车载操作系统。AliOS 是阿里巴巴基于 Linux 自主研发的驱动万物智能的操作系统，主要应用于智能座舱，通过云服务相关的模块接入阿里巴巴的生态环境。此外，软件定义汽车成为趋势，汽车电子电气架构从跨域融合向中央计算发展。中央计算电子电气架构可横向打通底层座舱域、智驾域、动力域和底盘域，是车路云融合控制系统的关键技术底座。东风岚图、上汽零束、德赛西威等正在积极开发相关产品，预计 2 年内上市。

智能驾驶量产和测试等级逐步提高。我国智能网联汽车市场正在迅速发展，2022 年，智能辅助驾驶功能新车搭载率不断提升，量产车型已达到 L2+水平。自主品牌在智能辅助驾驶平台规划与落地方面领先合资品牌，一汽、长城、吉利、小鹏等车企发布车型功能应用基本覆盖高速公路/快速路、城市道路、低速封闭环境的停车场（库）三大场景，体验感不断提升，接近 L3 级自动驾驶功能；自主代客泊车系统通过车端与场端智能化技术融合，实现车辆自动完成泊车、取车动作，无需驾驶员监控，是乘用车最先有望量产前装的高度自动驾驶功能之一。智能辅助驾驶功能实现车辆在高速公路/快速路低速拥堵行驶场景下自动驾驶，并在超出设计运行范围时可及时提醒驾驶员接管，是乘用车在结构化道路上有望最先量产前装的高度自动驾驶功能。同时，我国自动驾驶开放道路测试示范规模也在不断扩大，商业化进程明显加快。目前，我国近 30 个省市共发布智能网联汽车道路测试和示范应用牌照 1000 多张，各地开放道路超过 6000 公里，测试里程超过 1000 万公里。北京、重庆、武汉、深圳、广州、长沙等多个城市允许自动驾驶汽车在特定区域、特定时段商业化试运营。

网联化推动千兆车载以太网、信息安全防护技术进步，车辆信息化水平稳步提升。车载以太网将从局部应用拓展为车内数据传输的骨干网。目前，千兆车载以太网在多车型中实现前装量产，赋能空中下载技术（Over-the-Air Technology，OTA）、音视频流等车内大数据可靠、安全、低成本传输。2022 年，小鹏 G9 在国内首次搭建以千兆以太网为主干的通信架构。随后，长安、比亚迪、广汽、吉利等自主品牌陆续推出千兆以太网适用车型，长城将在下一代车型规划中全部搭载车载以太网技术。另外，整车信息安全防护技术从边界防御向主动安全纵深防御体系跃升。主动防护技术基于大数据与人工智能，通过对车辆进行全面、实时的安全威胁监测、预警与分析，实现更高效安全的整车防护。纵深防护技术在原有网联防御（仅在外网接口处加入信息安全防护模块）的基础上，形成包括网联防御、内网防御、

ECU 防御在内的多层防御体系，在各层级功能模块设置安全防护，全方位保护车辆信息安全。当前，一汽、东风、长安、广汽、北汽、蔚来等主机厂商已积极构建主动安全纵深防御体系，形成基于车型正向开发的信息安全防护能力。

（三）前瞻技术领域研究热度升高

新能源领域的技术创新，主要是动力电池领域革命性技术创新。现有动力电池（液态）性能十分强大，但安全性和低温适应性问题尚未得到真正解决，目前各方均集中发力半固态和固态电池研发，预计该领域将出现革命性技术创新。我国企业已开始布局新技术路线，着力塑造未来竞争优势。目前，除布局较早的宁德时代、国轩高科以外，2022 年蜂巢能源也推出国内首批 20Ah 级硫系全固态原型电芯。2023 年，上汽与清陶能源签署协议，计划推动 2025 年实现固态电池技术 "10 万辆级" 大规模量产落地。此外，卫蓝新能源、赣锋锂业等企业均公开固态电池研发计划，预计多家公司产品将在 2025 年前交付。在智能网联方面，新能源汽车智能化、网联化融合趋势加快，企业加快转变产品结构和研发制造体系。新能源汽车正从传统交通工具向智能网联终端加速演变，智能驾驶、智慧座舱、智能体验关注度较高，已成为业界 "内卷" 的新战场。这在研发端要求企业有效洞察市场需求，及早布局储备软硬件技术，加快新技术新功能量产应用。在制造端要求企业加快数字化转型，进一步提升制造效率和灵活性。目前，国内企业已开始行动，不断更新发布相关战略和产品技术规划，增加投入，积极构建智能网联相关平台架构，加快转型升级。在轻量化方面，多元材料多点式混合一体成型工艺融合热气胀成型、半固态压铸成型和注塑成型三大工艺，将钢、铝、镁、塑料等多种材料通过不同工艺一次性成型，可显著提升车身轻量化水平和安全性。例如，采用该工艺制造的门环可减重 15% 以上，在整车碰撞安全方面提升 5% 以上的吸能效果。东风、长安、极氪等整车企业正在开展该工艺在车身上的应用研究，预计将在 AB 柱、CCB（仪表板横梁）、Shotgun（前舱边梁）、副车架等车身和底盘系统零部件集成化方面取得突破。

三 市场：新能源汽车产业不断创新，技术水平稳步提升

（一）全球新能源汽车市场总体规模不断扩大

全球汽车产业电动化转型共识逐渐达成，新能源汽车成为世界各国争相进入的新赛道，全球主要汽车生产国家和地区持续加大新能源汽车发展支持力度，新能源汽车市场持续高速增长。2022年，全球新能源汽车销量达1084万辆，同比增长69.4%，市场渗透率快速提高至13.8%，较2021年提升6.1个百分点。

中国新能源汽车销量连续8年全球第一，市场份额进一步提升至63.5%。2022年，美国持续加大新能源汽车支持力度，连续两年占据新能源汽车全球第二大市场位置，市场份额达9.2%。德国新能源汽车销量位居全球第三。

（二）新能源汽车带动汽车整体能耗水平持续下降

2022年，我国新能源汽车销量达688.7万辆，同比增长93.4%，市场渗透率达25.6%，提前完成《新能源汽车产业发展规划（2021—2035年）》中"2025年，新能源汽车新车销售量达到汽车新车销售总量的20%左右"的目标。截至2022年底，全国新能源汽车保有量达1310万辆，同比增长67.13%，占总量的4.1%。新能源汽车产量快速提升，带动行业平均燃料消耗量显著降低。2022年，乘用车行业平均燃料消耗量为4.10L/100km，同比下降20.1%，超额完成2022年度5.50L/100km燃料消耗量目标。其中，国产乘用车平均燃料消耗量为4.09L/100km，同比下降18.0%（见图3）。

（三）智能网联汽车市场规模不断扩大

我国搭载L2级驾驶辅助功能乘用车市场接受度日益提升，销量和市

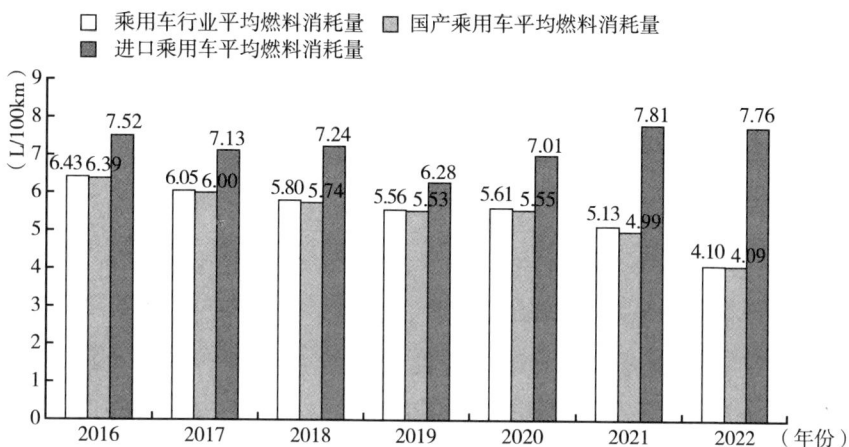

图3　2016~2022年乘用车平均燃料消耗量

资料来源：根据公开资料整理。

渗透率均呈上升趋势，市场规模持续扩大。2022年，搭载L2级驾驶辅助功能乘用车销量为694.1万辆，较上年增长45.6%，市场渗透率达34.9%（见表2）。其中，新能源汽车L2级功能市场渗透率达45.7%，远超燃油汽车，电动化与智能化、网联化深度协同发展。

表2　2020~2022年搭载L2级驾驶辅助功能乘用车销量

单位：万辆，%

指标	2020年	2021年	2022年
搭载L2级驾驶辅助功能乘用车销量	303.2	476.7	694.1
搭载L2级驾驶辅助功能乘用车市场渗透率	15.0	23.5	34.9

（四）充换电基础设施新技术加速应用

随着全球充电基础设施向快速化、绿色化和网络化方向发展，我国充电基础设施领域涌现了一批新技术新模式，包括大功率充电、换电、无线充电、车网互动等，有力地带动了新能源汽车产业发展。

一是大功率充电领域，高压快充需要技术创新，在汽车侧，零部件要高压化，并保障安全性与供应链稳定。目前，包括吉利、保时捷、广汽在内的国内外主流车企都已开发或正在布局开发800V电压的高压快充平台车型，并已陆续开始量产。二是换电领域，换电模式在出租、网约、重卡等特定场景实现了规模化应用，商业模式加速探索，社会资本加快集聚。从汽车端来看，蔚来、吉利、北汽、广汽、一汽等整车企业推出面向B端和C端的换电车型，能够实现"可充、可换、可升级"的补能模式。目前，换电技术已能够实现乘用车20秒极速换电、重卡5分钟快换，推动高频应用场景下车辆的电动化发展。三是无线充电领域，目前国内部分企业已完成小功率直流V2G充电设备开发和示范应用，但受制于可双向充放电的电动汽车数量少、设备投资成本较高，同时具备峰谷电价差的区域较少，无法体现V2G的经济性优势，因此目前V2G仍处于测试阶段。

四 汽车产业科技创新面临的挑战

（一）基础研究投入亟待增加，原创性成果偏少

全球范围内汽车领域技术创新发展日新月异，但重大技术策源地和颠覆性创新发生在国内的数量仍较少，基础研究和原始创新匮乏。在传统汽车工业时代，我国汽车工业技术水平已经很接近国外先进技术，再继续发展就需要以基础研究为支撑的创新，尤其是在新能源汽车和智能网联汽车方面，越来越临近技术创新的"无人区"。汽车产业技术创新能力较弱、没有原创技术的根源在于基础研究的严重缺失。随着新能源汽车和智能网联汽车进入全面竞争时代，汽车产业也已进入颠覆性创新阶段。未来，汽车电子、相关信息技术、新动力源、轻量化等技术创新占汽车技术创新的比重将达到70%以上，且多学科交叉融合。相关基础研究现状如不加速改观，中国汽车产业将难以实现由"汽车制造"向"汽车制造+汽车创造"的转变。

（二）科技成果产业化应用转化渠道尚需进一步打通

随着国家对汽车领域技术研究和基础研究等方面投入的增加，高校、科研院所等的相关科研成果不断产出，但从整个产业的技术转化价值链来看，从基础研究到工程应用，再到产业化应用的路径并没有完全打通，存在严重的"断链"。一方面，高校及科研院所的基础研究多面向知识的前沿领域，常在论文层面有所突破，与企业技术的工程化应用存在较大差距，课题设计过程中缺乏成果转化的主观意图。同时，企业在技术需求和实际资源配置上的能力不足，企业研发、转化科技成果的动力和能力不足，致使基础研究成果的产业化应用成功率偏低。另一方面，行业的应用验证平台、条件和场景匮乏，也是导致基础研究成果在产业化过程中难以落地的重要原因。

（三）跨行业合作刚刚起步，科技创新生态尚未构建

在技术进步、需求变化以及出行方式演变等多重因素作用下，汽车行业与通信、能源等技术领域的联系日益紧密。但是目前汽车产业、通信产业和新能源产业因研发模式及技术标准的差异，尚未建立三者间协调的创新生态。通信技术的发展速度非常快，不断推出新技术和新产品，研发活动注重快速迭代和技术创新。相比之下，汽车研发过程注重产品质量和可靠性验证，安全因素至关重要。能源技术的研发活动则关注能源效率和环境友好，涉及材料研究、系统设计和效能测试等多个领域，需要综合考虑能源利用和环境影响。汽车产业、通信技术和能源技术在研发模式上的差异性，造成三者之间往往缺乏协调性。汽车产业、通信技术和能源技术属于不同行业，技术标准不统一。汽车行业标准只是通信、能源等技术标准的应用方向之一，在协调技术标准方面缺少话语权。目前，尚未建立汽车产业与通信技术和能源技术的标准合作与协调机制。

（四）创新环境有待完善，产业创新发展支撑能力不足

汽车产业作为一个技术密集型和创新驱动型行业，其创新环境对产业的

发展至关重要。当前,汽车产业在关键技术领域的研发设施和实验室资源仍然有限,科技基础设施无法为汽车产业前沿创新提供有力的支持。同时,尽管新能源汽车产业发展获得诸多政策支持,但受项目周期影响,新能源汽车、智能网联等领域的政策支持力度有减弱的趋势。此外,新能源汽车、智能网联汽车市场的需求结构还存在不稳定性,新能源汽车的高价格和不成熟的充电基础设施是制约市场需求增长的重要因素,智能网联汽车的便利性也尚未得到充分的认知和体验,限制了消费者对智能网联汽车的需求。当前的汽车产业创新环境存在诸多薄弱环节,对产业创新发展的支撑能力不足。

参考文献

乔英俊等:《我国汽车产业转型升级研究》,《中国工程科学》2019年第3期。

《坚持以创新引领发展,加快建设创新型国家》,中国共产党新闻网,2018年6月29日,http://theory.people.com.cn/GB/n1/2018/0629/c40531-30095001.html。

《人民日报:完善科技创新体制机制》,人民网,2020年12月14日,http://opinion.people.com.cn/n1/2020/1214/c1003-31964780.html。

《赛迪智库 | 中国新能源汽车科技创新和产业发展路径及思考》,澎湃网,2022年11月2日,https://www.thepaper.cn/newsDetail_forward_20544956。

《以科技创新支撑高质量发展》,求是网,2022年1月11日,http://www.qstheory.cn/qshyjx/2022-01/11/c_1128252554.htm。

《言治有理 | 李建军:党的十八大以来国家科技领导体制改革创新的战略意义》,"人民智库"网易号,2023年7月6日,https://www.163.com/dy/article/I8VSQ1870514AE01.html。

《国家发展改革委:坚定不移推动制造业高质量发展》,"中国发展网"百家号,2022年10月10日,https://baijiahao.baidu.com/s?id=1746269072264903662&wfr=spider&for=pc。

《我国科技创新政策体系建设主要进展及对政策方向的思考》,"数字经济联合会"微信公众号,2021年2月7日,https://mp.weixin.qq.com/s/7FoO2Crc720GWVGB-lAEDw?。

《盘点2022:中国汽车行业十大产业政策》,"中国工业报"百家号,2023年1月13

日，https：//baijiahao. baidu. com/s？id=1754862163917822757&wfr=spider& for=pc。

《汽车行业专题报告：AI 时代，汽车智能化势不可挡》，"未来智库"百家号，2023
年5月10日，https：//baijiahao. baidu. com/s？id=1765468824074605891& wfr=spider&
for=pc。

B.11
中国汽车产业科技创新发展演进
特征分析

王 雅 刘辰璞 王建斌*

摘 要: 我国汽车产业经历了早期的产品引入到后来的技术引进,再到近年来的自主创新,科技创新体系伴随产业发展逐步建立和完善。随着汽车产业电动化、网联化和智能化程度的不断加深,我国汽车产业需进一步塑造创新引领型科技创新体系,不断加强原创性技术供给,完善基础研究和产业化应用的双向贯通机制,推动多领域多产业融合发展,积极推动汽车产业全球化布局。了解我国汽车产业科技创新的发展历程,有助于把握我国汽车产业科技创新的特点及演进规律,并在此基础上展望新时期更适应我国汽车产业发展的科技创新体系。

关键词: 科技创新 汽车产业 演进规律

汽车产业是国民经济的重要支柱,产业链长、涉及面广、带动性强、国际化程度高,在全球主要经济大国的产业体系中一直占据重要地位。我国汽车产业历经七十余载的砥砺奋斗,已建成全球规模最大、品类齐全、配套完整的汽车产业体系,成为制造强国建设的重要支撑,汽车产业在国民经济中的地位持续提升,在稳增长、稳投资、稳就业、促消费方面发挥了重要

---

* 王雅,博士,工业和信息化部装备工业发展中心助理研究员,主要研究方向为汽车行业发展战略及政策;刘辰璞,北京理工大学博士研究生,工业和信息化部装备工业发展中心助理研究员,主要研究方向为汽车行业发展战略及政策;王建斌,博士,工业和信息化部装备工业发展中心高级工程师,主要研究方向为汽车行业发展战略及政策。

作用。

2020 年 7 月 23 日，习近平总书记在中国一汽集团研发总院考察时指出，一定要把关键核心技术掌握在自己手里，把民族汽车品牌搞上去。[①] 在全行业的共同努力下，我国汽车产业取得了举世瞩目的成就，创新体系日益完善、研发水平不断提高、品牌影响力显著提升，成为全球第一大汽车市场，为全球汽车产业发展注入强劲动力。随着新一轮科技革命和产业变革深入发展，汽车与能源、交通、信息通信等领域相关技术加速融合，全球汽车产业格局面临重塑，汽车产业需要更加强有力的科技创新体系作为支撑，继续推动产业转型升级，实现创新引领发展。为此，本文在详细分析中国汽车产业科技创新发展历程的基础上，总结汽车产业科技创新发展的演进规律及存在的问题，并在此基础上展望新时期新形势下汽车产业科技创新发展情况。

一 中国汽车产业科技创新的发展历程

汽车产业科技创新体系是现代化汽车产业体系的重要组成部分，要有系统的谋划和清晰的目标。本节从时间脉络出发，以改革开放和加入 WTO 为关键节点，将我国汽车产业自主创新发展道路划分为从新中国成立初期至改革开放前的初始阶段，改革开放后至加入 WTO 的引进、消化吸收、再创新阶段，加入 WTO 至党的十八大前的自主创新阶段和党的十八大以来的高水平自主创新阶段，揭示不同时期中国汽车产业科技创新的发展历程。

（一）初始阶段（新中国成立初期至改革开放前）

新中国成立后，中国汽车工业从零起步，自主建设中国本土的汽车工业

---

① 《习近平：一定要把民族汽车品牌搞上去》，习近平系列重要讲话数据库，2020 年 7 月 24 日，http://jhsjk.people.cn/article/31796711。

体系，实现中国汽车工业的"从无到有"。这一阶段，主要的汽车生产方式以组装为主，技术水平相对较低，创新能力有限。大部分核心技术和零部件都依赖进口，国内汽车企业的角色更多的是组装和生产。

在当时工业基础薄弱和缺乏配套产业链的状态下，汽车产品的研发主要利用国外买来的老旧样车进行仿制和手工改造，几乎无法实现量产。汽车生产设备和技术绝大部分依赖国外，核心零部件基本被国外垄断，尚未形成真正的技术体系。企业基本没有自主权，技术扩散主要依靠老厂援建。在计划经济体制下，为保证全国各省市发展速度相近，几乎每个省市都有汽车品牌，企业会将研发成功的车型图纸、数据等全部共享给其他省市的汽车品牌，导致各地生产的车型相差无几。这种车型复制的做法不利于企业创新和技术进步，汽车工业创新整体发展缓慢。

这一时期，中国的汽车工业学习苏联的模式，逐步具备中型货车的基本仿制能力，为满足经济建设的需要，投资建成了一汽、二汽，改扩建南汽、北汽、济汽，以及新建四川重型汽车厂、陕西汽车等生产企业，初步形成以载货车为主的汽车工业生产体系。在资源高度集中的计划经济体制下，汽车资源匮乏，载货车以中型货车为主，缺"重"少"轻"，轿车生产近乎空白。截至1978年，国内累计生产可供使用的汽车170.8万辆，中国汽车产量只占世界汽车产量的0.5%。

（二）引进、消化吸收、再创新阶段（改革开放后至加入WTO）

随着中国汽车市场的逐步开放和需求增长，国内汽车企业开始意识到技术创新的重要性。这一阶段的主要特点是引进国外先进的汽车生产技术和管理模式。通过技术引进，中国汽车企业快速提高自身的生产水平，同时，开始尝试在引进技术的基础上进行消化吸收和再创新。在这一阶段，合资企业成为主流，如一汽大众、上汽通用等，它们不仅引进了国外的先进技术，也带动了国内供应链的发展，为后续汽车产业进行自主创新打下了坚实的基础。

改革开放后，为落实我国实现现代化的战略措施，也为满足人民群众日益增长的物质文化需要，国家决定按照"高起点、大批量、专业化"的原则发展轿车工业，并确定了"轿车进入家庭"的发展方向。为快速形成经济及市场规模，填补轿车生产的空白，同时培育自主创新发展能力，从 20 世纪 20 年代中期开始采用引进技术、中外合资的方式发展汽车产业。

从 20 世纪 80 年代中期开始，中外合资轿车生产企业引进外资品牌的轿车产品、工业装备和相应的生产管理技术，但是外方并没有与中方共享其产品研发技术。由于中方不掌握产品的核心技术，缺乏研发能力，在合资企业中即使有相同的股权，甚至有超过外方的股权，中方也没有企业规划、发展的决策权和自主权。此时，汽车产业发展急需明确产业发展方向的政策支持。

为促进汽车产业规范化发展，1994 年《汽车工业产业政策》正式颁布实施，除了明确发展原创技术以外，还要求合资企业必须建立自己的研发机构，引进的产品不允许用进口散件的方式组装生产，批量生产的产品国产化率不能低于 40% 等多项条款，为实现汽车产业自主发展奠定基础。同时提出"引进、消化吸收、再创新"的发展路径。自此，我国汽车整车及零部件企业开始进入培育自主发展能力的征程。20 世纪 90 年代后，依托已有的产业基础和技术积累，我国的自主品牌轿车生产企业（吉利、比亚迪等）陆续诞生，中国乘用车产业进入自主创新阶段。

中国汽车产业的合资浪潮兴起。但是，合资形式给中国汽车工业带来的绝大部分只是生产许可权，即根据外方提供的成型设计进行组装，而图纸和数据并不等于产品研发能力。设计图纸和设备易引进，但产品研发能力却无法引进。

（三）自主创新阶段（加入 WTO 至党的十八大前）

进入 21 世纪，中国的汽车企业开始将自主创新作为发展的核心战略。在政府的支持下，国内汽车企业加大了在研发上的投入，努力实现从技术跟随者到技术领导者的转变。这一阶段，中国的汽车企业在新能源汽车、智能驾驶等领域取得了许多成就。如比亚迪、吉利等品牌，不仅在国内市场取得了优异的销售成绩，也在国际市场上获得了一定的认可。

2001年，我国在"十五"期间启动了863计划，明确能源安全、污染防治、产业发展的目标，旨在通过技术创新引领中国汽车工业占领新能源汽车产业的制高点。2004年6月，国家颁布实施《汽车产业发展政策》，指出坚持对外开放与自主发展相结合，明确汽车产业要结合国家能源结构调整战略和排放标准的要求，积极开展电动汽车、车用动力电池等新型动力的研究和产业化。2006年《国家中长期科学和技术发展规划纲要（2006—2020年）》，把自主创新作为长期坚持的国家战略，自此，主要汽车企业开始重视自主创新，合资企业也推出合资自主品牌的车辆。

2009年，国务院发布《汽车产业调整与振兴规划》，明确实施自主品牌战略，在技术开发、政府采购、融资渠道等方面制定相应政策，引导汽车生产企业将发展自主品牌作为企业战略重点，支持汽车生产企业通过自主开发、联合开发、国内外并购等多种方式发展自主品牌。形成以纯电动、油电混合动力、燃料电池三条技术路线为"三纵"，以动力蓄电池、驱动电机、动力总成控制系统三种共性技术为"三横"的新能源汽车研发格局，以市场为导向、企业为主体、产学研相结合。为加快电动汽车技术的应用，国家构建"财政—科技联动"新机制。

加入WTO后，汽车产业组织结构和产品结构的调整为提升我国汽车企业自主研发能力提供了有力支撑。我国长期被压抑的汽车消费需求得以释放，汽车产销量迅速增长。2009年，我国汽车市场以300多万辆的优势，首次超越美国，成为世界汽车产销第一大国，比原先预计的时间节点提前了5~6年，至此，中国成为全球主要的汽车消费市场。

（四）高水平自主创新阶段（党的十八大以来）

自党的十八大以来，习近平总书记强调发展新能源汽车是我国从汽车大国迈向汽车强国的必由之路，要加大研发力度，认真研究市场，用好用活政策，开发适应各种需求的产品，使之成为一个强劲的增长点。① 这一时期，国家强化顶层设计，积极引导汽车产业创新升级，着重培养具有原创能力的本土企业，鼓励中国汽车企业发展自主品牌。这一阶段，我国汽车产业进一步明确了电动化、网联化和智能化的发展方向，汽车与能源、交通、信息通信等领域实现深度融合，汽车产业在由大变强的道路上实现跨越式发展。2010 年，国务院将新能源汽车列为国家战略性新兴产业，我国新能源汽车自此开始进入高水平创新发展阶段。2014 年，习近平总书记提出"发展新能源汽车是迈向汽车强国的必由之路"，② 从此以纯电驱动为代表的技术路线成为汽车转型的主要方向，中国新能源汽车进入高速发展期。2020 年，习近平总书记在第七十五届联合国大会一般性辩论上宣布，中国将力争 2030 年前实现碳达峰，2060 年前实现碳中和。③ 同时，国家陆续出台《节能与新能源汽车产业发展规划（2012—2020 年）》《汽车产业中长期发展规划》《新能源汽车产业发展规划（2021—2035 年）》等一系列政策措施，强化新能源汽车、智能网联汽车产业和技术布局顶层设计，推动新能源汽车的大规模产业化和先进节能技术的大规模研发应用，促使汽车企业持续加大研发投入，不断完善自主创新体系，增强自主创新能力，突破电池、电机、电控、高效发动机及变速器、轻量化等关键技术，以满足日趋严格的政策法规要求。

为落实国家发展战略，国家有关部门部署实施了一系列重大技术攻关和产业化专项，以前所未有的力度支持汽车产业开展技术攻关，对新能源汽车产业的关键技术突破和产业化发挥了重要作用。重大专项紧紧围绕电动汽车科技创新与产业发展需求，着力推进关键零部件技术、整车集成技术和公共平台技术的攻关与完善、深化与升级，实现了电动汽车产业化关键技术突

① 《新能源汽车是我国汽车产业高质量发展的战略选择》，中国政府网，2023 年 6 月 21 日，https：//www.gov.cn/xinwen/jdzc/202306/content_ 6887665. htm。
② 《新能源汽车是我国汽车产业高质量发展的战略选择》，中国政府网，2023 年 6 月 21 日，https：//www.gov.cn/xinwen/jdzc/202306/content_ 6887665. htm。
③ 《在第七十五届联合国大会一般性辩论上的讲话》，中国政府网，2020 年 9 月 22 日，https：//www.gov.cn/gongbao/content/2020/content_ 5549875. htm。

破，强化示范考核和产业化研发，建立了以企业为主体的产学研相结合的技术创新体系，支撑和引领我国汽车工业技术进步和跨越式发展。2021年，为落实"十四五"期间国家科技创新有关部署安排，国家继续实施"新能源汽车"重点专项。坚持纯电驱动发展战略，增强产业基础研发能力，解决新能源汽车产业卡脖子关键技术问题，突破产业链核心技术瓶颈，实现关键环节自主可控，形成一批领先的科技成果，巩固我国新能源汽车先发优势和规模领先优势，并逐步建立技术优势。

自党的十八大以来，我国新能源汽车产业快速发展，逐步成长为世界新能源汽车领域的创新高地，市场、技术、产品和使用环境等方面均取得突破，2022年新能源汽车产销量达688.7万辆，连续8年位居全球第一，市场渗透率达25.6%，提前完成《新能源汽车产业发展规划（2021—2035年）》中"2025年，新能源汽车新车销售量达到汽车新车销售总量的20%左右"的目标。此外，通过技术创新大大提高了中方在新的合资企业中的主导权和话语权。

二 中国汽车产业科技创新的演进规律和存在的问题

中国汽车产业科技创新体系的发展历程是一个从无到有，从依赖进口到自主创新，再到技术反向输出的过程。在这个过程中，中国汽车企业不断地学习、消化吸收、再创新，逐渐形成了具有中国特色的科技创新体系，为全球汽车产业发展注入新的活力。

（一）科技创新体系不断完善，但原创性技术仍需加强

我国作为全球汽车发展的后发国家，长期以来处于技术追赶的位置，这决定了我国先引进、消化吸收、再创新的技术跨越战略和追赶路径。在全球化背景下，后发国家可以利用的一个有利条件是通过技术引进缩短研发、探索和学习的过程。在技术引进和合作中学习知识与技能，经过自主研发，消

化学到的知识、提升技术水平，使自己成为创新者。经过前期的技术积累和创新实践，我国汽车产业科技创新能力建设取得了积极进展，已初步建立起以政府为引导、市场为导向、企业为主体、产学研相结合的科技创新体系，在创新人才、研发投入、创新平台、流程体系、成果产出等方面取得了显著进步，充分发挥了重大项目的牵引作用，建立了矩阵式的研发能力布局。但同时我们必须意识到，传统燃油汽车企业的创新能力仍需提高。随着汽车产业电动化、网联化和智能化程度的不断加深，国内车企在新赛道上具备了一定的技术积累和创新能力，处于全球相对领先的位置，为保持创新的活力和效能，高效打通产业链供应链上的卡点和堵点，加强原创性技术，需要国家层面进一步完善产业科技创新体系，塑造原创性技术研发和产业化的体制机制优势。

（二）科技创新组织不断健全，但基础研究与产业化的衔接机制仍待优化

基础研究需要产业化实现价值，产业化需要基础研究做支撑，只有二者同时发力，才能更好地推动科技与经济深度融合。我国汽车产业创新的初级阶段是从产品化入手，在具体产品的牵引下，通过逆向工程，实现了技术推动和需求拉动的有效创新。国家组建新型研发机构推动技术贯通，以深化产学研合作为导向，国家动力电池创新中心、国家智能网联汽车创新中心、国家新能源汽车技术创新中心等新型研发机构先后建立，在一定程度上推动基础研究、应用技术和产业化技术之间的贯通。先后组建电动汽车技术创新战略联盟、智能网联汽车产业创新联盟和汽车动力电池产业创新联盟等协同创新平台，开展行业关键共性技术协同攻关。但我们必须清醒地认识到，长期可持续的产业科技创新离不开基础研究的支撑，高校、科研院所等需要在产业痛点的基础上凝练科学问题，在知识前沿有所突破，再反哺产业创新发展。具体到汽车产业，早期由相应的科研院所承担基础研究，但随着科研院所的改制，很多改制科研院所以发展经济为目的，很大程度上弱化了为行业提供重大基础性或共性技术服务的职责，研

发功能逐渐弱化，行业服务意识淡化，造成基础研究与产业化之间的桥梁事实性弱化，降低了产业科技创新效能。

（三）技术创新能力不断提升，但融合协同创新能力仍需提高

近年来，传统动力、混合动力、整车节能技术研发和应用能力不断提升，自主先进发动机热效率持续提高，高效多挡变速器实现核心技术的重点突破。新能源汽车实现了从原材料供应、关键零部件研发到整车设计开发的全产业链规模化发展，全新设计开发的车型成为主流，电池、电机、电控等关键核心技术产品实现自主可控。从专利申请情况来看，2013~2022 年，全国汽车专利申请量共 132.5 万件，随着汽车行业加快智能化和电动化转型，智能网联和新能源领域成为全国汽车专利布局的重点领域。2022 年，新能源汽车和智能网联汽车专利分别占全国专利总量的 22.3% 和 21.5%。随着汽车动力来源、生产运行方式、消费使用模式全面变革，整个汽车产业生态逐步由零部件、整车研发生产及营销服务企业之间的"链式关系"演变为汽车、能源、交通、信息通信等多领域多主体参与的"网状生态"。汽车产业边界不断扩展并逐渐模糊，汽车领域的竞争格局发生重大改变，呈现"多方参与、竞争合作、融合创新"的复杂态势。汽车产业的单一创新已不能满足智能网联时代汽车产业发展的新需求，只有将整车企业、核心零部件企业、信息通信技术企业、软硬件科技企业、新型基础设施企业等融合，才能持续引领新时期智能网联汽车创新发展。

（四）国际化发展水平逐渐提升，在全球竞争中塑造产业优势

经过多年发展，国内新能源汽车平台化开发水平显著提升，造车新势力崛起，国产新能源汽车产品市场需求不断提升，汽车出口量连续 3 年超百万辆。2022 年，在我国新能源汽车销量中，自主品牌占比达 71.6%，在全球十大新能源畅销车型中，自主品牌有 7 款，同时在全球动力电池出货量前十家企业中，我国企业占据 6 席，自主品牌新能源及三电供应商已具备全球竞争力。国际汽车企业的竞争转移到中国市场，合资汽车企业的竞争也从争夺

合资资源转移到产品与市场的竞争，中国汽车工业的对外开放进入良性循环的新阶段。随着市场地位的不断提升、国内需求的日益增加以及市场的多样化，汽车市场的竞争日趋激烈，国际汽车巨头不断将最新车型和新技术导入中国市场，促进汽车市场繁荣发展。同时，各跨国汽车公司纷纷在中国设立研发中心，加大研发投入力度，更好地实施本地化策略，满足中国市场更新换代的快速需求，中方也在积极推动合资汽车公司设立研发中心，以提高中国本土汽车产业的研发能力。通过海外技术收购、自主研发、对标开发等手段，自主品牌在整车研发、平台打造、关键动力总成技术等方面取得了一定成果，逐渐从过去的模仿走向正向设计，中国汽车企业在技术研发方面迈向新的高度。

三 汽车产业科技创新发展的未来展望

党的二十大报告将完善科技创新体系提到了更高的位置，提出坚持创新在我国现代化建设全局中的核心地位，加快实现高水平科技自立自强。新能源汽车和智能网联汽车已成为汽车产业科技创新的总方向和战略制高点。在汽车产业电动化、网联化、智能化升级的过程中，掌握核心技术、占领未来科技制高点，既是汽车强国战略的重要支撑，也是汽车产业带动全球经济持续增长的新机遇。在全球政治经济环境不确定性日益增强、产业链供应链不稳定不安全因素和极端风险叠加的背景下，汽车产业要以开放性、结果导向的产业科技创新体系激发企业的创新活力，打破各领域的创新资源壁垒，推动创新资源高效流动，进一步激发汽车产业科技创新活力，站在新起点新征程，开辟汽车产业发展的新领域新赛道，塑造引领全球汽车产业创新发展的新动能新优势。

（一）塑造创新引领型汽车产业科技创新体系，使中国成为全球汽车科技创新引领者和技术输出者

从跟跑、并跑到领跑的角色转变，需要强有力的科技创新体系做支撑。

汽车产业面临百年未有之大变局，要想保持电动化阶段取得的先发优势，就必须具备持续性输出原创性技术的能力。注重在引进技术的过程中培育本土企业的自主创新能力；在引进外资的过程中，培育以本地资本为主、具备国际竞争力的产业和企业；在接受发达国家产业转移的过程中，推动本土产业融入国际分工体系、形成产业集聚效应。这要求以国家战略需求为导向，积聚力量进行科技攻关，坚决打赢关键核心技术攻坚战。一是健全新型举国体制，强化国家战略科技力量，优化配置创新资源，明确国家科研机构、高水平研究型大学、科技领军企业定位和布局，形成国家实验室体系，统筹推进国际科技创新中心、区域科技创新中心建设，加强科技基础能力建设，强化科技战略咨询，提升国家创新体系整体效能。二是深化科技体制改革，深化科技评价机制改革，加大多元化科技投入，加强知识产权法治保障，形成支持全面创新的基础制度。三是加快实施一批具有战略性、全局性、前瞻性的国家重大科技项目，增强自主创新能力，提高原创性技术创新能力。

（二）健全灵活有序的科技创新组织体系，高效衔接基础研究与汽车产业化发展

完善基础研究和产业化应用的双向贯通机制，打造从科学到技术再到产品的成果转化机制，构建以企业为主体、市场为导向的技术创新体系，形成高效协同的产学研用创新体系，增强我国汽车产业自主创新能力。一是重视产业中试平台建设，有效提升从创新到产业化的转化质量和效率。聚焦汽车产业链的重点环节和细分领域，提供科技成果评价、技术可行性分析、二次开发、样机制造、性能测试、场景应用和市场分析等服务，加速基础研究与产业化双向衔接的进程。二是促进企业主导的产学研深度融合，强化目标导向，提高科技成果转化和产业化水平。强化企业科技创新主体地位，发挥科技型骨干企业的引领支撑作用，营造有利于科技型中小微企业成长的良好环境，推动创新链、产业链、资金链与人才链的深度融合。

（三）构建新型汽车产业创新生态，推动多领域多产业融合发展

鼓励汽车与能源、交通和信息通信等领域的企业实现协同发展，围绕多

元化的生产和应用需求，在研发生产、使用保障和运营服务等产业链关键环节开展合作创新，促进产业链上下游的协同创新、大中小企业的融通创新和跨界企业间的耦合创新。以整车企业需求为牵引，发挥龙头企业、国家制造业创新中心等创新平台的作用，营造整车、关键零部件、基础数据和软件等主体深度合作的创新生态。

（四）抢抓产业变革机遇，积极推动汽车产业全球化布局

促进国际科技交流合作，加强国际化科研环境建设，形成具有全球竞争力的开放创新生态。主动参与国际市场竞争，推动汽车产业国际化发展。打造全球知名汽车品牌，以多元化的国际合作模式提高自主品牌溢价能力。积极拓展海外市场，优化国际创新资源配置，打造我国汽车企业新的盈利点和全球竞争力。加强国家标准交流与协作，推动产业开放与合作，以体系化政策推动汽车产业出海发展。

参考文献

中国汽车工业史编审委员会：《中国汽车工业专业史：1901—1990》，人民交通出版社，1996。

中国汽车工业协会、中国汽车工业咨询委员会主编《中国汽车工业史 1991—2010》，机械工业出版社，2014。

徐秉金、欧阳敏：《中国汽车史话》，机械工业出版社，2017。

张矛：《饶斌传记》，华文出版社，2003。

曾军编著《中国汽车激荡 70 年》，机械工业出版社，2021。

B.12
2023年中国汽车产业科技创新
发展形势及建议

王雅　周岩　刘晨曦*

摘　要：　本文通过梳理我国汽车产业科技创新面临的新形势，针对基础研究投入仍需加强、科技成果转化渠道尚需进一步打通、创新资源投入分散、复合型汽车人才短缺等问题和挑战，结合新时期汽车产业创新发展的需求，提出加强汽车领域基础研究和原创技术创新、持续推进产学研用深度融合协同创新、开展重点领域关键核心技术攻关、强化企业科技创新主体地位、建立科技战略咨询力量、加强创新型人才队伍建设等思路和建议，以推动我国汽车产业科技创新发展。

关键词：　汽车产业　科技创新　国际竞争力

党的二十大报告指出，建设现代化产业体系，坚持把发展经济的着力点放在实体经济上，推进新型工业化，加快建设制造强国。汽车产业作为国民经济重要的战略性、支柱性产业，对工业结构升级和关联产业发展具有很强的带动作用，是现代化产业体系建设的重要领域之一。推动我国汽车产业现代化发展的关键在于构建新型自主高效的汽车产业科技创新体系。在新一轮科技革命和产业变革的大背景下，世界主要汽车强国为保持汽车产业竞争优势，纷纷通过强化基础研究前瞻布局、完善创新网络、打造跨界创新平台等

---

* 王雅，博士，工业和信息化部装备工业发展中心助理研究员，主要研究方向为装备行业政策；周岩，工业和信息化部装备工业发展中心助理研究员，主要研究方向为装备行业政策；刘晨曦，工业和信息化部装备工业发展中心副研究员，主要研究方向为装备行业政策。

方式加速技术创新，进一步增强产业国际竞争力。新能源汽车和智能网联汽车进入全面竞争的时代，汽车产业进入颠覆性变化阶段，我国若要延续新能源汽车取得的先发优势，就需要紧抓源头性技术供给，加强关键核心技术储备，打造世界级汽车品牌及产品，这对我国汽车产业科技创新体系提出了更高的要求。

一 我国汽车产业科技创新发展面临新形势

《中华人民共和国国民经济和社会发展第十四个五年规划和2035年远景目标纲要》指出，要聚焦新能源汽车等战略性新兴产业，加快关键核心技术创新应用，增强要素保障能力，培育壮大产业发展新动能。随着新一轮科技革命和产业变革的蓬勃发展，世界各国纷纷谋篇布局，把科技创新放到更加突出的位置，意欲抢占产业发展制高点，全球汽车产业竞争格局正在重塑。

（一）汽车产业发展迎来历史转折点，创新驱动产业链多环节优化升级

我国汽车产业虽起步较晚，但经过70多年砥砺奋进，已建成全球规模最大、品类齐全、配套完整的产业体系。我国汽车产业市场规模不断扩大，汽车产销量连续14年稳居全球第一，新能源汽车产销量连续9年居全球首位。汽车产业的结构发生了较大变化。新能源汽车年产销量接近千万辆，市场渗透率已超过30%；中国品牌向上发展取得一定成绩，市场占有率超过五成；过去两年汽车出口量更是相继突破300万辆和400万辆。产业取得良好发展的背后离不开整车及零部件装备制造水平的不断提升，整个汽车产业供应链创新水平不断提升。但我们也应看到，汽车产业自身存在一些短板弱项，动力电池安全性、低温适应性等技术需要进一步突破，车用芯片、工具软件、高端制造装备等方面存在短板。2023年全球汽车供应链百强企业榜显示，上榜的中国企业只有13家，除了少数企业掌握关键核心技术以外，其他大多数企业在技术含量、规模等方面与国际巨头存在一定的差距。以底

层材料应用为例，材料属于基础产业，如何在汽车产品上应用得好，满足汽车产业高速发展需求，要求科研院所、材料企业、零部件企业和主机厂等密切合作，需要完善的产业科技创新体系作为底层支撑。因此，产业链各环节创新水平不断提升，已成为塑造国际竞争优势的必要条件。

（二）外部环境复杂严峻，打造具有国际竞争力的汽车产业首先需要实现科技自立自强

全球汽车产业格局重塑，各国不断构建新型贸易壁垒，导致外部环境日趋复杂严峻，全球竞争更加激烈。欧美竞相出台相关法规，意图构建贸易、投资、技术壁垒，我国汽车产业国际化发展面临的不确定性因素不断增多。贸易保护主义和逆全球化思潮有所抬头，部分国家出台政策吸引制造业回流，不断推动全球汽车产业链供应链向本土化、区域化发展。欧盟先后出台碳边境调节机制、《电池与废电池法规》等，在 2023 年 10 月正式对我国生产的电动汽车启动反补贴调查，《欧盟通用数据保护条例》将我国排除在数据跨境自由流动白名单国家之外。美国出台《通胀削减法案》，规定消费者税收抵免的前提是车辆最终组装必须在美国本土，或是在与美国签署自由贸易协定的国家进行，此举目的是将中国彻底排除在电动汽车供应链之外。由此可见，通过国际科研合作获取新兴技术的可能性越来越小，国际合作难度越来越大，要想实现汽车产业的成功转型升级，我国汽车企业就必须实现科技自立自强，能够在关键环节和高附加值环节形成中国汽车产业的自主核心竞争力。

（三）产业融合创新趋势显著，对多产业协同创新能力要求提高

汽车产业属于劳动密集、技术密集和资本密集的产业，集聚多种新材料、新设备、新工艺和新技术，具有制造流程复杂、产品周期长、科技含量高、经济带动性强等特点，已成为与其他产业关联度较高的先导产业之一。在自动驾驶需求牵引下，汽车已由传统的机械电子产品逐渐转变为移动出行服务终端，汽车电子、软件算法、移动通信等在汽车开发中的比重逐步提

升，最先进的计算机、通信、软件等技术成果也大规模地应用于自动驾驶技术。汽车市场蕴含巨大潜力，为众多科技企业跨界汽车领域带来新机遇。科技企业在快速响应需求、数据驱动创新、技术迭代更新方面具有天然优势，通过赋能传统汽车产业的合作方式，将技术基因、用户思维、组织模式等带入汽车领域，推动我国汽车产业技术变革和转型升级。我国搭载 L2 级驾驶辅助功能乘用车市场渗透率日益提升，2022 年，搭载 L2 级驾驶辅助功能乘用车销量为 694.1 万辆，较上年增长 45.6%，市场渗透率达 34.9%，其中，新能源汽车 L2 级功能市场渗透率达 45.7%。全国已开放智能网联汽车测试道路里程超过 15000 公里，自动驾驶乘用车出行服务、无人巴士、自主代客泊车、干线物流以及无人配送等多场景示范应用有序开展。新的历史阶段，无论是传统车企还是新能源车企都面临转型升级的挑战。智能网联汽车将成为我国从汽车大国迈向汽车强国必须掌握的核心技术，也是决胜汽车"下半场"竞争的关键，需要进一步提升产业间技术协同创新能力，提高核心技术供给水平。

（四）汽车产业科技创新在国家整体创新体系中发挥重要作用

汽车产业作为国民经济的重要支柱产业，是关乎人民群众生命财产安全和生活水平提升的关键产业，也是国家建设制造强国、交通强国的重要组成部分，汽车产业的科技创新是国家整体科技创新的重要组成部分。汽车产业结构由产业链的链条式逐渐向具备多接口的开放式结构发展。汽车领域的基础研究、技术创新、成果转化、产业化和商品化等阶段构成汽车产业创新链的横向环节。宏观层面的行业地位和区域布局、中观层面的现代产业体系建设、微观层面的创新主体夯实以及基础要素保障构成汽车产业科技创新的纵向概览。纵横交错形成汽车产业的创新矩阵。新时期新形势下国家重组科技部门，对国家创新体系做出重大部署，汽车产业作为重要的国家支柱性产业，需要紧随国家科技创新体系发展变化，率先突破汽车领域科技和经济"两张皮"的问题，构建新时期新阶段适应汽车产业发展的科技创新体系。

二 我国汽车产业科技创新发展存在的问题与挑战

加快我国汽车产业转型升级，实现产业基础高级化和产业链现代化，必须充分发挥科技创新在促进汽车产业做大做强中的基础性和关键性作用，只有拥抱科技创新，才能在新的竞争赛道中拔得头筹。随着欧美日韩汽车产业加速电动化转型，凭借多年积累的技术和品牌优势奋起直追，我国新能源汽车产业若想保持先发优势，需要直面我国汽车产业科技创新仍存在的一些突出问题和挑战。

（一）基础研究重视程度和资源投入仍需提高

全球范围内汽车领域技术创新日新月异，但重大技术策源地和颠覆性创新发生在我国的数量仍较少，基础研究投入仍需加大。根据欧盟委员会发布的《2022 年欧盟工业研发投资记分牌》（*The 2022 Edition of the EU Industrial R&D Investment Scoreboard*），汽车领域共 18 家企业上榜。大众以 156 亿欧元的研发投入位居汽车领域榜首，其次是梅赛德斯奔驰和丰田汽车，研发投入分别达 89.7 亿欧元和 86.9 亿欧元。中国上汽集团以 28.5 亿欧元的研发投入居榜单的第 61 位。在新能源汽车和智能网联汽车时代，技术创新越来越临近"无人区"。随着新能源汽车和智能网联汽车开始进入全面竞争时代，汽车产业也已进入颠覆性变化阶段。未来，汽车电子、相关信息技术、新动力源、轻量化等技术创新占汽车技术创新的比重将达到 70%以上，且多学科交叉融合，相关基础研究现状若不加速改善，中国汽车产业实现由"汽车制造"向"汽车制造+汽车创造"转变的时间线就会被拉长，短期内难以形成具备国际竞争力的汽车产业。

（二）科技成果转化渠道尚需进一步打通

随着国家对汽车领域技术研究和技术基础等方面投入的增加，高校、科研院所等相关科研成果产出水平不断提升，但从整个产业的技术转化价值链来看，相关科研成果从基础研究到工程应用，再到产业化应用的渠道并没有完全打通，存在供需不对等的现象。一是高校及科研院所的基础研究多面向知识的前沿领域，常在论文层面有所突破，与企业技术的工程化应用存在较大差距，课题设计过程中缺乏成果转化的主观意图。同时，企业在技术需求和实际资源配置上的能力不足，企业研发、科技成果转化的动力和能力不足，致使基础研究成果的产业化应用成功率偏低。二是行业的应用验证平台、条件和场景匮乏，这也是导致基础研究成果在产业化过程中难以落地的重要原因。

（三）创新资源投入分散，部分关键核心技术落后

在智能网联时代，车规级芯片、操作系统等技术短板使产业链供应链安全风险居高不下。一方面，以雷达、控制芯片等为代表的核心零部件企业，以信息通信、高精度地图、云平台、大数据及人工智能等为代表的核心科技企业等，多线投入，整个产业链创新资源比较分散，车企、零部件企业和科技企业等的创新资源易形成重复投入、无序竞争的局面。另一方面，随着网联化和智能化进程加快，感知、计算、存储、通信等芯片需求大幅增加，但外资仍垄断我国90%以上的汽车芯片市场，外部冲击下的产业基础和产业链安全问题依然突出。安全车控操作系统等基础软件基本被国外车企、零部件供应商以及软件开发商掌握，设计、开发、验证等工具多数来自欧美地区，在车载操作系统底层技术方面，国外企业仍占据领先优势。

（四）复合型人才短缺

在软件定义汽车时代，智能网联汽车发展需要复合型人才，涉及软件、材料、机械、通信等领域，人才需求的跨学科、跨领域、跨序列特征显著。目前，既懂汽车、又懂软件的复合型人才严重短缺，负责底层的算法逻辑、工程研发、数据处理等高精尖人才更为匮乏。根据相关测算，2025年在智能网联汽车迅速发展的情况下，汽车产业研发人员净缺口为3.7万人，相当于目前智能网联汽车研发人员存量的69.4%。

三 新时期推动我国汽车产业科技创新发展的思路和建议

科技创新体系是为促进创新而部署的一系列机构和制度，对科技创新活动具有极其重要的指导作用，科技创新体系整体效能的提升离不开科技创新涉及的各主体、各环节、各方面的相互支撑和高效互动。目前，我国汽车产业初步形成包括企业、大学、科研院所、政府等在内的科技创新体系。在全球产业变革与格局重构的新时期，创新的复合性和交融性变得更强，科技创新体系的内涵也变得更加丰富，包括技术创新、产品和服务创新、产业创新、生态创新、商业模式创新，也包括内外部管理、组织及资源组合方式等的创新，以及作为重要纽带的资本创新。面对跨界交融、生态重构的全新局面，汽车行业亟须进一步完善科技创新体系，有效链接各个创新要素，实现跨产业链的资源有效整合和创新，推动汽车产业持续发展。

（一）加强汽车领域基础研究和原创技术创新

一是加强高校和科研院所创新能力建设，引导有条件的科研院所聚焦科学前沿和基础研究，打造引领汽车行业发展的原始创新高地。把原始创新能力提升摆在更加突出的位置，坚持目标导向和自由探索并举，提出更多原创理论，实现前瞻性基础研究、引领性原创成果重大突破。二是强化目标导向，从经济社会发展和国家安全面临的实际问题中凝练科学问题，从源头和底层解决关键核心技术问题。把实现"从 0 到 1"的突破摆在更加突出的位置，探索全固态动力电池、基于新材料和新器件的电驱动系统等下一代动力电池、驱动电机核心关键技术，布局高安全自动驾驶类脑决策与人机共驾技术、车路云分层决策与网联控制技术等智能驾驶技术，为汽车产业发展奠定坚实的科技基础。

（二）持续优化产学研用深度融合协同创新

一是在基础研究方面政府提供相应资金支持，鼓励高校和科研院所进行自由探索和概念验证，产业开发方面鼓励高校、企业和科研院所合作，推动成果转化和技术转移，发挥企业在技术工程化和商业化应用方面的主导作用。二是积极推动创新要素向企业集聚，加大对国家创新平台的支持力度，为科技成果高效转化提供良好的政策环境。三是针对汽车产业重大技术突破，支持有条件的地方政府先行先试、示范应用，为企业提供跨行业融合创新的良好环境。

（三）开展汽车产业重点领域关键核心技术攻关

一是集中力量对汽车产业重点领域关键核心技术进行摸底清查，建立核心技术项目动态管理数据库，更加精准地支持重大科技专项和关键核心技术攻关。逐一列出我国汽车产业无法实现自主可控的关键核心技术，针对各项技术制定研发计划，逐一攻破技术壁垒。二是建设一批制造业创新中心，加大汽车行业关键共性技术供给，对前期投入高、风险大、周期长、回报率低的行业关键重大共性技术，从国家和行业层面部署科技资源，实现技术体系和组织体系的持续完善与互动，有效应对创新风险和不确定性。三是建立有利于汽车产业关键核心技术攻关的新型模式。通过揭榜挂帅发现"良马"，通过攻关和测评优选"千里马"，选拔"领头羊""先锋队"企业。

（四）强化汽车企业科技创新主体地位，全面激发创新活力

一是发挥汽车领域央企、国企的行业骨干力量，鼓励其主动将国家战略目标与科学目标、经济目标相统一，充分发挥核心企业对供应商、高校院所等创新主体力量的组织力、对基础产业的带动力。同时，以市场机制为主导，进一步推动汽车领域跨地区、跨所有制的企业兼并重组，争取培育出世界级科技领先企业。二是激励重点企业在良好市场前景的驱动下，高效实现前沿成果的潜在价值，发展面向产业变革的新型研发机构，形成

"以重大商业瓶颈攻关牵引重大科技原创成果、以更多科技原创成果支撑重大商业瓶颈问题解决"的良性循环。面向市场应用的关键核心技术，要围绕产业链部署创新链，将关键技术突破、样品规模商用和产业生态培育等环节紧密结合，重视面向产品稳定性和可靠性的持续商用化研发。三是加强汽车企业国内外专利布局，提升汽车领域知识产权创造、运用、保护和管理能力。在当前我国汽车企业"走出去"的背景下，国外的法律环境和知识产权环境对我国汽车企业的知识产权合规管理提出了更高的要求，企业要及早做好专利布局和相关风险监控，及时建立技术标准，抢占产业主导地位。

（五）建立支撑汽车产业创新发展的科技战略咨询力量

一是发挥中央科技委员会的领导协调作用，统筹推进汽车等重要产业的科技创新体系建设，统筹解决产业科技领域战略性、方向性、全局性重大问题，统筹布局国家实验室等战略科技力量。二是建立国家层面汽车领域关键核心技术创新战略研判机制。通过战略研判为制定提高关键核心技术创新能力计划提供依据，增强汽车产业关键核心技术创新政策的前瞻性、预见性和系统性。加强对国家需求的战略扫描，突出交叉性和综合性，对创新链条进行系统分析，确定攻关的核心方向。

（六）加强创新型人才队伍建设

一是落实深化科技体制改革的相关举措，简化汽车领域行政管理流程，积极推动对引进汽车创新人才的"减负"工作，打破高校、科研院所与企业间人才流动的藩篱，使创新人才能够在更大范围内更加便利地开展创新活动。二是推动汽车整车及零部件相关企业开展技能需求研判，自主开发有针对性的课程和模块化培训，建立灵活柔性的技能培训渠道，培育跨学科、跨领域的高水平复合型汽车产业技术创新人才。三是适当放宽顶尖创新人才移民及顶尖高校留学人员的申请条件，提供具有竞争力的福利待遇和科研条件，吸引和留住全球高端人才。

参考文献

马艳:《汽车产业如何构筑科技创新高地》,《中国工业报》2023年11月10日。

王明赫:《我国新能源汽车产业政策研究》,吉林大学,博士学位论文,2023。

刘宗巍等:《支撑交通治理升级的智能汽车科技创新发展战略》,《科技管理研究》2022年第8期。

段黎萍、曹燕、齐娜:《面向创新的科技情报服务与支撑——以新能源汽车为例》,《情报工程》2016年第6期。

郝瀚等:《基于全球比较的中国汽车产业科技协同创新平台改革建议研究》,《科技管理研究》2016年第12期。

B.13
中国汽车产业科技创新生态建设
及趋势分析

王 月　鹿文亮*

摘　要： 当前中国汽车产业已进入从大到强的发展新阶段，在新能源汽车、智能汽车领域走出了一条有中国特色的发展之路。本报告重点总结中国汽车产业科技创新生态现状，分析各类主体在科技创新生态中的地位和作用，梳理中国汽车产业进入高端发展阶段存在的短板和不足，提出在激发创新活力、提升创新能力和加强合作共享等方面加强政策设计，推动中国汽车产业科技创新生态持续健康发展的对策建议。

关键词： 创新生态　科技创新　汽车产业　创新环境

当前，中国已是全球最大的汽车市场，也是全球最大的新能源汽车市场，同时具备完整的汽车产业链①。新时期，中国汽车产业进入从大到强的发展新阶段，在新能源汽车、智能汽车领域走出了一条有中国特色的发展之路。中国汽车产业所取得的成就，得益于中国建设了一个融合、高效的科技创新生态，建立了一套以车企为主导、多主体多环节配合的技术创新体系。本报告重点总结中国汽车产业科技创新生态现状，分析各类主体在科技创新生态中的地位和作用，梳理中国汽车产业进入高端发展阶段存在的短板和不足，提出推动中国汽车产业科技创新生态持续健康发展的对策建议。

---

* 王月，博士，北京工商大学嘉华学院副教授，主要研究方向为汽车产业科技创新；鹿文亮，博士，中国科学院科技战略咨询研究院高级工程师，主要研究方向为新能源与智能汽车产业。
① 恽海：《世界汽车工业现状及发展探析》，《汽车工业研究》2011年第5期。

一　中国汽车产业科技创新生态的基本情况

过去的 40 多年里，中国汽车产业不仅引进了西方汽车生产线，而且学习借鉴了西方汽车生产技术，如整车设计，发动机、变速箱生产制造和供应链管理等，并建立了满足我国汽车产业发展需求的技术创新体系。在打造自主品牌方面，整车企业通过技术升级、品质提升、设计创新以及国际市场拓展等方面的努力，在发动机、自动变速箱、新能源汽车动力系统、智能驾驶等关键技术上实现了突破和升级，提高了自主品牌的产品质量和市场竞争力。

全球汽车产业正处于新的变革期，电动化和智能化成为汽车产业新的发展机遇①。中国抓住了这个机遇，不断推动新能源和智能网联汽车快速发展，一改过去靠引进、吸收发展的被动局面，依靠创新引领产业发展。大众入股小鹏汽车、奥迪采购智己汽车、捷达购买零跑汽车底盘技术等案例充分说明中国车企已经开始引领世界新能源汽车、智能网联汽车的发展，也证明传统的技术引进模式已不能满足中国汽车产业发展的需求，引进技术的时代已经结束。

围绕新能源与智能网联方向，中国汽车产业建立了与之配套的创新体系，为推动相关技术和产业的创新发展奠定了坚实基础。中国政府出台了支持新能源汽车、智能网联汽车发展的一系列政策措施，包括财政补贴、税收优惠和放宽市场准入条件等，为企业发展提供了良好的政策环境和较强的创新动力，激发了企业参与技术研发和产业化的活力。国内科研机构、高校积极投身新能源汽车、智能网联汽车的研发创新，承担科技创新的前期研发和孵化任务，在汽车新技术领域完成原始技术积累，持续加大研发投入力度，在汽车领域取得了一系列创新性成果，特别是在新能源汽车、智能网联汽车方面，企业、高校和科研机构之间的密切合作已产生了明显效果，一些技术

---

① 《大力推进数字化转型智能化升级》，《人民日报》2020 年 10 月 11 日。

处于世界领先水平。

在产学研协同创新体系中，车企研发团队在新技术研发中的作用愈加突出。在中国汽车产业发展初期，整车企业主要将研发力量投入整车集成、产品制造等方面，细分技术主要依靠供应商。但随着产业链发展、人才梯队愈加完善，车企加大了在前沿核心技术方面的研发投入力度。如自动驾驶方面，小鹏智能驾驶团队规模达到千人，自主研发了国内首个实现量产的城市智能辅助驾驶系统。蔚来智能驾驶团队规模超过 500 人，正在研发自动驾驶芯片。传统车企通常采用在企业内部成立研究院或单独成立自动驾驶公司的方式开展自动驾驶方面的研究，比亚迪自动驾驶团队规模已超过 4000 人，同时与 Momenta 成立合资公司迪派智行。长城汽车旗下的毫末智行也凭借自身的技术投入和车企背景，快速提升了辅助驾驶系统出货量。

未来，中国汽车产业要发挥引领作用，不仅要加大对原创性技术的研发力度，而且要加快技术迭代的速度。中国汽车产业需要进一步建立完善的科技创新生态体系，构建跨行业、跨环节的科技创新体系，整合技术、人才等资源，培育更多具有核心竞争力的自主品牌，进一步提升在全球的地位和影响力。

二 中国汽车产业科技创新生态的基本构架

（一）中国汽车产业科技创新生态的构成

创新生态是一个由不同创新主体组成的复杂网络结构，包括企业、大学、科研机构、政府等①。这些创新主体通过组织间的网络协作，深入整合人力、技术、资本等创新要素，实现创新因子的有效汇聚与共享。创新生态的核心理念是将合作与竞争相结合，实现创新主体之间的相互促进和共同发

① 吕建中、杨虹：《着力营造我国能源央企开放的创新生态系统》，《石油科技论坛》2020 年第 1 期。

展。在创新生态中，各创新主体可以分享知识、经验和资源，共同面对挑战和机遇。而竞争则会激发创新主体的积极性和创造力，推动创新的不断突破和进步。一个良好的创新生态可以促进创新主体之间的资源共享、协同创新和创新成果的转化，有助于推动创新主体的可持续发展。同时，创新生态也有助于形成创新氛围和文化，激发更多人参与创新，推动社会的创新能力和竞争力的提升。

中国汽车产业科技创新生态涵盖了从基础科学研究到产业发展的全过程，不仅包括从基础研究、应用研究到开发研究的技术全链条，也形成了科技基础设施、政策环境、投资环境、消费市场等因素共同组成的创新生态环境（见图 1）。

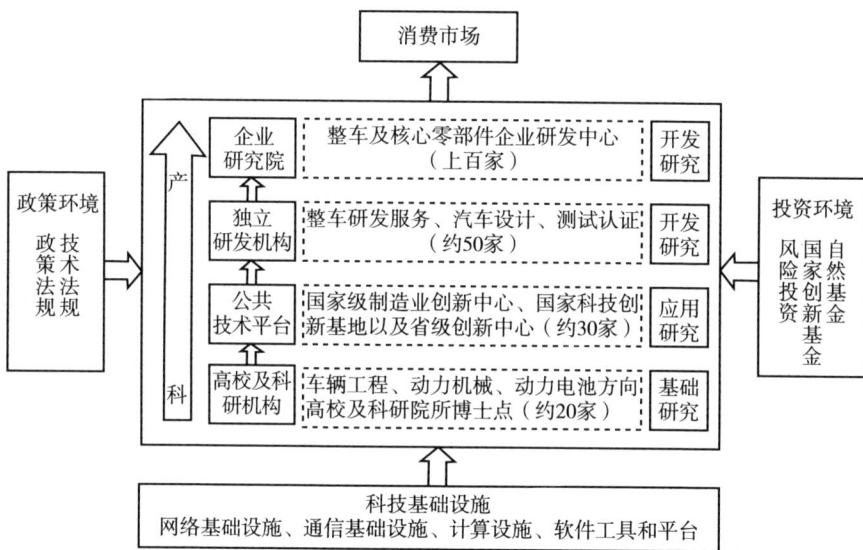

图 1　中国汽车产业科技创新生态

资料来源：根据公开资料整理。

基础研究是对科学原理、自然现象或基本理论的研究，旨在扩展知识边界，推动科学发展，其主体是高校及科研机构。在技术研究链条中，基础研究通常位于最初环节，为后续的应用研究和开发研究提供科学理论和技术支持，在交叉学科研究、基础理论探索和前沿技术研发方面发挥着重要作用。

应用研究是将基础研究成果应用于实际场景并进行实验的研究。在技术研究链条中，应用研究位于基础研究之后，将基础研究成果转化为实际应用技术和解决方案，为开发研究提供技术支持和市场需求[①]。应用研究的主体是公共技术平台，促进了科研资源的共享和互助。

开发研究基于应用研究成果进行产品或服务的开发和设计，包括技术验证、产品原型制作以及商业化的市场推广。开发研究主要由企业研究院和独立研发机构进行，通常与市场需求和商业模式紧密结合。在技术研究链条中，开发研究位于应用研究之后，将应用研究成果转化为商业化的产品或服务，完成产品的开发和市场竞争。

创新生态环境是促进创新和创业的一系列因素和条件的综合体，包括科技基础设施、政策环境、投资环境、消费市场等。创新生态环境对产业创新的作用是全方位的，为产业创新提供了良好的土壤和发展机遇。汽车产业可以在创新生态环境的引导和推动下，加速技术创新、业务模式创新和社会价值创新，实现增长和可持续发展。

从当前中国汽车产业科技创新的现状来看，汽车产业科技创新生态系统的核心部分呈现基座小、顶部大的"倒金字塔"形结构。在基础研究环节，高校及科研机构的前沿研究成果以及为汽车产业提供的高技术人才相对较少。在应用研究环节，公共技术平台的数量不多。在开发研究环节，国内外独立研发机构数量增多，国内外整车及核心零部件企业研发中心数量更多。这种"倒金字塔"形结构在一定程度上制约了汽车产业的技术创新。

（二）中国科技创新生态主体部分发展现状

1. 基础研究：高校及科研机构

为了满足汽车产业对人才的需求，近年来高校和科研机构纷纷加大汽车领域学科建设力度，在师资、科研等方面不断增加投入。特别是国内一些知名高校利用自身丰富的专业学科资源、先进的实验设备和坚实的研究基础，

---

① 段金鑫：《产业创新系统模型构建研究》，《现代工业经济和信息化》2014 年第 2 期。

开设了汽车相关学科的本科、硕士研究生和博士研究生专业，培养了大量的汽车工程师和研究人员，为构建高校汽车教育科研体系发挥了中坚力量。据统计，我国已有 300 多所高校开设了与汽车产业直接相关的车辆工程本科专业，但授予相关专业博士学位的高校却相对较少，只有 20 所左右。目前，我国从事汽车产业相关领域科研的博士研究生数量相对较少，尤其是从事与汽车绿色化相关的电池、电机、电控等方面研究以及从事与汽车智能化相关的智能网联等方面研究的博士研究生数量更少。中国具有车辆工程相关专业博士点的"985"院校见表 1。

表 1 中国具有车辆工程相关专业博士点的"985"院校

序号	学校名称	序号	学校名称
1	吉林大学	11	华南理工大学
2	清华大学	12	哈尔滨工业大学
3	同济大学	13	北京航空航天大学
4	湖南大学	14	山东大学
5	北京理工大学	15	华中科技大学
6	重庆大学	16	大连理工大学
7	中国农业大学	17	四川大学
8	上海交通大学	18	东南大学
9	西北工业大学	19	厦门大学
10	浙江大学	20	南京航空航天大学

注：排名不分先后，一部分高校为一级学科点，另一部分高校为二级学科点。
资料来源：根据公开资料整理。

除了高校，国内还有一些科研机构在汽车产业相关研究领域具有非常强的科研创新能力。例如，中国科学院物理研究所在动力电池等领域进行了一系列基础研究，中国科学院微电子研究所在集成电路等领域有较强的研究实力，中国电力科学研究院在电动车充电技术方面取得了重要突破（见表 2）。这些科研机构不仅在学术研究领域有着显著的影响力，而且在推动汽车技术研发和创新方面也扮演着重要的角色，成为推动中国汽车产业基础研究的重要力量。

表 2 中国部分从事汽车产业相关研究的科研机构

科研机构	简介
中国科学院物理研究所	在动力电池、电驱动系统、新材料等领域进行了一系列基础研究
中国科学院微电子研究所	在集成电路、传感技术、电动车电力电子等领域具有丰富的研究经验和实力
中国电力科学研究院	在电动车充电技术方面进行了深入研究,推动了充电设施、充电桩以及充电标准等相关技术的发展和创新

资料来源:根据公开资料整理。

2. 应用研究: 公共技术平台

公共技术平台不仅提供了一种有效的合作机制,而且促进了知识和技术的共享,推动科技成果转化和技术推广应用。在新能源汽车、智能汽车发展中,国家部委、省级政府建立了诸多公共技术平台(见表3)。

表 3 中国部分与汽车产业相关的公共技术平台

支持部门(城市)	名称	依托单位(团队)
工信部	国家动力电池创新中心	国联汽车动力电池研究院有限公司
工信部	国家智能网联汽车创新中心	国汽(北京)智能网联汽车研究院有限公司
科技部	国家新能源汽车技术创新中心	北汽集团、吉利、比亚迪、百度、清华大学、中国科学院电工所等21家企业和科研机构
教育部和财政部	重庆自主品牌汽车协同创新中心	由重庆大学牵头,联合长安汽车、中国汽研、青山工业、超力高科、博耐特、西南铝业、重庆理工大学、重庆邮电大学等企业和院所
国务院国资委	中央汽车企业数字化转型协同创新平台	中汽中心、航天科工、兵器工业集团、兵器装备集团、中国电信、中国移动、中国电子、中国一汽、东风公司、国机集团、中国中车集团、中汽创智科技等企业
天津市发展改革委	智能车路协同和安全技术国家地方联合工程研究中心	天津职业技术师范大学
安徽省发展改革委	汽车智能网联与主动安全技术国家地方联合工程研究中心	中国电子科技集团公司第三十八研究所
大连市发展改革委	车载智能终端研发技术国家地方联合工程研究中心	东软集团(大连)有限公司

续表

支持部门(城市)	名称	依托单位(团队)
安徽省发展改革委	电动客车整车系统开发与应用国家地方联合工程研究中心	安徽安凯汽车股份有限公司
河北省发展改革委	新能源乘用车动力系统开发与应用国家地方联合工程研究中心	长城汽车股份有限公司
青岛市发展改革委	电动汽车智能化动力集成技术国家地方联合工程研究中心	青岛大学
福建省发展改革委	动力与储能锂电池技术研发与集成国家地方联合工程研究中心	宁德时代新能源科技股份有限公司
广东省发展改革委	新能源汽车动力电池循环利用国家地方联合工程研究中心	广东邦普循环科技有限公司
深圳市发展改革委	锂电池隔膜制备及检测技术国家地方联合工程研究中心	深圳市星源材质科技股份有限公司
湖北省科技厅	湖北省智慧交通综合型技术创新平台	武汉经开区、上海交通大学人工智能领域人才团队、武汉理工大学智能网联领域人才团队和华砺智行科技有限公司等联合共建
宜宾市	四川新能源汽车创新中心	由中国科学院院士、清华大学欧阳明高教授团队带头发起,并依托清华大学汽车安全与节能重点实验室、清华新能源汽车产学研合作联盟的力量共同建设
重庆市科技局	西部科学城智能网联汽车创新中心	由中国工程院院士、国家智能网联汽车创新中心首席科学家李克强领衔的新型研发机构
上海市	上海市新能源汽车产业技术创新服务平台	由同济大学联合国家机动车质量监督检测中心(上海)共同组建而成
武汉市	武汉新能源与智能汽车创新中心	国家智能网联汽车(武汉)测试示范区

资料来源:根据公开资料整理。

2016 年以来,工信部围绕新一代信息技术、机器人等 36 个重点领域,在全国批复认定一批国家级制造业创新中心。据《机械工程学报》统计,在 26 家国家级制造业创新中心中,与汽车产业直接相关的有国家动力电池创新中心和国家智能网联汽车创新中心,分别依托国联汽车动力电池研究院有限公司、国汽(北京)智能网联汽车研究院有限公司等单位建立。以国家智能网联汽车创新中心为例，其共建成 22 个实验室和 1 个试制中心，每个实验室主任均由本领域内的院士及知名专家担任，共同打造研发验证平台。

科技部重点建设国家技术创新中心，并于 2017 年制定了《国家技术创新中心建设工作指引》，明确建立技术创新与成果转化类国家科技创新基地。在"十三五"期间，建设了 20 家左右。在汽车领域建立的国家技术创新中心中，具有代表性的是 2018 年成立的国家新能源汽车技术创新中心，共建单位包括北汽集团、吉利、比亚迪、百度、清华大学、中国科学院电工所等 21 家企业和科研机构，涵盖整车制造、电池生产、互联网等多个研究领域。其他一些技术创新中心也为汽车产业提供了颠覆性创新技术，如大数据、量子通信、人工智能等，还有一些技术创新中心为汽车产业提供了突破瓶颈的技术基础，如智能电网、集成电路、智能制造、新材料等。

国家发展改革委 2020 年提出建设国家工程研究中心，具体的实施方法是省级发展改革委负责组织研究开发实力较强的高校、科研机构和企业承建和运营，截至 2022 年 1 月，国家工程研究中心总数达到 346 个，与汽车产业相关的国家工程研究中心主要涉及电子与信息通信、制造业、材料、节能与新能源、现代交通、环境保护等领域。

除了国家部委组织的创新项目，各地方也支持建立了一批公共技术平台，如湖北省智慧交通综合型技术创新平台、重庆自主品牌汽车协同创新中心、武汉新能源与智能汽车创新中心等。

3. 开发研究：独立研发机构和企业研究院

在汽车开发研究中，独立研发机构和企业研究院是重要组成部分。独立研发机构是社会上出现的一批专门从事汽车相关技术研发和创新工作的机构，这些机构集聚了一批汽车领域的高级专家和技术人才。

国内外独立研发机构在中国汽车设计和测试方面都起到一定作用。国际著名的汽车设计公司如意大利汽车设计公司 Pininfarina（宾尼法利纳）参与设计中国品牌哈飞、奇瑞、华晨中华等旗下的许多车型，德国的汽车工程和设计公司 EDAG（爱达克）参与奇点旗下智能电动 SUV 车型 iS6 的研发。随着国内自主品牌汽车的快速发展，本土汽车设计技术服务商逐渐成长起来，承担了越来越多的汽车设计开发工作。其中，以同捷科技、阿尔特、长城华冠为代表的本土汽车设计公司已具备一定的汽车造型及车身开发能力。中国汽车设计行业主要企业及总部所在地见表4。

表4 中国汽车设计行业主要企业及总部所在地

企业名称	总部所在地	企业名称	总部所在地
泛亚汽车技术中心有限公司	上海市	北京长城华冠汽车科技股份有限公司	北京市
延锋汽车智能安全系统有限公司	上海市	上海龙创汽车设计股份有限公司	上海市
爱达克车辆设计（上海）有限公司	上海市	苏州奥杰汽车技术股份有限公司	江苏省
上海同捷科技股份有限公司	上海市	阿尔特汽车技术股份有限公司	北京市

资料来源：根据公开资料整理。

在汽车测试方面，既有在中国开展业务的国际机构，如 IDIADA、Applus+等，也有中国本土成长起来的测试机构，如中国汽车技术研究中心、中国汽车工程研究院等。这些第三方汽车测试机构通过对车辆的测试和评估，为消费者提供可靠的购车决策依据，促进技术创新和产品进步，确保车辆的安全性和质量，推动整个汽车产业的发展。中国部分提供汽车测试服务的第三方机构见表5。

表5 中国部分提供汽车测试服务的第三方机构

机构	简介
中国汽车技术研究中心	提供多领域的汽车测试和评估服务，包括车辆性能、安全性、排放和能耗等方面
中国汽车工程研究院	汽车测试和研究工作，涵盖车辆性能、新能源汽车、智能网联汽车等领域
国机集团中汽检测技术有限公司	测试汽车零件和机器人及自动化装备
招商局检测技术控股有限公司	汽车整车、零部件及材料检测，涵盖了车辆性能检测、安全性能检测、环保性能检测等多个方面

机构	简介
中汽创智科技有限公司	主要进行汽车电子控制器、传感器、执行器等部件的硬件在环、软件在环、系统在环和整车测试。此外,公司还提供智能网联汽车功能和车载信息娱乐系统的测试
IDIADA Group (全资子公司:上海伊狄达汽车技术服务有限公司)	IDIADA 是一家总部位于西班牙的汽车工程和测试公司,在中国设有测试中心,为客户提供各种汽车安全、性能和环境测试服务
Applus+Auto(艾普拉斯认证公司-汽车检测)	Applus+是一家位于西班牙的全球性技术服务公司,在中国设有多个汽车测试实验室,提供车辆安全、排放、碰撞、噪声、振动等方面的测试和认证服务
TÜV Rheinland [合资公司:德国莱因 TÜV (上海)公司]	TÜV Rheinland 是德国的一家独立技术服务机构,提供汽车安全和认证等方面的测试和评估服务,在中国设有多个实验室和测试中心,为汽车制造商和供应商提供技术支持
Intertek (合资公司:深圳天祥质量技术服务有限公司)	Intertek 是一家全球性的质量认证和技术服务公司,在中国设有多个汽车测试实验室,提供车辆性能、电子系统、材料分析等方面的测试和认证服务
SGS (合资公司:SGS 通标标准技术服务有限公司)	SGS 是瑞士的一家全球性检验、鉴定、测试和认证机构,在中国设有多个汽车测试实验室,提供车辆性能、安全、排放、耐久性等方面的测试和评估服务

资料来源: 根据公开资料整理。

中国是全球最大的汽车市场之一,具有巨大的需求潜力。诸多国际整车及核心零部件企业在中国建立研发中心,通过深入了解本地市场需求,开展相关技术研究和产品开发工作,以推出符合中国市场需求的汽车及核心零部件产品,如整车方面的宝马、福特、戴姆勒等,核心零部件方面的博世、电装、大陆等。

国内部分汽车企业也建立了自己的研究院,研究范围涵盖了整车设计、动力系统、电子技术、智能驾驶和新能源技术等多个领域,如整车自主品牌企业一汽、上汽、东风、吉利、长安、长城、奇瑞、北汽、比亚迪等,以及核心零部件企业宁德时代、远景能源、蜂巢能源、国轩高科、上海汽车电驱动、精进电动等。除了整车及核心零部件企业,百度、华为、海康威视、地平线、四维图新等信息技术企业也加入智能驾驶技术研发队伍。在其他领域，专注汽车电子系统的经纬恒润和为汽车行业提供软件与信息技术的软通动力信息技术公司，以及为汽车行业提供支撑服务的国网能源研究院、中国联通研究院、特来电、星星充电等单位和企业都具有很强的研发实力。国内外部分整车及核心零部件企业自建研究院见表6。

表6 国内外部分整车及核心零部件企业自建研究院

序号	国内企业研究院	序号	外资企业研究院
1	中国一汽研究院	1	宝马集团上海研发中心
2	上汽集团研究院	2	福特汽车工程研究（南京）有限公司
3	东风汽车研究院	3	戴姆勒中国研发技术中心
4	吉利汽车研究院	4	通用汽车中国前瞻技术科研中心
5	长安汽车研究院	5	沃尔沃汽车集团中国研发中心
6	广汽集团研究院	6	梅赛德斯—奔驰上海研发中心
7	重庆长安研究院	7	博世未来智能驾驶与控制（上海）研发中心
8	奇瑞汽车研究院	8	电装（中国）投资有限公司上海技术中心
9	宁德时代研究院	9	大陆集团汽车研发有限公司研发中心
10	蜂巢能源研发中心	10	麦格纳电动移动解决方案技术（中国）有限公司
11	精进电动研发中心	11	韩泰克轮胎（中国）研发中心

注：排名不分先后。

资料来源：根据公开资料整理。

4. 创新生态环境：科技基础设施、政策环境、投资环境、消费市场

营造有利于创新的生态环境，是汽车产业创新的基础和条件。创新生态环境包括科技基础设施、政策环境、投资环境、消费市场等多个方面。营造创新生态环境需要从这些方面入手，构建汽车产业科技创新生态。

建设和完善科技基础设施是营造创新生态环境的硬件基础。完善的科技基础设施能够为汽车产业发展提供基本条件。例如，良好的交通运输基础设施像高速公路、铁路和港口等，不仅方便物资运输和流动，而且能促进汽车产业供应链的畅通。先进的通信和信息技术基础设施不仅能实现快速的数据传输和共享，而且能为汽车企业研发、生产管理和市场运作提供支持。同

时，随着可持续发展理念的宣传和环境保护政策的实施，汽车产业需要依靠清洁能源和低碳技术来推动创新发展和产业变革。建设充电桩、氢气供应站等基础设施是促进新能源汽车推广和发展的基础，创建智慧交通管理和智慧城市系统等基础设施是实现智能驾驶技术创新和落地的基石。

政策环境对创新生态环境具有重要的影响。通过出台相关政策和措施，政府鼓励和支持汽车企业开展技术研发、创新和推广应用。政府提供资金支持、税收优惠、研发补贴和知识产权保护等政策，为汽车企业提供创新的资金和资源。政府可以制定产业发展规划和战略，引导汽车产业朝高附加值、新能源和智能化方向发展。

创新需要充足的资金支持，投资环境对科技创新意义重大。汽车产业的技术研发、产品创新以及市场推广等都需要大量的资金支持。汽车试验设备、创新项目和人才引进等也需要大量资金投入。在新能源汽车和智能驾驶等新兴领域，投资主要用于充电设施建设、智慧交通系统推广等，这是推动市场需求形成和发展的重要因素。良好的投资环境为汽车企业发展注入了活力，为科技创新提供了资源。

消费市场对企业的生存和发展至关重要，一个充满活力的消费市场可以提供丰富的销售机会，形成巨大的市场需求。汽车产业需要有足够的市场需求来支撑产品生产和销售，大规模的消费市场可以推动汽车企业投入更多的研发力量和资源，不断推动技术创新和产品升级[1]。消费市场规模的扩大还可以带动汽车产业持续发展，吸引更多企业进入汽车产业，促进产业竞争和技术进步。汽车产业不断涌现新的技术和产品，如新能源汽车、智能驾驶等，但这些新技术和新产品的推广和商业化需要有消费市场的支撑。

在创新生态环境中，特别需要具备创新思维、科技能力和工程实践经验的人才推动技术突破、科技创新和市场应用。人才是提供创新创意、技术解决方案并激发企业创新活力的核心要素，在推动汽车产业向更高水平

---

[1] 胡实秋、梅静、宋化民：《企业技术创新系统动力学分析》，《科技管理研究》2001年第5期。

发展的过程中发挥了重要作用。在全球化的背景下，汽车产业的创新和发展需要吸引全球范围内的人才资源，在技术创新、市场开拓和产业链合作等方面建立起人才网络，为提升汽车产业的国际竞争力和全球合作能力提供支撑。

三 中国汽车产业科技创新生态面临的问题和挑战

汽车产业是中国的支柱产业，在国家的大力支持下，汽车产业在技术创新方面取得了长足进步。经过数十年的发展，中国已从技术引进逐渐转向自主研发，甚至在一些领域实现了赶超。这些成绩的取得离不开中国对科技创新发展的高度重视以及汽车产业科技创新生态的构建。然而，中国汽车产业科技创新生态建设时间相对较短，仍面临一些问题和挑战。

（一）创新资源配置不均衡，基础研究偏弱

中国在科技创新生态建设方面取得了一些进展，但在创新链条各个环节上仍然存在不平衡的问题。尽管中国一些高校和科研机构在汽车工程和相关学科领域具有一定实力，但在基础研究和原创性技术研究方面，中国的科研机构数量及研究实力与国外相比仍存在较大差距。基础研究、原创性技术发展需要高素质、高技能人才支撑。目前，中国高校和科研机构拥有的汽车相关专业的博士点数量相对较少，这导致从事科技创新和原创性技术研究的人才不足。同时，在研究和创新经费方面，高校和科研机构受到限制，在原创性技术研究方面的投入不足。总之，创新资源配置不均衡，造成当前中国汽车产业科技创新生态"头重脚轻"、基础研究偏弱。

（二）尚未理顺对接机制，供需匹配错位

在中国汽车产业科技创新生态中，高校、科研机构和企业研发中心各有优势和特点。然而，它们之间的统筹协调相对较弱，缺乏统一的目标和

协同机制。高校在研究方面偏向学术视角，研究项目主要来自科技部、教育部等，研究方向与企业需求之间存在一定的距离。企业研发中心主要解决具体的工程化问题，更加注重实用性和可行性。企业容易受市场和商业利益的影响，研究项目更倾向于解决当下的问题以及满足市场需求。处于高校和企业之间的科研机构，虽具有促进产学研合作的潜力，但也存在科研与商业之间的平衡压力，作用发挥受到一定限制。目前，高校、科研机构和企业研发中心之间的对接机制尚未完全理顺，供需匹配错位的问题仍然存在。

（三）企业存在重复性研发，研发资源分散

目前，中国的企业研发中心数量相对较多，几乎所有汽车及大型核心零部件企业都设立了自己的研发中心。企业重复性研发投入较多的原因之一是缺乏充分的信息共享和信任机制。出于对竞争压力和商业机密的考虑，企业往往倾向于保持研发成果的封闭性，不愿与其他企业进行有效的合作与交流。这就导致了各个企业在相同领域进行类似的研发工作，造成了重复投入和资源浪费。特别是在新能源汽车和智能网联汽车的发展中，需要大量的研发投入和技术积累，但各个企业很难同时涉足多个研发领域，尤其是那些需要较高技术门槛和大量资金支持的领域。再加上这些领域的发展变化迅速，技术迭代更新频繁，导致单一企业很难在全领域投入。

（四）跨行业合作刚刚起步，科技创新生态尚未构建

在技术进步、需求变化以及出行方式演变等多重因素的作用下，汽车产业与通信、能源等技术领域的联系日益紧密。但是目前汽车产业、通信产业和新能源产业因研发模式及技术标准的差异，尚未建立三者间协调的科技创新生态。通信技术的发展速度非常快，不断推出新技术和新产品，研发活动注重快速迭代和技术创新。相比之下，汽车的研发活动注重产品质量和可靠性，安全因素至关重要。能源技术的研发活动则关注能源效率和环境友好

性，涉及材料研究、系统设计和效能测试等多个领域，需要综合考虑能源利用和环境影响。汽车、通信和能源属于不同产业，三者在研发模式上的差异性造成它们之间往往缺乏协调性。此外，三者的技术标准不统一。汽车产业标准只是通信、能源等技术标准的应用方向之一，在协调技术标准方面缺少话语权。目前，汽车产业与通信产业和能源产业的标准合作与协调机制尚未建立。

（五）创新生态环境有待完善，产业创新发展支撑能力不足

汽车产业作为一个技术密集型和创新驱动型产业，其创新生态环境对产业的发展至关重要。当前，汽车产业的创新生态环境存在诸多薄弱环节。汽车产业在关键技术领域的研发设施和实验室资源仍然有限，难以形成对前沿创新的有力支撑。同时，尽管新能源汽车产业发展获得诸多政策支持，但受项目周期的影响，新能源汽车、智能网联汽车等领域的政策支持力度有减弱的趋势。此外，新能源汽车、智能网联汽车市场的需求结构还存在一定的不稳定性，新能源汽车的高价格和不成熟的充电基础设施是制约市场发展的重要因素。

四　对策建议

构建中国汽车产业科技创新生态是促进汽车产业可持续发展的重中之重。随着汽车技术的快速发展和汽车市场需求的不断变化，建立具有活力和竞争力的科技创新生态系统，对推动中国汽车产业高质量发展具有重要意义。在此背景下，需要在激发创新活力、提升创新能力和加强合作共享等方面加强政策设计。

（一）加大研发投入力度，提升基础研究供给能力

我国科技创新体系存在"重产业轻科技、重应用轻原创"的问题，造成我国科技创新体系发展不平衡。基础研究为技术创新提供理论基础，是指

导实际应用和技术创新的重要环节，新材料、新工艺、新方法的探索，为技术创新提供机会和可能。因此，要投入更多资源和精力开展基础研究，提升基础研究供给能力，促进汽车产业前沿技术突破，以提升整个产业的技术水平和核心竞争力。

（二）从生态视角构建对接机制，统筹技术创新链条各环节发展目标

当前，汽车产业科技创新体系各环节之间、各主体之间尚未形成良好的对接机制。高校、科研机构、公共技术平台等主体应该充分利用自身的创新资源，围绕汽车产业的长远发展目标，构建以产业化为核心的科技创新生态系统。各主体不仅需要加强合作和协同，形成跨领域的合作机制，提高研发效率，加快技术成果的应用和推广，还应加强与通信和能源领域的关联，促进交叉学科、研发模式和标准规范的深度融合和统一。

（三）整合企业研发资源，提升科技创新效率

在新能源和智能网联等领域，研发投入对技术突破和技术创新至关重要。面对当前企业层面存在的重复性研发且研发资源分散的情况，需要进一步整合外部资源，特别要加强企业间的技术交流和资源共享。建议不同企业共同投入资源和人力，利用各自的优势联合开展项目研究，还可以共同建立实验室，共享设备和实验资源，构建科技创新合作机制。

（四）汽车、通信和能源跨产业合作，共创发展机遇

随着科技的不断发展和需求的变化，汽车、通信和能源三个领域之间的联系日益紧密，彼此之间的合作可以带来许多优势和机会，需要进一步促进三个领域的跨产业合作。政府需要起到引领作用，提供资金和政策支持，鼓励跨产业的合作和创新。同时，建立产业间的交流平台和合作机制，促进各项技术的协同发展。

（五）坚持长期规划，不断完善创新生态环境

创新生态环境对汽车产业的重要性不言而喻，但要构建一个良好的创新生态环境需要长期计划和跨部门、跨行业的合作。政府、企业和科研机构应共同努力，制定长期战略、增加创新投入、培养人才、加强合作与交流，致力于打造一个稳定、协同的创新生态环境，以推动汽车产业实现更高质量、更可持续的创新发展。

前 沿 篇 ⟫

B.14
从全球汽车专利分析汽车产业科技创新
发展趋势

潘 璇*

摘　要： 基于全球专利数据，本文对全球汽车产业专利情况进行研究。通过对 17 个细分领域的相关专利数量变化趋势进行分析研判发现，自动驾驶、动力电池、感知系统、决策系统、车联网、电池组与 BMS 等领域专利数量增速较快，动力电池、电子电气架构、电机及智能驾驶等领域的专利成为汽车产业新技术。全球汽车产业向新能源、智能网联汽车的变革正在加速，为推动我国汽车产业技术创新、加速汽车产业转型，本文对我国汽车产业科技创新发展提出加强知识产权保护、开展国际创新合作等建议。

关键词： 汽车产业　国际竞争力　知识产权　动力电池

---

* 潘璇，博士，中国科学院科技战略咨询研究院副研究员，主要研究方向为科技战略情报。

汽车产业进入电动化、智能化、网联化发展新阶段，产业创新速度加快，从新能源汽车到自动驾驶，再到互联互通，新技术已经成为推动汽车产业发展的核心力量。经历过去几十年的迅速增长，中国成为全球最大的汽车市场，吸引了国际汽车制造商的投资。汽车产业的发展促进了钢铁、化工、电子、金融等多个相关产业的繁荣，形成了完备的产业链条。中国积极推动新能源汽车和智能交通技术的发展，促进了电池技术、充电基础设施、电动驱动系统和自动驾驶技术的进步，有助于减少碳排放和改善空气质量，以实现可持续能源目标。

汽车产业科技创新发展趋势研究对汽车企业具有重要意义，它不仅关系到企业的生存和竞争力，还直接影响着行业的未来发展方向。随着大量新兴技术的涌现，汽车企业如何选择适合自身未来发展的技术路线变得尤为重要。通过跟踪全球汽车产业科技创新发展趋势，汽车企业可以及时调整战略、抓住机遇、降低风险和主动创新，更早地把握先机，选择新兴技术领域投资布局，开发符合未来需求的新产品，提前进入市场，从而在激烈的市场竞争中占据优势地位。掌握汽车科技前沿技术发展方向对于提高汽车企业的产品创新力至关重要，通过引入新技术，可以提高产品性能、安全性和环保性，加速新产品的研发效率并缩短产品上市周期。通过与相应前沿技术提供商、初创企业和其他行业的企业机构合作，可以帮助汽车企业获取所需的技术和资源，提高品牌价值。

一 基于专利分析全球汽车产业技术方向

专利作为科技创新的重要成果，包含着丰富的新技术和创新信息，同时，专利离产业化更近，更能够代表产业创新发展的方向。从专利分布可以研判正在开发的新技术、新产品和新方法，研发主体可以从中获取创新灵感，指导其研发工作。通过深入挖掘专利数据，可以揭示技术领域的发展趋势和热点，动态识别快速增长的技术领域，有助于企业根据市场需求及时调整产品组合和战略投资方向，还可以发现尚未被充分开发利用的技术领域或市场空白，帮助企业在该领域抢占领先地位，获得市场份额和利润。

（一）专利与汽车科技创新的关系

创新者可以通过专利保护研究成果，从而鼓励更多研究和创新。汽车企业利用专利技术保护其新产品、新工艺和新技术，确保其在市场上具有竞争优势，这种竞争模式反过来也激励了汽车技术的不断演进。例如，发动机技术的创新推动了更高效的燃烧系统和节能技术的发展，底盘技术的创新改进了车辆的悬挂、操控性和驾驶舒适度，电子系统的创新使得车辆具备智能驾驶辅助功能和互联互通性。这些专利技术的集成推动汽车行业不断进步，满足消费者需求。汽车是高度工程化的产品，专利是技术创新的产物，由于汽车技术内涵丰富且不断创新和发展，汽车领域的专利通常具有如下几个特征。

首先，汽车产业的专利具有多样性。汽车产业涉及机械工程、电子工程、材料科学、计算机科学等多个技术领域，因此，汽车产业的专利通常涵盖多个领域，包括发动机技术、底盘技术、车身设计、智能驾驶系统、互联互通技术等。

其次，汽车领域相关专利时间跨度长。为确保安全性和可靠性，汽车相关技术往往需要经过多次测试和验证，因而研发周期普遍较长。这导致汽车产业的专利通常有较长时间跨度，且专利保护的时间也较长，以确保企业能够充分回报其研发投资。

最后，汽车领域相关专利具有跨国性质。汽车产业是全球性产业，涉及国际贸易、国际合作和全球市场。汽车企业通常需要在多个国家申请专利，以确保其在不同市场上的竞争力。这使得汽车产业的专利体系具有跨国性质，需要考虑不同国家的法律规定。

专利技术对于汽车市场竞争格局具有深远影响。汽车制造商竞争激烈，不仅体现在产品性能上，还体现在知识产权上。企业之间的专利战时有发生，这可能导致专利侵权诉讼和跨国法律纠纷。同时，强有力的专利组合可以成为企业的竞争优势，使其能够掌握市场份额并赢得客户的信任。专利技术不仅影响了企业的地位，还塑造了市场上不同企业之间的力量对比。

专利技术不仅可以保护知识产权，还可以促进技术交流和合作。汽车企业可以通过专利许可和交叉许可协议，将专利技术开放给其他企业使用，以获取许可费用或换取对方的技术。这种合作有助于共同推动技术创新，加快市场上新技术的应用，从而提高整个行业的竞争力。

（二）专利检索分析方法

本文基于 incoPat 专利数据库，选取 1980 年 1 月 1 日至 2022 年 12 月 31 日公开的汽车产业相关专利，并与汽车产业技术专家反复沟通和研判，初步确定汽车产业 17 个细分领域的相关专利检索式，以确保获取与汽车技术相关度极高的专利数据。细分领域包含：内燃机、变速器、混合动力、整车平台与电子电气架构、充换电、电机电控、动力电池、电池组与电池管理系统（Battery Management System，BMS）、氢能及燃料电池、零碳燃料、感知系统、决策系统、辅助驾驶、自动驾驶、车联网、高精度地图、智能座舱。重点领域定义如表 1 所示，根据领域定义的范围设定关键词对相关专利进行检索，检索时将专利范围限定到汽车产业，避免电子通信等其他行业专利的影响。由于相近的产业会涉及多种相关技术，检索过程中不同的重点领域之间会存在交叉，本研究不会对某个专利进行严格的领域划分。由于科技创新趋势分析的重点是专利公开量增速，因此部分专利的交叉重复并不会对趋势分析产生影响。

表 1　专利分析的重点领域和定义

序号	重点领域	定义
1	内燃机	发动机、氢内燃机、甲醇内燃机、氨内燃机
2	变速器	自动变速器、手动变速器、双离合变速器
3	混合动力	48V 混合动力、插电式混动动力、HEV、油电混动动力
4	整车平台与电子电气架构	电子电气架构、底盘、整车平台

序号	重点领域	定义
5	充换电	自动充电、高压充电、无线充电、充电桩、充电站、换电技术、直流母线技术
6	电机电控	车用驱动电机、电机控制器、车辆动力控制
7	动力电池	用于汽车的动力电池、锂离子电池、钠离子电池、半固态电池、固态电池、隔膜、电解液、动力电池装备、正极材料
8	电池组与电池管理系统	BMS、电池组、CTC、CTB、CTP、热失控管理、电池防护
9	氢能及燃料电池	氢能、制氢、氢气存储、加氢站、燃料电池
10	零碳燃料	氢制甲醇、绿色阳光、绿氨、生物质能
11	感知系统	摄像头、毫米波雷达、超声波雷达、激光雷达、传感系统、占用网络、多传感器融合、惯性导航、高精度定位
12	决策系统	车载计算平台、Transformer、BEV、路径规划、感知融合
13	辅助驾驶	ADAS、CCS、ACC、LKA、LCC、AEB
14	自动驾驶	导航辅助驾驶、高等级自动驾驶、NGP、FSD、NCA、NOA、Robotaxi
15	车联网	V2X、T-Box、车路协同、4G、5G、ETC
16	高精度地图	GNSS、IMU、拓扑地图、点云地图、地图采集、地图生成、语义提取
17	智能座舱	HUD、车载大屏、智能语音、车机互联、Carplay、Carlife、鸿蒙座舱、光场屏、Car with、音乐座舱

二　全球汽车产业科技创新整体态势分析

（一）全球汽车专利技术总体趋势分析

通过检索 1990~2022 年全球汽车产业专利族公开量可以看到，1990~2000 年，平均每年公开的专利族①数量在 1000 件左右，1990 年为 593 件，

———————

① 专利族：具有共同优先权的，在不同国家或国际专利组织多次申请、多次公布或批准的，内容相同或基本相同的一组专利文献。

2000 年为 2591 件，而 2012 年专利族数量已经突破 2 万件，2021 年最高峰达到 10.9 万件（见图 1）。2012～2021 年，汽车产业专利族公开量快速增长，年均复合增长率超过 20%。近年来，在电动化、智能化趋势影响下，整车产品更新速度加快，汽车技术也发生较多的更新变化。动力电池、电子电气架构、电机及智能驾驶等领域的专利成为汽车产业新技术的热点。随着新能源汽车的逐步推广应用，大量前沿技术从基础研究走向产业化，新技术的专利申请量也随之增加。

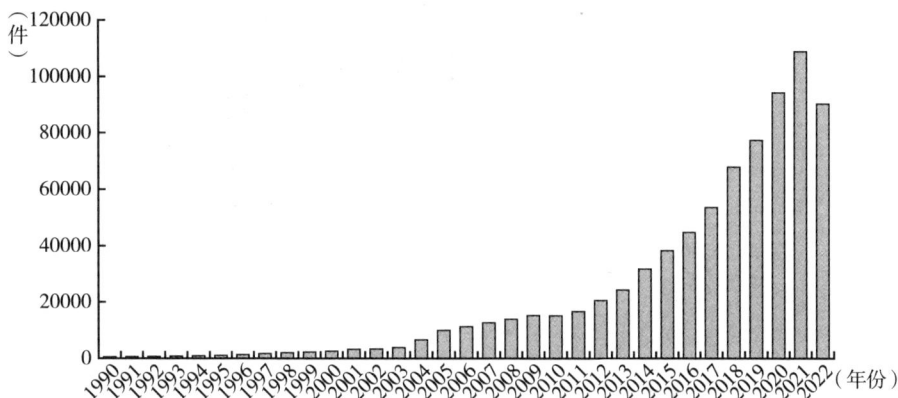

图 1　1990～2022 年全球汽车产业专利族公开量

资料来源：incoPat。

（二）全球不同国家汽车专利技术公开趋势分析

1980～2022 年全球汽车产业专利族申请共计 781991 件。[①] 按照国家分类，中国在汽车产业领域共拥有 352305 件专利族，全球占比达 45.05%，位列第一；其后是日本（131133 件，占比 16.77%）、美国（84125 件，占比 10.76%）、德国（81753 件，占比 10.45%）、韩国（62628 件，占比 8.01%）、法国（28589 件，占比 3.66%）、印度（11371 件，占比 1.45%）、

---

① 存在一件专利族可能属于多个国家的情况。

英国（9834件，占比1.26%）、瑞典（9278件，占比1.19%）、俄罗斯（7940件，占比1.02%）（见图2）。由此可见，中国不仅拥有全球最大的汽车市场和汽车产业，同时积累了丰富的汽车技术。

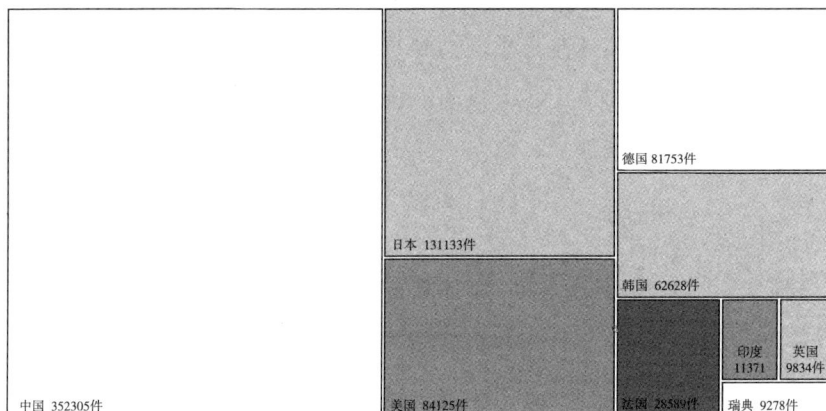

图2　1980~2022年全球汽车产业专利族申请量分布（取前9位）

资料来源：incoPat。

中国是全球最大的汽车市场之一，汽车产业经历了快速增长和转型过程。中国的汽车市场呈现巨大的消费潜力，吸引了全球汽车制造商的投资。中国政府支持新能源汽车产业发展，推动新能源汽车产业创新和市场份额增长。中国还在自动驾驶技术和互联互通领域取得了重要进展。

日本拥有丰田、本田、日产等世界知名汽车制造商，其以质量和可靠性著称。日本汽车产业注重创新，在混合动力汽车（如丰田的混合动力车型）制造领域具有领先优势。日本在自动驾驶技术、燃料电池汽车和新能源汽车领域取得了重要突破。尽管日本市场相对较小，但日本汽车制造商在全球市场上具有重要地位。

美国拥有多家全球知名汽车制造商，如福特、通用汽车和克莱斯勒。美国汽车市场一直是全球最重要的市场之一，在新能源汽车领域与中国和欧洲的竞争激烈。美国在自动驾驶技术领域也取得了进展，吸引了科技公司如特斯拉的投资。此外，美国政府针对燃油效率和排放标准出台了严格的法规，推动了汽车技术的改进。

德国以高质量的汽车制造而闻名，拥有大众、奔驰、宝马和奥迪等知名汽车品牌。德国汽车产业注重工程技术和创新，致力于提供高性能和高品质的汽车，在内燃机技术、柴油技术和传动系统方面具有优势。此外，德国在新能源汽车和自动驾驶技术方面投入了大量资金，以应对未来汽车产业变化趋势。

韩国拥有现代、起亚和现代起亚联盟等汽车制造商，它们在全球市场上取得了成功。韩国汽车产业注重成本效益和高性能，生产出具有竞争力的汽车。韩国汽车制造商还在电动汽车和自动驾驶技术方面积极投资，以满足未来的市场需求。

印度是一个新兴的汽车市场，人均汽车拥有率较低。印度汽车产业主要集中在小型和经济型汽车生产，如印度塔塔。印度政府鼓励电动汽车的推广，并制定了一些政策以吸引投资和提高燃油效率。

法国拥有著名的汽车品牌，如雪铁龙、标致、雷诺及雷诺-日产-三菱联盟。尽管法国汽车产业在市场份额上不如德国，但其专注于创新和可持续性。雪铁龙和标致等公司在电动汽车领域取得进展，并推出各自的电动车型。此外，法国政府采取了环保政策，鼓励电动汽车和清洁燃料的发展。尽管面临国际竞争和市场压力，法国汽车产业在技术创新和环保方面仍然具备潜力，致力于塑造未来的汽车行业。

不同国家汽车产业存在差异，包括市场规模、技术特长、法规和政策等。这些差异在全球汽车市场上创造了多样性和机遇，推动着汽车制造商和技术提供商在不同国家进行合作和竞争，以满足消费者需求和适应行业趋势。

（三）各国汽车产业专利技术公开趋势分析

从汽车产业专利族公开量来看，不同国家（地区）在不同时间段差距较大。1980~2000年，汽车产业专利族领先的国家（地区）为欧洲专利局（EPO）、美国、德国和日本，专利族公开量从1980年的100件左右增至2000年的1700件左右。而1980年中国专利族公开量仅为个位数，2000年以后每年专利族公开量也仅为 400 件左右，与头部国家（地区）存在较大差距。

2001~2010 年，美国、欧洲专利局和日本的专利族公开量依旧保持高位，每年 6000 件左右，但是增速趋于平缓。2005~2010 年，汽车产业专利族公开量基本保持不变。而 2001~2010 年中国和韩国汽车产业专利族公开量快速增长。中国汽车产业专利族公开量从 2001 年的 584 件增至 2010 年的 5148 件，10 年时间增长了 7.8 倍。2010 年中国汽车产业专利族公开量达到与欧洲专利局、日本、美国等国家（地区）相当的水平。韩国汽车产业专利族公开量从 2001 年的 646 件增长到 2010 年的 2877 件，大约增长了 3.5 倍，增速仅次于中国。

2011~2022 年，中国汽车产业专利族公开量进一步增长，从 2011 年的 6702 件上涨到 2021 年的 88572 件，增长了 12 倍，一举超过日本、美国和欧洲专利局，成为每年汽车产业专利族公开量最多的国家。美国汽车产业专利族公开量同样保持增长，但增速低于中国，每年汽车产业专利族公开量为 10000~20000 件。日本、欧洲专利局、韩国汽车产业专利族公开量增长较为缓慢，并且均在 2020 年之后出现负增长，2020 年汽车产业专利族公开量均低于美国的 2 万件，且远远低于中国的 7 万件（见图 3）。

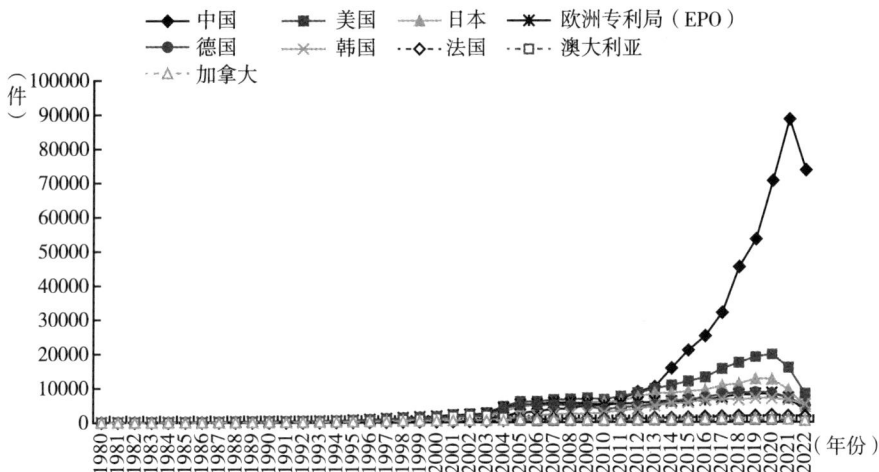

图 3 1980~2022 年部分国家（地区）汽车产业专利族公开量

资料来源：incoPat。

通过专利数据可以看到，中国汽车产业经历了从无到有、从有到大的过程，汽车专利技术从外部引进到开始自主创新，并且超过其他国家，专利族公开量位居世界第一。

三　热点细分领域专利分析

（一）全球汽车产业专利技术细分领域特点

本文通过对 17 个细分领域的相关专利数量变化趋势进行分析研判，发现自动驾驶、动力电池、感知系统、决策系统、车联网、电池组与 BMS 等领域增速较快（见图 4）。因为自动驾驶领域具有综合性，自动驾驶专利族下的专利通常包括感知系统、决策系统及车联网相关专利。因此，在增速较快的重点领域中，本文不单独分析自动驾驶专利族，对动力电池、感知系统、决策系统、车联网、电池组与 BMS 等几个重点领域进行分析。

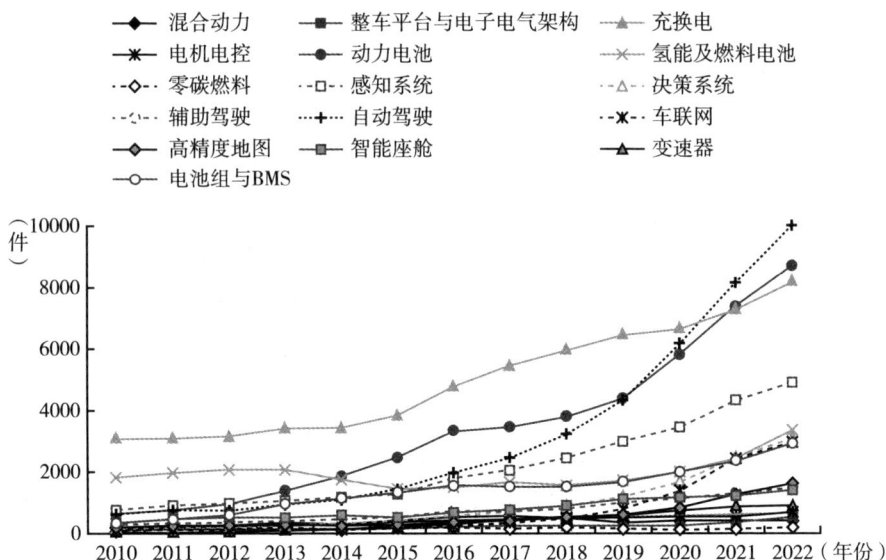

图 4　2010~2022 年汽车产业细分领域专利数量增长趋势

资料来源：incoPat。

（二）高增速领域专利技术发展特点

动力电池技术一直是电动汽车产业的核心。锂离子电池技术的进步直接影响了新能源汽车产品性能的提升。锂离子电池的重点研发方向主要有超高能量密度、长寿命、低成本、提升电池的一致性，还有电池尺寸与能量密度、容量、散热、成本的综合考量。汽车产业不断研发新材料和设计方法，以减轻电池重量和提高充电速度。在实现安全和高能量密度目标的过程中，固态电池结构设计非常重要。利用深度学习和人工智能技术进行汽车感知系统的研究和开发，可以提高系统的自主学习能力和对复杂环境的处理能力。这些系统不仅提高了车辆的安全性，还为高级驾驶辅助功能（ADAS）提供支持，如自动刹车和车道保持。感知系统的准确性和可靠性不断改进，为自动驾驶技术的发展奠定了坚实基础。

决策系统对于自动驾驶汽车的安全性和高效性至关重要，是辅助驾驶（自动驾驶）汽车的重要研究领域，相关专利主要聚焦如下几个方面。一是行为预测，涉及预测其他道路使用者如车辆驾驶员、行人、自行车骑行者等的行为。通过准确预测他们的行为，自动驾驶汽车可以做出适当的决策来避免潜在的危险。二是决策规划和控制，研究如何根据感知系统提供的信息来制定决策和控制策略。这包括选择适当的行驶路径、速度和动作，以确保自动驾驶汽车在各种交通场景下安全高效地行驶。三是模型训练，利用强化学习和深度学习高效训练自动驾驶的决策系统，用人工智能生成多样化场景进行虚拟仿真训练，加速训练过程，增强训练效果，使其能够根据不同的交通场景进行智能决策。四是人机交互，在自动驾驶汽车中，决策系统还需要考虑与乘客的交互。这包括提供适当的反馈、与乘客共享决策过程、理解乘客的意图和需求，以增强乘客的信任和接受度。汽车制造商和技术公司开展了大量研发工作，以提高汽车对各种交通场景的感知和应对能力。自动驾驶汽车在特定环境下已经得到了验证，但要实现完全自主驾驶仍需要进一步测试和法规的支持。

车联网技术使汽车能够连接到互联网，提供实时信息、娱乐和通信功能，是近几年汽车技术研究的重点领域，根据专利数据可以看到车联网技术领域有 4 个研究热点。一是车载网络技术，主要研究如何建立高效、可靠的车载网络，实现车辆内部各种传感器、控制器、执行器之间的信息传输和共享。这涉及车载网络的拓扑结构、通信协议、实时性等方面。二是 V2X 技术，研究车辆之间、车与路之间的直接通信技术，具体包括通信协议的设计、信息传输的实时性和可靠性、车辆编队控制等方面。三是车联网数据处理与分析，对车联网产生的大量数据进行有效处理和分析，提取有价值的信息，并支持实时决策和响应。这涉及数据处理算法、数据挖掘技术、机器学习和人工智能等方面。四是网络安全与隐私保护，重点研究如何保护车辆通信和数据传输的安全性，防止恶意攻击和数据泄露，同时确保个人隐私得到妥善保护。

电池组与 BMS 是新能源汽车创新发展的重点领域，针对电池组的新结构创新设计了整车底盘架构，有效提升了整车的续航和驾驶体验。根据专利数据可以看到该领域的重点研究方向有如下几个方面。一是电池组和底盘的设计优化，研究如何设计和优化电池组的结构，以提高能量密度、功率密度和安全性，这包括电池单体选型、电池排列方式、热管理设计等方面，提出了 CTB、CTC 等车身电池一体化的新结构。二是电池组组装工艺的优化，提高生产效率和产品一致性。这涉及电池组自动化装配、焊接、检测等工艺流程的优化和改进。三是动力电池的状态评估与电池均衡管理，研究准确的电池状态评估方法和电池均衡控制技术，解决电池组内部单体电池之间的不一致性问题，以延长电池组的使用寿命并提高安全性。四是研究电池组的安全防护和热管理控制技术，确保电池组使用过程在适宜的温度范围内且不会受到外部影响，保证整车的安全性。还有一类重点研究动力电池的智能化管理，对动力电池的状态进行检测管理，形成动力电池残留价值评估方案，用于电池的梯次利用与回收。

四　发展建议

通过对全球汽车产业专利情况进行分析可以看到，全球汽车产业向新能源、智能网联汽车的变革和科技创新正在加速，我国汽车产业实现跨越式发展拥有良好的机遇，同时面临巨大挑战。近年来，我国汽车产业专利族公开量及增速已经超过美国、日本、德国等传统汽车大国，为我国汽车产业发展奠定了基础，有利于汽车产业的进一步壮大。为了保障汽车产业实现可持续发展、推动技术创新和提高竞争力，同时满足环境和社会的需求，本文对我国汽车产业创新发展提出如下建议。

首先，把握正确的技术创新方向，做好行业技术发展监测，动态调整发展战略。汽车产业在过去三四十年快速增长，总体向降低能耗、安全舒适发展，但技术方向不断更新。在新能源汽车领域，我国最初确定了"三横三纵"技术路线，在发展中探索，明确了纯电动汽车的核心地位。在战略层面把握正确的技术路线，有助于集中资源实现快速发展，因此要做好行业技术发展监测工作。

其次，保持较高的科技创新投入，增强科技创新能力，把科技创新作为产业发展的原动力。政府在基础研究、应用研究层面支持汽车前沿技术研发，利用国家财政资金及国家战略力量突破汽车产业的关键核心技术。鼓励企业加大科研投入，提升自主研发能力，培育核心技术。通过不断的技术创新和积累，形成更多的专利成果。

再次，加强知识产权保护，建立产业链上下游合作机制，共同推动技术进步和产业升级。加强汽车产业知识产权保护工作，建立健全知识产权法律法规体系，加大对侵权行为的打击力度。同时，加强知识产权的宣传和培训，提高企业和全社会的知识产权保护意识。推动汽车产业链上下游企业之间的合作，促进技术创新和专利成果的转化应用。建立产学研合作机制，加强企业与高校、科研机构的合作。

最后，扩大对外开放，加强国际创新合作，推动制定全球标准与行业标准。鼓励汽车企业积极拓展国际市场，加强与国际汽车企业的交流与合作，推动我国汽车产业专利创新成果的国际化应用和保护。加强汽车产业的标准化工作，推动制定和完善国际标准、国家标准和行业标准，提升产业整体技术水平，增强产品的竞争力。

参考文献

洪吉超等:《新能源汽车产业及其技术发展现状与展望》,《科技导报》2023 年第 5 期。

邱彬、王芳:《2023 年中国汽车行业发展趋势展望》,《汽车工业研究》2023 年第 1 期。

刘垠:《全球新能源汽车进入全面市场化阶段》,《科技日报》2023 年 12 月 11 日。

王政:《汽车行业正加快智能化电动化转型(深度观察)》,《人民日报》2023 年 5 月 17 日。

马艳:《中国新能源汽车将成全球风向标》,《中国工业报》2024 年 1 月 5 日。

杨祥璐等:《逆全球化背景下国际汽车产业链重构对我国稳汽车贸易和产业安全的影响及对策建议》,《中国汽车》2023 年第 10 期。

B.15

中国汽车产业科技创新布局
及应用趋势分析

吕惠 李佳 岳峤*

摘　要： 面对汽车产业科技创新发展的新形势，本文基于专利大数据，从汽车产业科技创新领域专利发展总体概况，"新四化"的专利布局趋势和主要竞争格局，动力电池、充电系统、感知部件、车辆通信及芯片等重点领域的专利技术发展趋势和未来发展路线的预测，以及汽车行业专利许可和科技成果转化的应用态势多个维度进行分析，对汽车产业科技创新发展形势进行整体研判，为汽车产业科技创新发展提供建议。

关键词： 汽车产业　科技创新　专利发展

一　我国汽车产业科技创新领域专利发展概况

（一）汽车产业专利总体发展情况

1.2022年汽车产业专利总量分布

专利包括发明专利、实用新型专利和外观设计专利。2022年，全国汽车

---

* 吕惠，中汽知识产权（广州）有限公司副总经理，主要研究方向为专利挖掘布局、专利分析、知识产权运营等；李佳，中国汽车知识产权运用促进中心工程师，中汽知识产权（广州）有限公司创新业务组主管，主要研究方向为知识产权全流程解决方案；岳峤，中国汽车知识产权运用促进中心研究员，中汽知识产权（广州）有限公司，主要研究方向为高价值专利培育、知识产权标准化等。

专利申请量为 19.3 万件，公开量为 22.0 万件。其中，发明专利授权量为 4.9 万件，实用新型专利授权量为 9.1 万件，外观设计专利授权量为 1.2 万件。

2.汽车专利申请量持续上升，专利质量稳步提升

2013~2022 年，全国汽车专利申请量共计 132.5 万件。2012 年，国务院印发《节能与新能源汽车产业发展规划（2012—2020 年）》，对于推动汽车产业转型升级具有重要意义，2013~2016 年我国汽车专利申请量稳步上升。2016~2020 年，全国汽车发展进入平稳过渡期。随着 2020 年一系列政策出台，2021~2022 年全国汽车专利申请量迎来新一轮快速增长期。

从三种专利的占比来看，我国汽车专利申请结构发生了一定的变化。2013~2022 年，我国外观设计专利总量占比整体下降；发明专利申请总量占比整体呈上升趋势，并在 2018 年首次突破 50%，之后每年占比都超过 50%；实用新型专利占比在 40%上下波动，总体变化不大（见图 1）。

图 1　2013~2022 年全国汽车专利申请量及占比变化

资料来源：全球汽车专利大数据平台。

3.汽车技术向电动化和智能化转型

随着汽车行业加快向智能化、电动化转型，近几年全国汽车专利分布的重点领域均为智能网联汽车和新能源汽车领域。2022 年，新能源汽车和智能网联汽车专利分别占全国汽车专利的 22.29%和 21.62%，远超其他汽车领域。相比之下，由于部分车企将研发重心转移到新能源汽车，2022年发动机领域专利占比以6.33%排名第七位（见图2）。

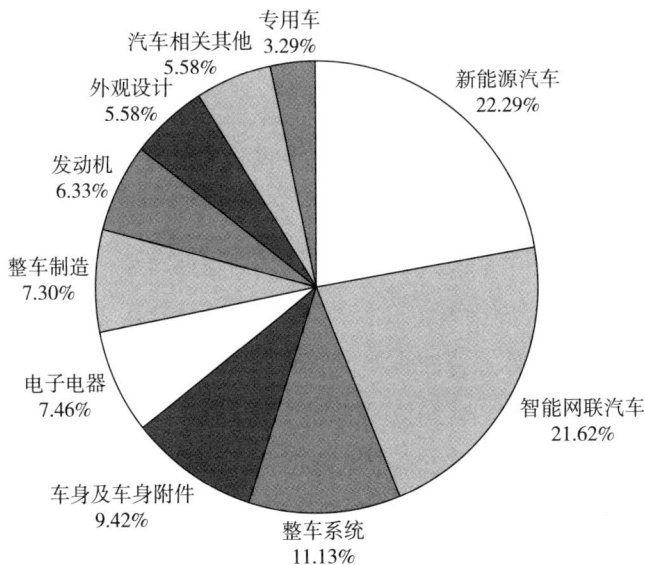

图2　2022年全国汽车专利领域分布

资料来源：全球汽车专利大数据平台。

（二）我国汽车科技创新领域专利发展分析

我国重视科技创新类专利申请，发明专利授权占比逐年增加。2013～2018年是汽车产业向电动化和智能化转型升级的重要时期，与此同时，我国汽车科技创新领域专利占比迅速上升。2018年之后，我国新能源汽车技术逐渐成熟，而智能网联汽车尚处于发展初期，科技创新领域专利申请量占比的增长速度渐缓，由于发明专利自申请日起18个月后公开，以新能源汽车和智能网联汽车为主的科技创新领域专利公开量占比提升速度在2019年之后才开始放缓。2022年，我国汽车产业科技创新专利申请量为8.5万件，占全国汽车专利申请量的44.30%；公开量为9.7万件，占比为43.93%；发明专利授权量为2.7万件，占比为54.98%（见图3）。

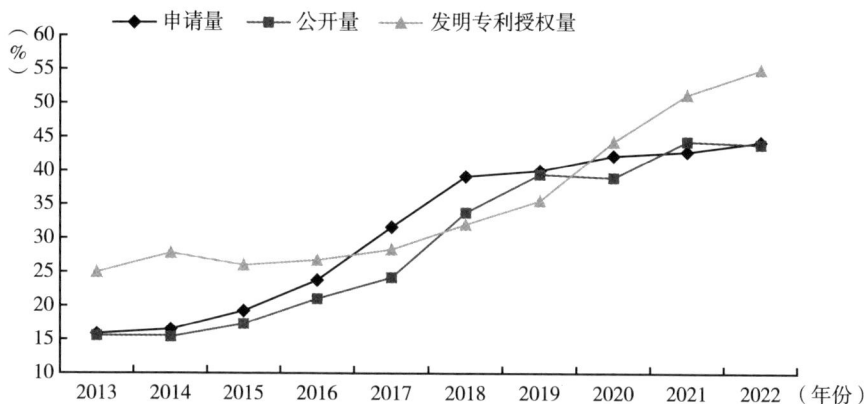

图 3　2013~2022 年全国汽车科技创新领域专利占比变化

资料来源：全球汽车专利大数据平台。

（三）企业发明专利统计

相比实用新型专利，发明专利更能体现技术的创新性。本部分统计 2022 年不同类型企业发明专利申请情况，分析汽车产业在科技创新领域的发展趋势。

1. 我国国有及集团车企发明专利申请量居前

在整车企业中，中国第一汽车股份有限公司和重庆长安汽车股份有限公司分别以 1986 件和 1932 件居发明专利申请量前两名，遥遥领先。浙江吉利控股集团有限公司发明专利申请量为 967 件，位列第四；东风汽车集团股份有限公司以 673 件排名第五，而隶属于东风汽车集团股份有限公司独立运营的岚图汽车科技有限公司以 378 件发明专利申请量进入前十。整体来看，在科技创新领域国内整车企业尤其是国有企业及集团企业发明专利申请量占据优势。

排名前十的整车企业中有四家外资企业，分别是排名第三的丰田自动车株式会社，排名第六的本田技研工业株式会社，排名第八的福特全球技术公司及排名第十的现代自动车株式会社（见图 4）。

□ 外资企业 ■ 国内整车企业

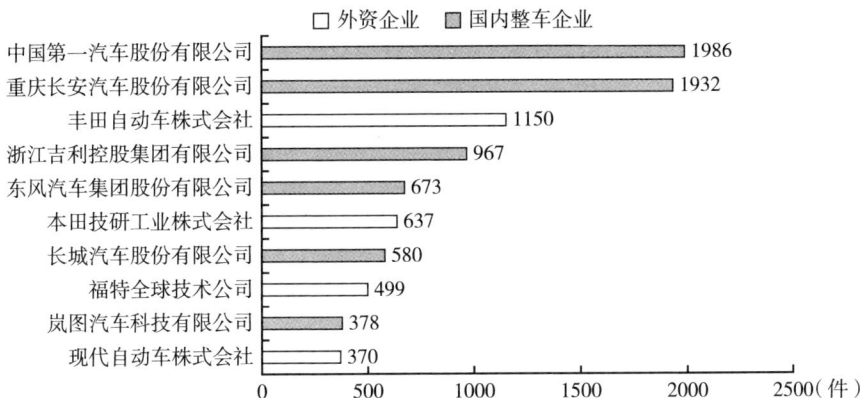

图 4　2022 年整车企业科技创新发明专利申请量

资料来源：全球汽车专利大数据平台。

2. 传统车企仍占据主导地位，造车新势力逐渐崛起

从 2022 年自主品牌车企科技创新发明专利申请量排名可以看到，除中国第一汽车股份有限公司和重庆长安汽车股份有限公司占据领先地位外，中国第一汽车股份有限公司、重庆长安汽车股份有限公司和东风汽车集团股份有限公司各有两家子公司进入科技创新类专利申请量前十位，传统车企仍然占据主导地位。

作为造车新势力，岚图汽车科技有限公司和广州小鹏汽车科技有限公司分别以 378 件和 312 件发明专利申请，居第六和第十位（见图 5）。

□ 造车新势力 ■ 传统车企

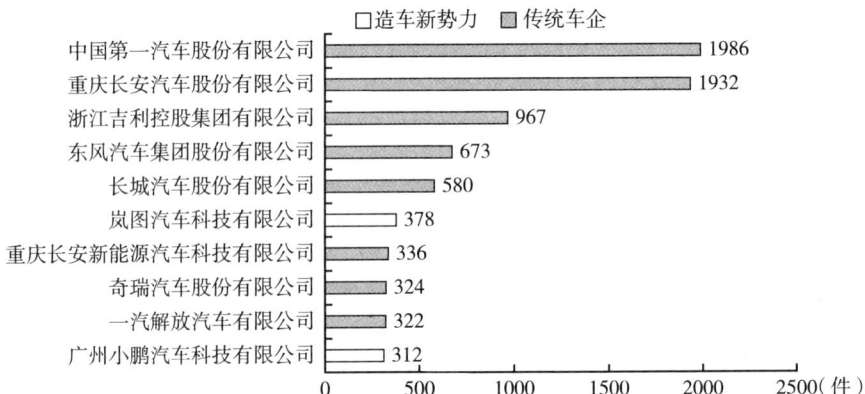

图 5　2022 年自主品牌车企科技创新发明专利申请量

资料来源：全球汽车专利大数据平台。

3. 合资企业中，技术和专利更多掌握在外资企业手中

从合资及外资企业科技创新发明专利申请量可以看出，丰田自动车株式会社以 1150 件排名第一，大幅领先其他企业。本田技研工业株式会社和福特全球技术公司分别以 637 件和 499 件排第二位和第三位。作为汽车零部件龙头企业，罗伯特·博世有限公司以 395 件排名第四。而排名前十的企业中，仅有上汽通用五菱汽车股份有限公司一家合资企业，发明专利申请量为 172 件，排名第九，其他均为外资企业（见图 6）。可以看到在汽车行业合资企业中，核心技术及专利大多掌握在外资企业手中，合资企业应当加强自主研发和自主创新，提升核心竞争力。

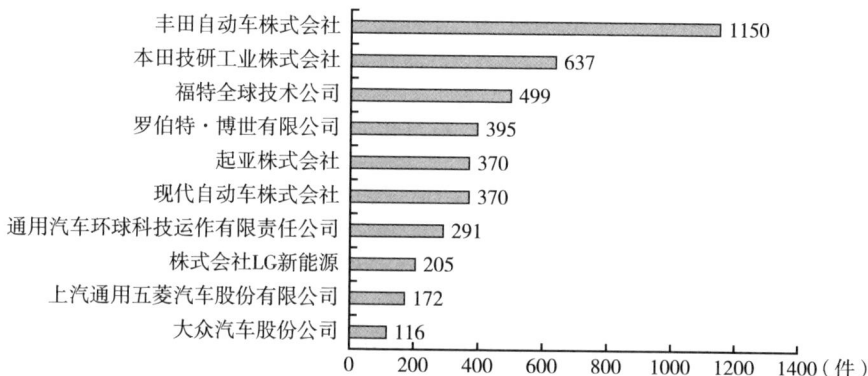

图 6　2022 年合资及外资企业科技创新发明专利申请量

资料来源：全球汽车专利大数据平台。

4. 产业链、供应链企业聚焦通信科技、能源动力领域

从产业链、供应链企业科技创新发明专利申请情况看，排名前十的企业中有六家科技类公司，其中 OPPO 广东移动通信有限公司和北京百度网讯科技有限公司分别以 592 件和 552 件居前两位；两家能源动力类公司，其中宁德时代新能源科技股份有限公司以 370 件排名第四，湖北亿纬动力有限公司以 281 件排名第十；还有两家外资企业罗伯特·博世有限公司和三星显示有限公司，均属于零部件供应商（见图 7）。

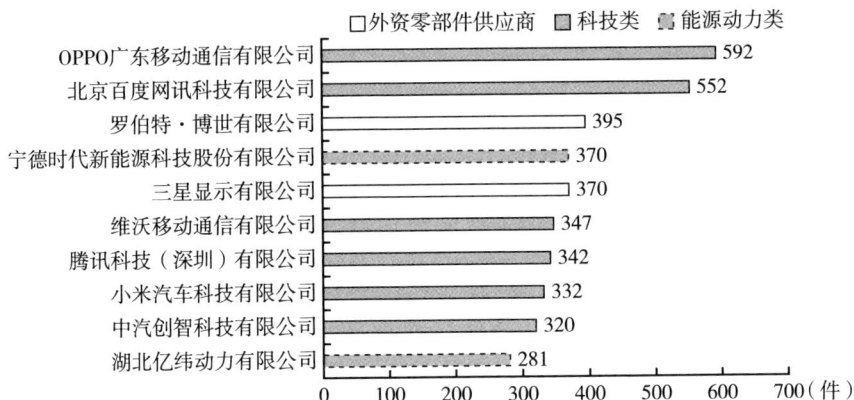

图7 2022年产业链、供应链企业科技创新发明专利申请量

资料来源：全球汽车专利大数据平台。

（四）汽车产业知识产权制度发展概况

1. 国家完善专利法规制度，加大知识产权保护力度

《中华人民共和国专利法》自1985年实施以来，分别于1992年、2000年、2008年经历过三次修改。2014年开始启动第四次修改，主要包括2011～2014年的"特别修改"及2014～2020年的"全面修改"。2015年草案公开征求意见，经过三次审议后表决通过，自2021年6月1日起正式施行。主要涉及三个方面，一是加强专利权保护，二是促进专利实施和运用，三是完善专利授权制度。

（1）加强专利权保护

加大侵权损害赔偿力度，包括调整侵权损害赔偿基础计算方法适用顺序、新增惩罚性赔偿、提高法定赔偿数额、新增举证妨碍制度等。同时，完善诉前保全制度、完善专利行政执法、新增专利权期限补偿制度、新增药品专利纠纷早期解决程序。

（2）促进专利实施和运用

国家鼓励被授予专利权的单位实行产权激励，采取股权、期权、分红等方式使发明人或者设计人合理分享创新收益。为高校科研院所科技成果转化拓宽道路，为校企合作创造便利条件，也为以专利作价入股创造便利。

加强专利公共信息服务。国务院专利行政部门应当加强专利信息公共服务体系建设，完整、准确、及时发布专利信息，提供专利信息基础数据，定期出版专利公报，促进专利信息传播与利用。

新增专利开放许可制度。专利权人自愿以书面方式向国务院专利行政部门声明愿意许可任何单位或者个人实施其专利，并明确许可使用费支付方式、标准的，由国务院专利行政部门予以公告，实行开放许可。就实用新型、外观设计专利提出开放许可声明的，应当提供专利权评价报告。专利权人撤回开放许可声明的，应当以书面方式提出，并由国务院专利行政部门予以公告。开放许可声明被公告撤回的，不影响在先给予的开放许可的效力。

（3）完善专利授权制度

完善外观设计制度。引入局部外观设计，弥补外观设计整体保护的局限，为设计空间有限的产品申请外观设计创造条件，为图形用户界面（GUI）外观设计创造条件。增加外观设计本国优先权，有利于申请人完善申请。延长外观设计专利的保护期限，保障专利权人的权益。

新增不丧失新颖性宽限期的情形。在国家出现紧急状态或者非常情况时，为公共利益目的首次公开的，不丧失新颖性。

完善专利权评价报告制度。专利侵权纠纷涉及实用新型专利或者外观设计专利的，人民法院或者管理专利工作的部门可以要求专利权人或者利害关系人出具由国务院专利行政部门对相关实用新型或者外观设计进行检索、分析和评价后做出的专利权评价报告，作为审理、处理专利侵权纠纷的证据；专利权人、利害关系人或者被控侵权人也可以主动出具专利权评价报告。

新增诚实信用原则。申请专利和行使专利权应当遵循诚实信用原则。不得滥用专利权损害公共利益或者他人合法权益。滥用专利权，排除或者限制竞争，构成垄断行为的，依照《中华人民共和国反垄断法》处理。

2. 规范标准必要专利许可行为，推动产业跨界融合

随着智能网联汽车快速发展，其网联功能需要使用无线通信技术，涉及通信标准必要专利许可问题。为了加快推动汽车与通信等产业的跨界融合发展，保护市场公平竞争，中国汽车技术研究中心有限公司、中国信息通信研究院于 2022 年 9 月 13 日联合发布《汽车标准必要专利许可指引》（以下简称《指引》）。

《指引》明确提出"产业链任一环节均有资格获得许可"原则。这一原则意味着零部件企业同样有获得许可的权利，将有利于我国智能网联汽车产业的健康可持续发展。

在许可费计算原则方面，《指引》指出"应以标准必要专利技术对汽车产品中起到实际贡献的产品单元作为许可费计算基数"，从而避免了将与专利技术无关的产品纳入许可费的基数范围，保证了许可双方的利益平衡。

《指引》中明确规定了许可费的考虑因素，包括标准必要专利技术对于汽车产品的实际价值度贡献、行业累积许可费率、专利权人持有的标准必要专利数量、专利地域分布等，而不应因专利被纳入标准而额外获益。此外，《指引》指出可以根据实施者的生产和销售区域、专利权人的专利地域分布以及不同地域的经济水平差异等因素，对不同地域适用不同的许可费率。

《指引》作为我国首个规范汽车行业标准必要专利许可行为的指导性文件，基于我国汽车行业的发展现状，针对许可层级和许可费率计算方法等方面制定了相关原则，对我国汽车行业良性发展具有指导性意义，对汽车产业的跨界融合起到积极的推动作用。

二 汽车产业重点领域科技创新专利发展情况

（一）"新四化"专利布局趋势

2013~2022 年，我国汽车专利在电动化和智能化领域的专利申请量连年上升。从专利申请量的变化趋势可以看出，2013~2017 年，我国汽车智能化专利相比于电动化专利的发展速度较慢，但在电动化专利发展渐缓的 2017~2020 年，智能化专利仍在快速发展，从 2020 年起，电动化和智能化专利同时迈入下一个快速发展时期。2013~2021 年网联化专利年申请量随着汽车智能化转型逐年增加，在 2021 年达到约 2 万件后，2022 年有所回落。

2015 年后汽车共享化专利进入爆发期，但由于共享车辆取用和停放不方便及后期维护等问题难以解决，自 2019 年起汽车共享化专利逐渐减少，在"新四化"中也逐渐边缘化（见图 8）。

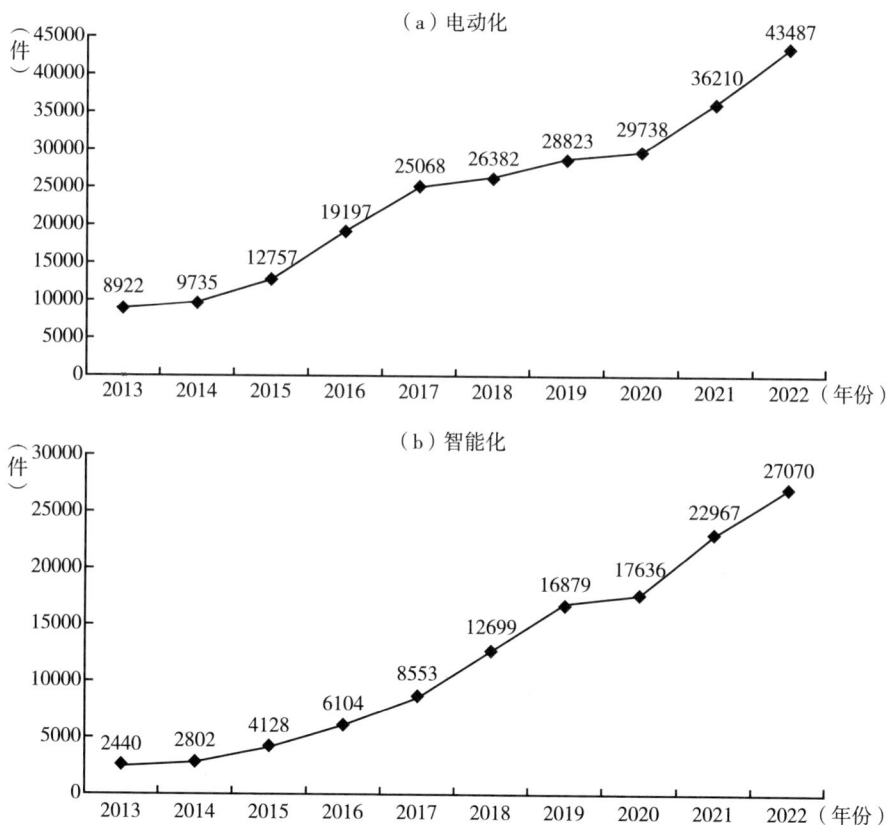

（a）电动化

（b）智能化

（c）网联化

（d）共享化

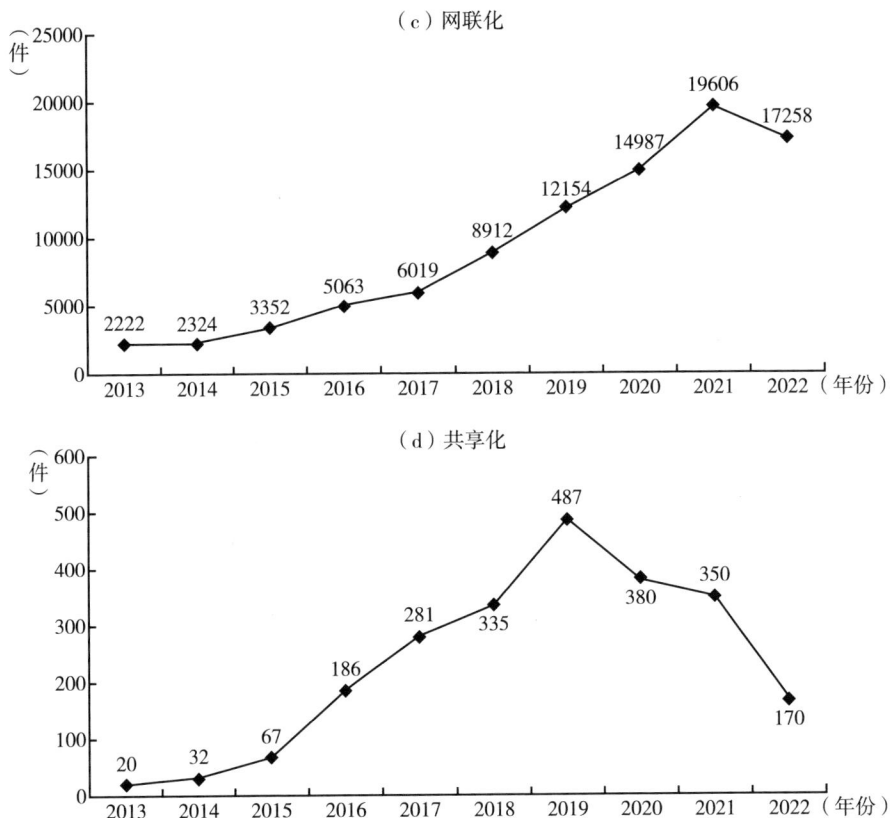

图8 2013~2022年"新四化"专利申请量变化

资料来源：全球汽车专利大数据平台。

（二）"新四化"主要竞争格局

在汽车"新四化"各个领域专利申请量排名前十的申请人中，国内企业占比均超过一半。从申请量看，国内企业也超过国外企业。

在电动化领域，新能源汽车企业占据一半，且申请量超过传统车企。在智能化领域，零部件企业及科技公司处于头部地位。在网联化领域，通信类科技公司占据主导地位，如华为、高通、OPPO等科技企业。在共享化领域，专利申请集中于提供出行服务的科技公司（见图9）。

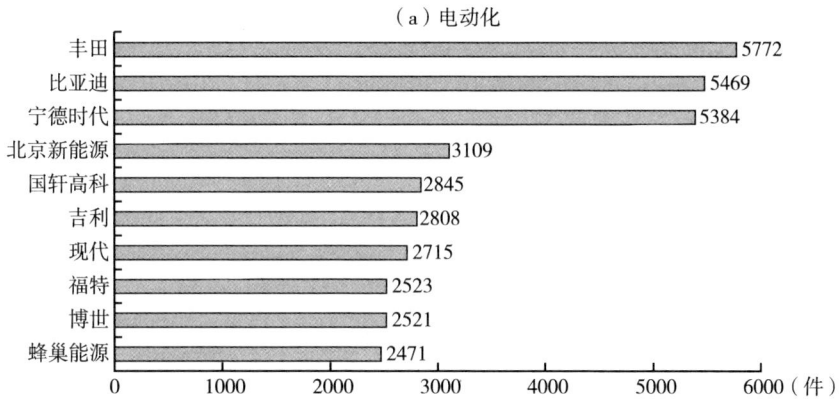

（a）电动化

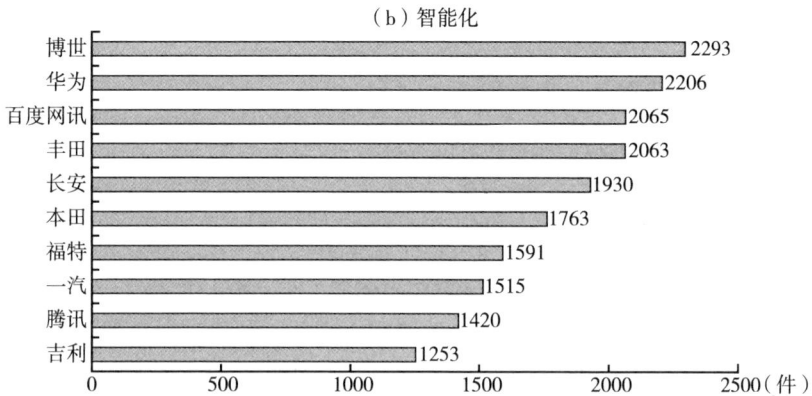

（b）智能化

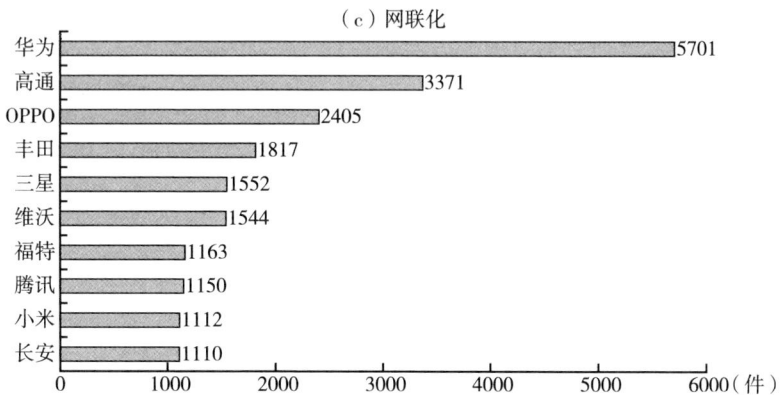

（c）网联化

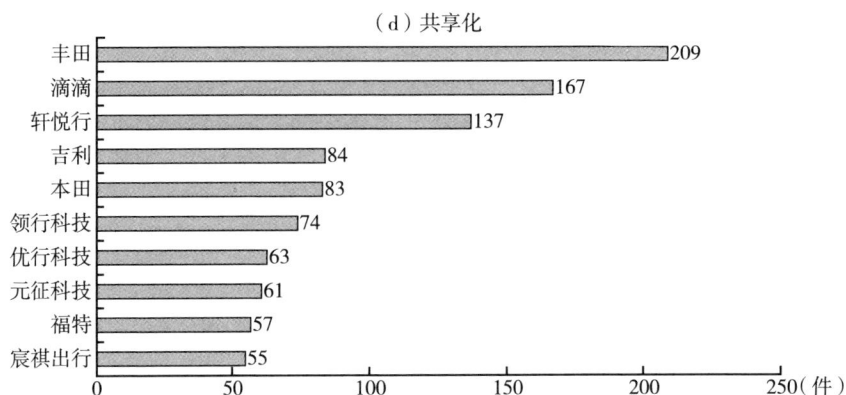

（d）共享化

图9　2022年"新四化"专利申请人排名

资料来源：全球汽车专利大数据平台。

（三）重点领域专利技术发展分析

1. 动力电池

动力电池系统是新能源汽车的核心部件。近年来，得益于新能源汽车产业的迅速发展，中国动力电池产业生态也愈加完善。在2022年新能源汽车专利技术构成中，动力电池系统以49.18%的占比排名第一（见图10）。

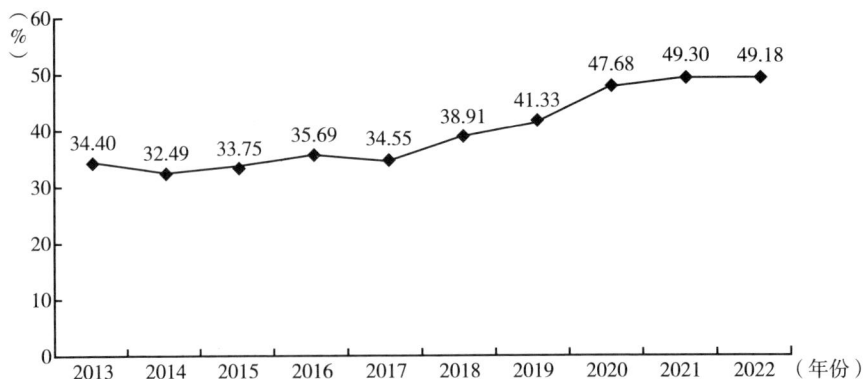

图10　2013~2022年电动化专利中动力电池系统专利占比变化

资料来源：全球汽车专利大数据平台。

其中，电池系统与结构、锂离子电池及电池管理系统是专利布局的重点。值得一提的是，近年来锂价暴涨与锂资源紧张等问题凸显，以及 2021 年电池头部企业宁德时代发布第一代钠离子电池，迅速激发了市场对钠离子电池的热情，我国钠离子电池相关专利申请量从 2021 年的 132 件大幅增长至 2022 年的 1007 件（见图 11）。

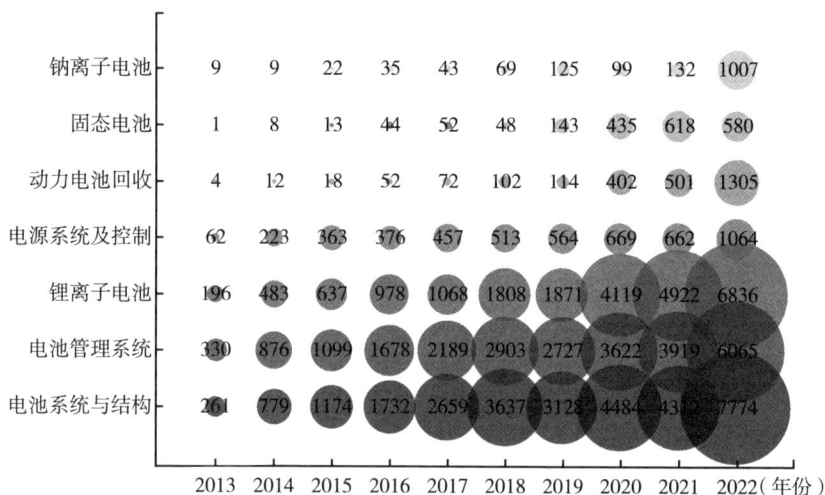

图 11　2013~2022 年动力电池专利重点布局领域（件）

资料来源：全球汽车专利大数据平台。

2. 充换电系统

近年来，新能源汽车保有量的持续增长助推了充电设施需求的增长。在电动化专利中，充电系统的占比仅次于动力电池（见图 12）。

从 2013~2022 年充电系统专利重点布局领域可以看出，目前我国主流的充电技术为传导式充电和换电，其中传导式充电一直是研究的热点，专利申请量自 2017 年起就保持在 3000 件以上，而换电直到 2022 年才有了明显进展，专利申请量从 2021 年的 914 件迅速增长至 2022 年的 2100 件。虽然 2013~2019 年无线充电的申请量均高于换电，但由于无线充电存在充电效率低、安装成本高等问题，在近几年的发展趋于平缓。此外，我国从

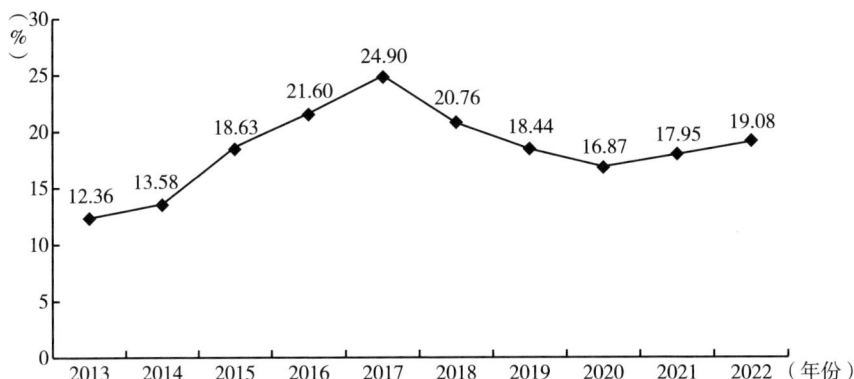

图 12　2013～2022 年电动化专利中充电系统专利占比变化趋势

资料来源：全球汽车专利大数据平台。

2022 年开始大力开展光储充系统的研究与建设，光储充系统的专利申请量也有了明显增长，2022 年已达 136 件（见图 13）。

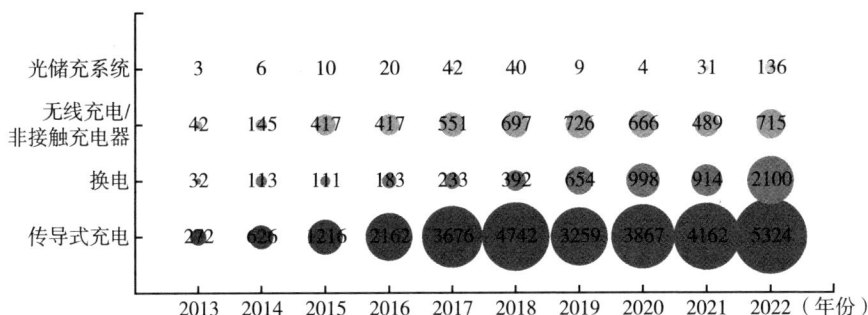

图 13　2013～2022 年充电系统专利重点布局领域（件）

资料来源：全球汽车专利大数据平台。

3. 基础感知部件

精准的感知信息是智能化车辆能够做出安全准确决策的基础，因此基础感知部件是智能化车辆中的专利布局重点。经历 2013～2018 年的快速发展期后，目前我国汽车产业在基础感知部件方面的技术已趋于成熟（见图 14）。

智能化车辆的感知技术大致可以分为以"毫米波雷达+摄像头"为核心的机器视觉感知路线和以"高精地图+激光雷达"为核心的传感器路线。在

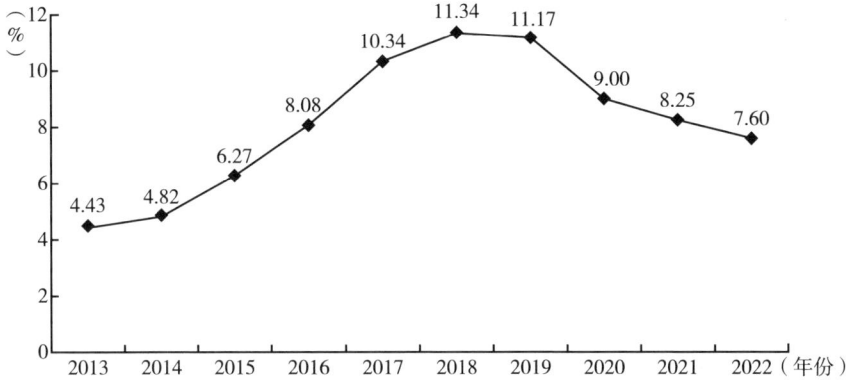

图14 2013~2022年智能化专利中基础感知部件专利占比变化趋势

资料来源：全球汽车专利大数据平台。

专利布局领域中也可以看出，激光雷达作为技术密集型产品一直都是申请人的研发重点，而近几年毫米波雷达与摄像头的专利申请量增幅已趋于平缓（见图15）。

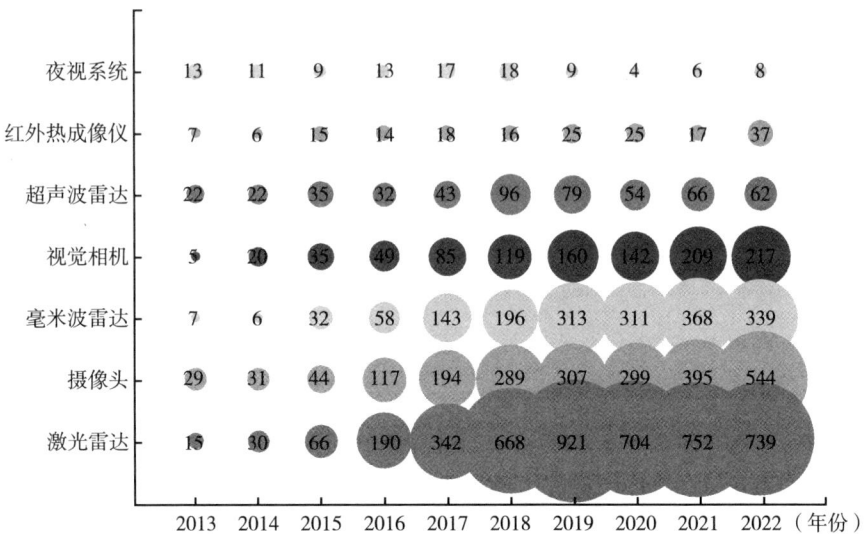

图15 2013~2022年基础感知部件专利重点布局领域（件）

资料来源：全球汽车专利大数据平台。

4. 车辆通信技术

车辆通信技术是网联车辆与周围环境信息交流和共享的核心，2013～2020年，车辆通信技术在网联化专利中一直保持较高的占比并持续上升，2020年占比达到高点50.71%后有所降低（见图16）。

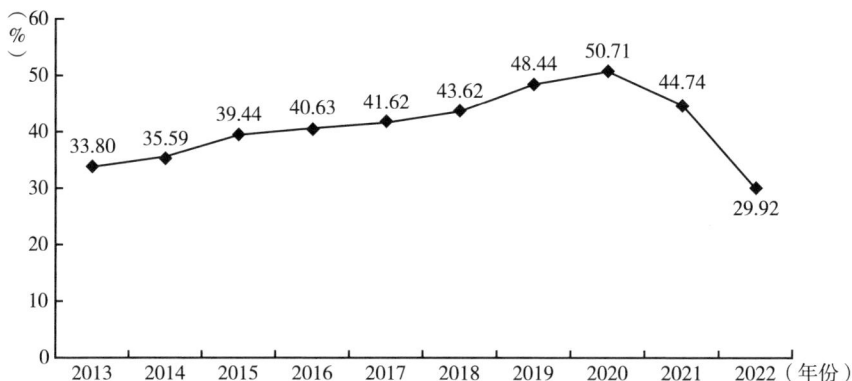

图16　2013～2022年网联化专利中车辆通信技术专利占比变化

资料来源：全球汽车专利大数据平台。

V2X是车联网中最早开始发展也是应用最广泛的技术。随着近年来5G技术逐渐普及，2019年5G相关通信技术专利申请量相比2018年增长近一倍，并在2019～2021年集中布局，2022年专利申请量才有所下降。而射频识别、WiFi、蓝牙等无线传输技术受限于传输距离短，在车辆通信技术中占比较小（见图17）。

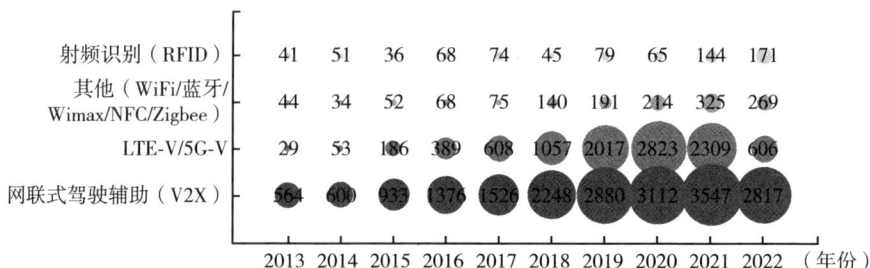

图17　2013～2022年车辆通信技术专利重点布局领域（件）

资料来源：全球汽车专利大数据平台。

5. 芯片技术

在汽车"新四化"浪潮的推动下，中国新能源汽车产业发展突飞猛进。从2020年9月累计产量突破500万辆，到2022年2月突破1000万辆，再到2023年7月超2000万辆，发展速度之快令全球瞩目。在新能源汽车渗透率快速提升的同时，芯片短缺正成为新能源汽车行业的"卡脖子"难题。

近年来，我国各企业纷纷入局造芯产业，攻关芯片技术问题。从汽车行业芯片领域专利申请量可以看出，2019~2022年专利申请量增长迅速，2022年专利申请量达447件，约为2018年的10倍（见图18）。

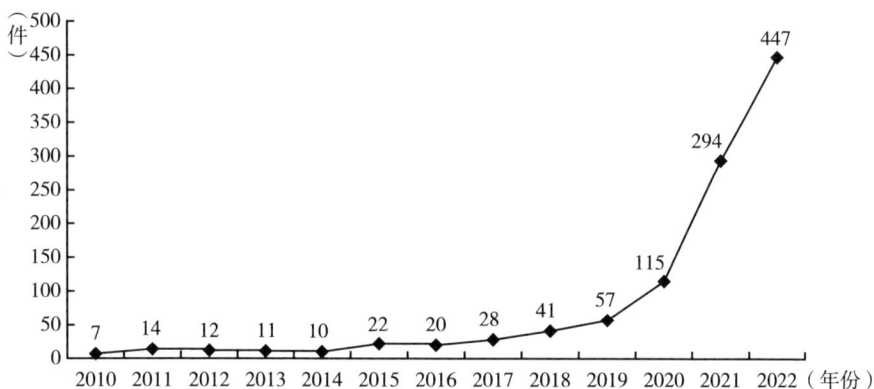

图18　2010~2022年汽车行业芯片领域专利申请量变化

资料来源：全球汽车专利大数据平台。

从芯片领域专利申请量排名可以看出，排名前十的申请人基本是科技类公司；相对于整车企业，通信类科技公司在芯片领域的研发投入力度更大。其中，小米汽车科技有限公司、OPPO广东移动通信有限公司、华为技术有限公司芯片领域专利申请量处于领先位置（见图19）。

从我国汽车"新四化"专利布局趋势可以看出，我国对新能源汽车和智能网联汽车的研究还在持续升温。在新能源汽车领域，钠离子电池、固态电池、换电、光储充系统等仍然具有较大的发展空间和广阔的市场前景，预计在未来几年仍是企业研究热点。

在智能网联汽车方面，为了提升智能决策的运算能力和可靠性，并提高

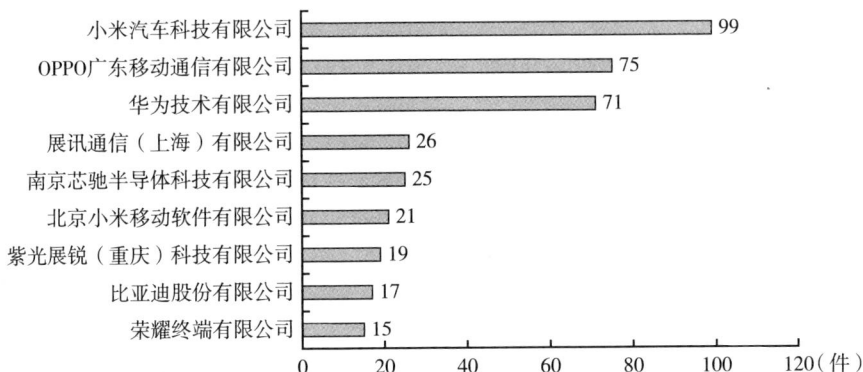

图 19　2022 年汽车行业芯片领域专利申请人排名

资料来源：全球汽车专利大数据平台。

用户的驾驶和乘车体验，人工智能算法、激光雷达、域控制器、智能座舱等领域仍是抢占行业竞争制高点的关键领域。

三　汽车产业科技创新领域专利应用态势

（一）汽车产业科技创新领域标准化概况

我国新能源汽车相关标准经历了近 20 年的发展，涵盖整车、基础通用、关键部件、能源补充系统四大板块，已经形成较完善的标准体系。当前，换电技术标准体系正在研究编制中，推动换电电池尺寸、换电接口、通信协议等标准统一；针对燃料电池汽车，为完善燃料电池汽车及其核心部件的性能，我国正在加快燃料电池、新能源汽车能耗及续航里程等整车标准，以及燃料电池发动机性能试验方法等关键系统部件的标准研究。

在智能网联汽车领域，工业和信息化部、国家标准化管理委员会联合修订并印发《国家车联网产业标准体系建设指南（智能网联汽车）（2023版）》，充分考虑智能网联汽车技术深度融合和跨领域协同的发展特点，设计了"三横二纵"的技术逻辑架构，针对智能网联汽车通用规范、核心技术与关键产品应用，构建包括智能网联汽车基础、技术、产品、试验标准等在内的智能网联汽车标准体系。

在《国家标准化发展纲要》《新能源汽车产业发展规划（2021—2035年）》等文件的要求下，我国汽车电子、汽车芯片、碳排放、汽车安全、零部件等领域的标准化工作也在稳步推进中。

（二）2022年专利许可试点工作实施情况

1. 近几年专利许可数量处于波动状态

截至2023年，汽车领域专利许可总量为8910件。梳理2004~2023年全国汽车科技创新领域专利许可变化趋势可以得知，2009~2011年，专利许可数量实现了爆发式增长，主要归因于2008年对《中华人民共和国专利法》的修正，其中规定"任何单位或者个人实施他人专利的，应当与专利权人订立实施许可合同，向专利权人支付专利使用费。被许可人无权允许合同规定以外的任何单位或者个人实施该专利"。与原专利法进行比较可以发现，2008年修改后的专利法删除了"书面"二字，使订立许可合同的形式不再局限于书面合同，简化了许可的流程。2012~2016年，汽车科技创新领域专利许可数量逐年下降，2016年降至最低点，仅为242件。在此之后，专利许可数量呈波动态势（见图20）。

2. 专利公开到许可的周期缩短

专利从公开到许可的周期，可以反映科技成果从专利公开向许可实施应用的效率。2022年汽车科技创新领域专利许可总量为419件。2015年之后公开的专利数量较多，尤其是2020~2022年公开的专利数量较多（见图21），这表示2022年汽车科技创新领域许可的专利大部分是近三年公开的专利技术，并且近年来汽车科技创新领域专利技术一经公开就会受到行业关注，吸引对技术有需求的企业寻求专利许可，汽车领域专利的运营效率较高，大部分专利技术从"实验室"公开走向"应用场"实施的周期较短。

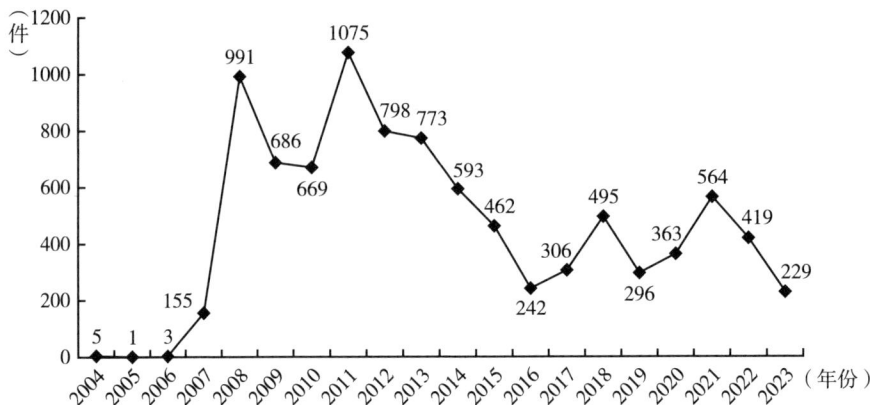

图20 2004~2023年全国汽车科技创新领域专利许可变化

资料来源：全球汽车专利大数据平台。

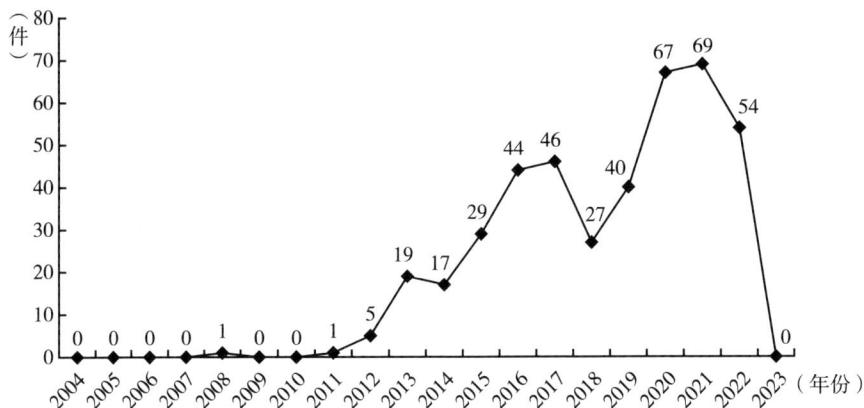

图21 2004~2023年专利许可公开量变化

资料来源：全球汽车专利大数据平台。

3. 汽车领域专利许可集中于沿海地区

由于沿海地区汽车产业相较于内陆地区更为发达，每年的专利申请及公开数量较多，技术发展更为成熟，科技创新成果更为丰富，因此专利许可主要集中于苏浙沪地区。此外，京津冀地区也拥有大量专利许可，两广地区专利许可数量相对较少（见表1）。沿海地区企业专利运营意识更强，能及时通过专利许可的运营方式获取技术，降低企业研发成本。

表1　2022年专利许可地域分布

单位：件

省（区、市）	数量	省（区、市）	数量
江苏	118	上海	10
北京	92	山东	9
浙江	76	湖北	8
广西	16	河北	7

资料来源：全球汽车专利大数据平台。

4. 高校及科研院所的专利许可数量有待提升

从图22、图23可以看出，北汽福田汽车股份有限公司于2022年许可北京智科车联科技有限公司60件专利，而北京智科车联科技有限公司是北汽福田汽车股份有限公司的全资控股子公司。国有企业通过专利许可的方式帮助子公司快速获取专利技术，抢占市场先机。

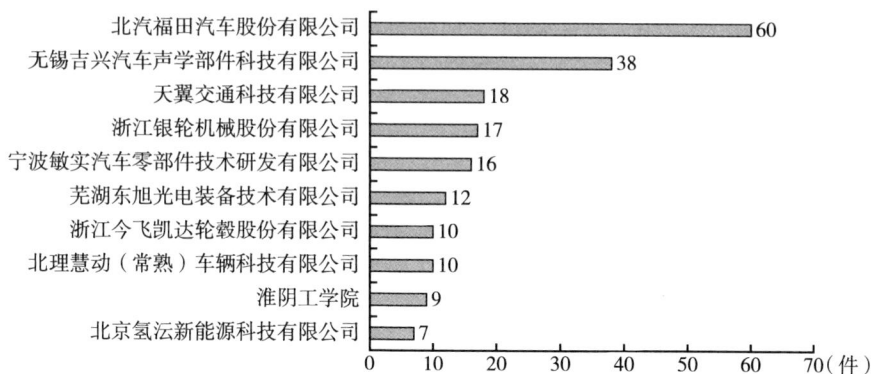

图22　2022年专利许可的许可人分布

通过对专利许可的前十名进行分析，其中仅淮阴工学院一家高校，其余许可方均为企业，这说明高校及科研院所作为科技创新研发主力在专利运营方面的意识有待提升，尤其是可以通过专利许可的方式，将技术快速转化为生产力，提高汽车产业的综合实力。

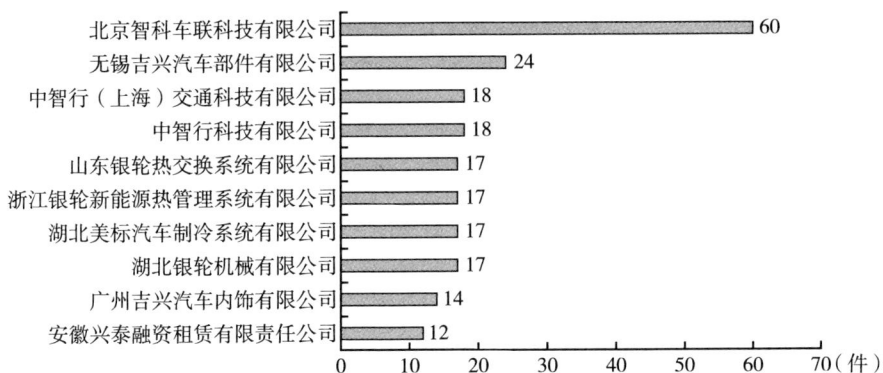

图 23　2022 年专利许可的被许可人分布

资料来源：全球汽车专利大数据平台。

5. 汽车领域许可专利侧重于新能源汽车技术领域

截至 2022 年，我国新能源汽车的保有量已超过 1000 万辆。伴随新能源汽车的快速崛起，新能源汽车技术领域的专利申请及运营数量也在快速增长，从图 24 可以看出，汽车领域专利许可主要集中于新能源汽车电池组及

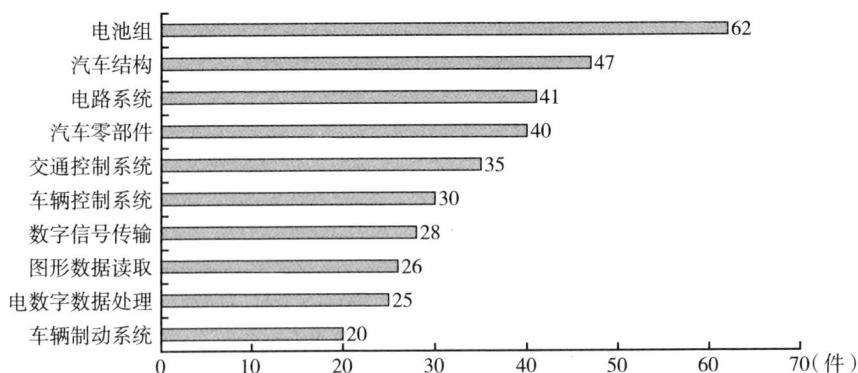

图 24　2022 年专利许可技术分布

资料来源：全球汽车专利大数据平台。

电路系统，汽车结构及汽车零部件的技术分支上也拥有较多专利许可，汽车控制技术方向的许可数量较少。从专利技术的分布可以看出，新能源汽车电池技术是目前汽车行业发展重点，尤其是新能源汽车的动力电池及相关电路系统。

（三）高质量核心专利技术成果转化案例

1. 2022年华为签署20多项专利许可协议

2022年华为签署了20多项全新或延长的专利许可协议，涵盖智能手机、网联汽车、网络和物联网技术。华为已向包括梅赛德斯－奔驰、奥迪、宝马和保时捷在内的顶级汽车制造商授权技术，寻求将其专利库转化为新的收入来源。上述专利许可授权协议于2022年下半年达成，这意味着全球每年生产的7000万辆汽车中，有1500万辆将使用华为技术。除了上述四家德国汽车制造商，华为还与日本的斯巴鲁、法国的雷诺、意大利的兰博基尼和英国的宾利签署了授权协议。

2023年，华为向大约30家中小型日本公司收取专利技术的许可使用费。除了日本，华为在东南亚地区拓展专利许可范围，从侧面印证了中国企业在通信行业及汽车行业的话语权正在增加。

华为积极开展许可活动，通过积极许可促进创新、标准化和知识产权保护，维护了产业良好的创新环境，推动企业间相互认可知识产权价值，促进高价值标准技术研究"投入—回报—再投入"的创新正循环，提升产业的可持续创新能力，为消费者提供更多有竞争力的产品和服务。

2. 博泰与华为宣布达成专利交叉许可

2022年12月28日，博泰车联网科技（上海）股份有限公司与华为技术有限公司达成专利交叉许可及相关合作协议，协议涵盖双方在智能网联汽车领域的全球专利许可。达成协议并缴纳许可费后，博泰将获得华为通信领域的知识产权授权以及在车机领域的交叉授权，博泰的产品将获得华为公司在全球范围内的许可，使用博泰产品的整车企业将无须重复支付专利许可费用。

博泰车联网成立于 2009 年，是一家综合型智能座舱解决方案提供商及智能网联运营服务商，公司自创立之初即重点投入研发，形成了超过 6400 项知识产权，其中超过 4300 项为发明专利，并在坚持核心技术自研的基础上不断寻求与其他企业进行深层次合作，此次专利交叉许可及相关合作协议的签署，标志着博泰成为国内首个获得华为通信领域标准必要专利 SEP (Standard Essential Patent) 及一系列相关技术许可的车联网一级供应商，并进一步巩固了双方在智能网联汽车领域知识产权的优势地位。

四　对策建设

（一）探索产业发展趋势，促进高质量发展

近年来，我国汽车行业相关领域专利申请量持续上升，发明专利占比过半；行业主要参与企业重视科技创新类专利申请，其中发明专利授权占比逐年增长，专利质量稳步提升。

伴随"新四化"的发展，汽车技术革命进入下半场。"新四化"当中，电动化是基础和关键，网联化则体现了消费需求。中国是最大的新能源汽车市场，也是最大的应用数据市场，正以此为基础推动智能化发展，加速向自动驾驶迈进。汽车的智能化和网联化是汽车行业的发展趋势，但是目前仍缺乏明确的商业模式、行业标准与制度。应当以市场为导向，围绕车联网产业集聚和落地应用，拓展车联网应用场景与商业模式。

（二）发挥协同创新作用，共同解决行业难题

目前入局造芯的企业以科技型企业为主，还包括造车新势力及传统车企。相对来说，科技型企业研发投入和专利产出更多。造芯不仅技术门槛高，研发、量产周期长，还需要持续和稳定的经营策略，每个环节缺一不可，造芯的难度远远大于造车。而通过合资或投资的方式入局造芯，在一定程度上可以降低风险，车企还能借助对方的技术提高研发的成功率。

芯片研发属于基础性研究，创新主体数量较多，企业、高校、研究机构等创新主体都参与其中，但相互之间缺乏交流合作。可以通过建立相关平台和合作机制，提升各主体协同创新水平，共同解决行业发展难题。

（三）完善专利运营机制，助力技术转移转化

目前我国专利许可试点工作开展情况良好，从 2009 年开始，专利许可数量大幅提升，但是从总量来看，许可数量不多，汽车领域专利许可主要集中于沿海地区。专利转化缺乏有效运营机制，专利转化交易量较少。

可以根据产业发展和市场竞争需求，探索建立标准，完善专利运营机制，建立知识产权运营平台，通过专利的许可、交易、转让和资本化等多种运营手段，助力技术专利转化的同时提升知识产权资产收益，推动行业发展。

参考文献

《中汽学会知识产权分会、IMT-2020（5G）推进组等联合发布"汽车行业标准必要专利许可指引"》，"中国汽车报"微信公众号，2022 年 9 月 13 日，https：//mp. weixin. qq. com/s/7pEEPiDe0WUfjQ2Y7MPkaw。

《与宝马、奔驰等车企达成专利授权，华为"渗透"传统巨头谋图盈利》，腾讯网，2022 年 12 月 30 日，https：//new. qq. com/rain/a/20221230A016TZ00。

《华为向约 30 家日企收取专利费，相关人士：印证中企在通讯行业话语权增加》，"环球网"百家号，2023 年 6 月 20 日，https：//baijiahao. baidu. com/s? id＝1769173240 362871692&wfr＝spider&for＝pc。

《博泰车联网与华为达成专利交叉许可协议》，证券时报网，2022 年 12 月 28 日，https：//www. stcn. com/article/detail/764125. html。

《携手创新，博泰车联网与腾讯智慧出行签署战略合作协议》，"AI 云科技"搜狐号，2023 年 6 月 8 日，https：//www. sohu. com/a/683194460_121489117。

B.16

AI for Industry：大模型与汽车产业
融合创新发展的前景分析

鹿文亮　王月*

摘　要： ChatGPT 的成功验证了人工智能大模型的巨大发展潜力，目前，人们正在探索大模型在产业中的应用。汽车产业正处于加速变革时期，需要引入新的技术来提升产业的科技创新能力，因此汽车产业也成了大模型重要的应用领域。汽车车型外观设计、智能制造、智能座舱和自动驾驶等多个方面都有望通过大模型的应用来提升研发生产效率和车辆的智能化程度。然而，大模型的产业应用总体处在早期的尝试探索阶段，企业还需选择适当的研发方式，找准核心应用方向，推动大模型与汽车产业的深度融合。

关键词： 人工智能大模型　汽车产业　产业应用

2023 年来，ChatGPT 的火爆让人们认识到了人工智能（AI）大模型的智能化能力，大模型是 AI 领域中最为重要的技术之一。传统 AI 时代下，一个场景对应一个模型，存在模型参数量小、泛化性差、维护困难、行业人才短缺等问题，但过去几年，AI 算法的算力需求提升了 40 万倍，模型复杂度持续提升，随着计算能力的提升和数据量的增加，大模型的训练和应用变得更加可行和有效，其可以通过学习大规模数据集来提取更复杂的特征并进行更准确的预测。

---

* 鹿文亮，博士，中国科学院科技战略咨询研究院高级工程师，主要研究方向为新能源与智能汽车产业；王月，博士，北京工商大学嘉华学院副教授，主要研究方向为汽车产业科技创新。

随着通用大模型的发展，垂直类大模型也开始"爆发"，人工智能的产业应用（AI for Industry）展现了前所未有的活力，当下正处于智能化革新浪潮中的汽车产业是大模型应用的重要领域。东风日产、红旗、长城、吉利等近 10 家车企与百度的文心一言合作，吉利、智己等车企接入阿里巴巴通义千问大模型，奇瑞与华为合作智选车型 Luxeed，搭载接入盘古大模型的鸿蒙系统（Harmony OS）。还有的车企正发力自研汽车领域垂直大模型。其中，奇瑞、长城、蔚来、小鹏均申请注册了 GPT 相关商标，透露了入局大模型的意图，理想汽车则已经推出自研认知大模型 Mind GPT，广汽集团宣布将推出 AI 大模型平台。本报告在介绍大模型相关情况的基础上，着重分析大模型对于汽车产业创新发展的作用，以期为汽车产业的决策者和从业者提供全面的洞察和参考。

一　大模型的发展背景及现状

大模型的发展背景可以追溯到近年来深度学习和 AI 技术的快速发展。随着计算能力的提升和大数据的涌现，深度学习在诸多领域中展示出强大的能力，如计算机视觉、自然语言处理和语音识别等。然而，传统的深度学习模型存在一些限制，如泛化能力差、数据需求量大、训练时间长等。为解决这些问题，研究人员开始探索构建更大、更复杂的神经网络结构，从而引出了大模型的概念。大模型多指拥有数十亿个参数的深度学习模型，通过增加网络层数、参数量和计算量，进一步提升了模型的表达能力和学习能力，这些大模型在处理复杂任务和大规模数据时展现了优势，并在一些领域取得了引人注目的突破和成果。

大模型在 AI 领域取得了显著的发展和应用。数据需求量的增长、计算能力的提升、深度学习算法的进步、预训练和迁移学习的兴起，以及开源框架和模型共享等因素共同推动了大模型的发展。在自然语言处理任务中，大语言模型取得了重要的突破。目前最先进的自然语言处理模型，如 ChatGPT、盘古 Sigma 在生成自然语言文本方面展现出惊人的创造力和语言能力。在计算机视觉领域，大模型也有广泛的应用。例如，Meta 的 DetecRon 模型在目标检测任务中取得了显著的成果，Google 的 BERT 模型在图像分类和标注任务中表现出优异的性能。在强化学习方面，大模型也发挥了重要作用。例如，DeepMind 的 AlphaGo 和 AlphaZero 等模型在围棋、国际象棋和其他复杂游戏中战胜了顶级人类选手，展示了大模型在决策和策略规划中的强大能力。在预训练和迁移学习方面，大模型可以从大量的无标签数据中学习到有用的特征标识，为各种任务提供了更好的起点。例如，OpenAI 的 CLIP 模型可以同时处理图像和文本，并在多个视觉和语义任务上展现了优异的性能。

大模型在各个领域的发展速度令人惊叹，取得了显著的成果和突破。研究者正在继续探索和应用各种技术，提高大模型的可解释性，提高对其决策的信任度，促进大模型在诸多领域的应用。随着技术的进步和相关问题的解决，大模型将进一步推动人工智能的发展，为实现更智能、高效和创新的应用场景提供更强有力的支持。

二 AI for Industry 中的大模型架构

国内部分企业在 AI 和大数据领域有着丰富的经验和技术实力，并且在大模型的研究和应用方面取得了一定的成果。目前国内已有 10 余家企业在战略布局大模型，主要包括百度、阿里、腾讯、商汤、科大讯飞、字节跳动、华为、美团等。这些企业的大模型通常都具有千亿参数规模，有了这些大模型，相关企业能够利用海量数据进行训练，提升算法的精度和效果，为用户提供更智能、更个性化的产品和服务。

AI 技术特别是大模型的发展将深刻影响传统科学研究与行业应用。在科研方面，AI 与科学的融合称为"AI for Science"，借助 AI 的技术优势，"AI for Science"可将数学计算和科学模型结合，高效处理海量数据，使传统的科研过程变得自动化、规模化、并行化和平台化，从而解决原来传统科学研究范式无法解决的问题，帮助突破科研瓶颈。以华为的盘古大模型为例，其在气候和环境科学（天气预测等）、生物制药和生命科学（新药研发、蛋白质结构预测等）、流体力学（汽车或飞机的气动设计等）、电磁学（电磁仿真等）等科研领域都有相关应用。比如，在气象预报领域，盘古气象大模型可以在秒级时间内完成未来全球1个小时到7天的天气预报。

在产业方面，随着大模型的普及，各行各业的开发者不必从零开始，只需在云上找到自己所需的模型，然后针对行业场景，结合行业小数据微调即可获得满足需要的高性能、高精度的AI模型。这种开发方式将促进AI的批量化落地应用。以华为的盘古大模型为例，其把各行各业的知识融合，围绕金融、制造、政府、电力、煤矿、医疗、铁路等10多个行业，支撑了400多个业务场景的AI应用。

由于功能和定位的差异，大模型在不同的领域有各自适用的使用场景和应用范围。华为推出的盘古大模型更偏向产业应用端，针对大模型的基础架构和行业应用管理，华为提出了AI for Industry的四层架构，目的是在不同层面构建不同的能力。最底层是基础设施，需要数据中心、服务器、图形处理器（GPU）等硬件基础设施，提供计算、网络、存储等智算能力；上面一层是基础大模型，以海量基础知识的学习为基础，包括视觉（CV）大模型、自然语言（NLP）大模型、多模态大模型、科学计算大模型；中间层是基础模型与行业数据结合，进行混合训练后的行业大模型，包括矿山、电力、气象等大模型；最顶层是面向行业的场景模型，针对不同的行业、不同的场景进行专项知识和经验的训练，如金融产品分析、电力巡检等（见图1）。

就具体应用而言，在智慧城市建设中，大模型可以用于城市交通管理、智能安防、环境监测等领域。通过分析大量的交通数据、视频数据和气象数据，实现交通优化、智能监控和环保管理，提升城市治理的效率和质量。在金融领域，大模型可以用于风险管理、金融交易分析、信用评估等。通过分析大量的金融数据和用户行为数据，大模型可以提供更准确的风险预测和投资建议，帮助金融机构提升风险控制和决策能力。

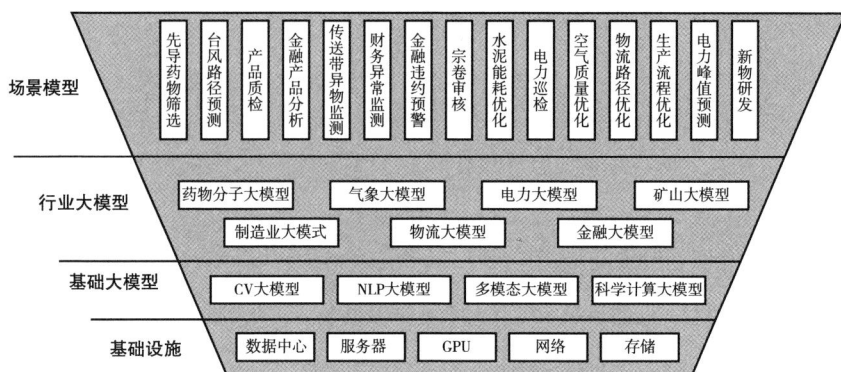

图1　大模型应用到行业的系统架构

在医疗健康领域，大模型可以用于医疗影像分析、医疗诊断辅助、个性化医疗等。通过学习和分析大量的医疗数据和临床数据，大模型可以提供更准确的疾病诊断和治疗方案，提高医疗质量和个性化的医疗体验。在零售领域，大模型可以用于商品推荐、价格优化、客户细分等。通过分析大量的销售数据、用户购买历史和行为数据，大模型可以提供个性化商品推荐和定价策略，提升销售额和用户满意度。除了以上领域，大模型还在广告营销、航空航天、物流和供应链管理、农业和食品等领域有重要的应用。

三　大模型与汽车产业的融合创新发展

目前，汽车产业正在经历新一轮的变革，其典型特征是智能化程度显著提升、创新迭代速度加快，车企加速了整车的开发流程，并不断引入新的智能化功能。为了提升创新发展能力，部分车企已经或者准备引入 AI 大模型，探索 AI 大模型与汽车产业的融合创新发展。基于 AI 大模型的能力特点以及汽车产业的创新方向，AI 大模型有望在汽车造型设计、智能制造、软件开发、智能座舱和自动驾驶等方面发挥关键作用。

（一）智能汽车的软件开发

在智能化、网联化变革趋势下，汽车逐步由机械代步工具向新一代移动智能终端转变。功能需求推动汽车电子电气架构由分布式向集中式升级，软件逐步获得全栈化、完整化的控制权限，实现汽车多元化的应用功能，成为定义汽车产品力的关键因素。软件将深度参与汽车的定义、开发、验证、销售、服务等过程，并不断改变和优化各个过程，实现体验持续优化、过程持续优化、价值持续创造。智能汽车中的代码量越来越大，软件开发在汽车开发中的工作量占比越来越高。软件开发本身就是将功能需求通过代码语言来实现的过程，编写代码正是大模型最为擅长的应用领域。目前，部分互联网公司已经采用大语言模型辅助程序员完成基础代码的编写，在车企内部的软件开发中，已经有部分整车企业公开宣布采用大模型来辅助车辆的软件开发。未来，大模型会广泛应用于智能汽车的软件开发，加速智能汽车的发展进程。

（二）辅助汽车造型设计

汽车的外观设计通常需要经验丰富的设计师凭借设计经验，经过多年的设计、细化、调整、验证才正式定稿，具有丰富经验的设计师紧缺，设计周期较长、成本较高。因此可以考虑将大模型引入汽车造型设计，让大模型学习大量优秀的汽车设计案例、定义设计风格、了解用户喜好，在短时间内快速生成多个设计方案，设计团队可以选择优秀的设计方案，再不断对细节进行优化，大幅提升设计效率。大模型可以通过学习经典车型并借鉴多位设计大师的设计经验，快速给出符合现代人审美的造型设计，同时兼顾风阻系数和功能性。

中央美术学院设计学院做过一个研究，实际对比了传统汽车设计流程与应用大模型后的设计流程。在概念生成阶段，大模型结合 ChatGPT 强大的文字处理能力和人工提供的研究关键词，只用了 3 天就完成了原本需要一周左右的框架建立工作。在方案生成阶段，使用开放平台Midjourney进行设计发散工作，并通过手工绘制渲染图和给出关键词的干预方式，用3天生成了超过3000个不同的发散方案，而以往的设计发散流程通常需要一到两周的时间。之后，引入图像处理类AI工具，对设计方案进行进一步的聚焦和精细化渲染。在过去，设计师完成一张精细化方案渲染图通常需要40分钟左右，而引入大模型后，这个时间缩短至5分钟。汽车设计流程的步骤三"方案确定"和步骤四"模型搭建"涉及实体模型制作和修改，尽管可以应用工具，但更多依赖设计师和模型师对设计方案的感性理解和丰富的实体模型制作经验。大模型在车型设计中能够提高方案生成的效率，减少设计师手动制作效果图的工作量，还可以帮助设计师进行必要的改进。在实际的应用中，小鹏汽车在"1024小鹏科技日"上透露，其已经开始探索利用大模型来设计整车外观，利用大模型5分钟便能设计出多个造型的概念图，车型风格既符合自身设计理念，又具备未来感、科技感。

（三）优化整车生产制造流程

智能制造作为制造业与大数据、AI、物联网等信息技术深度融合的场景，涉及的变量众多、数字化模型复杂，还有大量的行业知识，用普通的软件算法对生产制造流程进行优化难度较大、效果有限。大模型本身具备亿级的模型参数，有望在整车生产制造流程上发挥应用价值。

大模型在整车生产制造流程上的应用主要包括以下几个方面。一是应用于物料管理与流程优化。对复杂多样的零部件库存、供应商以及零部件物流进行管理，优化生产流程，确保稳定的生产供应。二是优化生产参数。在制造过程中，大模型可以实时收集和分析数据，如切削刀、主轴和进给电机的功率、电流、电压等信息，以监测设备的运行状态。基于这些数据，大模型可以辨识出刀具的受力、磨损状态及机床加工的稳定性，并根据这些状态实时调整加工参数（如主轴转速、进给速度）和加工指令，以提高加工精度、缩短生产线停工时间。三是故障预测与维护。基于对大量设备运行数据的分析，大模型能够预测设备的故障时间和类型，提前进行维护，避免生产线停工，从而节省维修成本并提高设备运行的安全性。四是打造数字孪生模型。数字孪生是物理生产系统的虚拟副本，大模型可以提高打造数字孪生模型的效率，使得制造商能够更好地理解并优化生产过程。通过监督和无监督的机器学习算法，数字孪生模型能够了解如何优化物理系统。这些算法有助于优化生产计划、改进质量和维护。经过"预训练+精调"的大模型通过物联网技术，对制造设备生产数据进行实时训练、解析和判定；通过智能终端对生产的全过程进行大数据可视化，以促进管理人员精准决策和生产流程可追溯。

（四）提升智能座舱语音交互体验

目前绝大部分汽车都配置了智能语音助手，但即使是能力较强的车型，仍然存在几个主要问题：一是人和语音助手的交互依然略显机械，不是人类最习惯的自然语言交互形式；二是"聊闲天"的能力强，实际操作的能力弱；三是技能局限于对车辆自身硬件与元素的调用。大模型技术的出现，使得车企与大模型供应商一起朝着让汽车的智能座舱同时拥有感知与认知能力，看懂车内人员的表情、手势，进而更深层次地理解人类更日常或者隐晦的表达的目标前进。

大模型走向汽车产业，最显著的就是与智能座舱的结合，主要应用的是AIGC 类大模型。AIGC 全称为 AI-Generated Content，中文译为"人工智能生产内容"，广义上可以理解为基于训练数据和生成算法模型，自动生成新的文本、图像、音乐、视频、3D 交互内容等各种形式的内容和数据。在大语言模型的加持下，语音助手可以更精确地听懂人类对话的含义，完成更复杂的任务，更准确地执行人类希望的操作。

通过 AIGC 类大模型分析驾驶者的面部表情和语音语调，可以进行情绪检测。例如，当驾驶者出现疲劳或紧张的情绪时，大模型可以及时识别并通过座椅振动或语音提示提醒驾驶者保持专注。驾驶者通过与语音助理进行对话，实现车辆控制、导航指引、音乐播放等操作，提供更便捷的智能交互体验。此外，大模型还可以通过获取驾驶者的生物参数和生理数据，如心率、血压以及皮肤电导等，监测驾驶者的健康状况。当发现身体不适或异常状态时，提供相应的建议，如调整座椅姿势、播放轻松音乐或提供驾驶道路上的休息场所。

多个企业正关注和探索大模型在智能座舱中的应用。奔驰将车载语音助手接入 ChatGPT，超 90 万名美国客户可通过 Mercedes me 手机应用或语音"Hey，Mercedes"参与 MBUX 智能人机交互系统测试计划。在国内，华为旗下的 HarmonyOS 智能座舱搭载于赛力斯问界 M5，能够与人、手机、智能家居、智能手表等进行无缝流转，实现"车联万物"。极越汽车发布的首款汽车机器人极越 01 搭载了百度的文心一言大模型，使用户与车机的对话更接近与真人的对话。小鹏汽车也将在下一代天玑 XOS 中将语音助手小 P 接入 XGPT 灵犀大模型。部分计划将大模型引入智能座舱的品牌和车型见表 1。

表 1   部分计划将大模型引入智能座舱的品牌和车型

整车品牌	车型	大模型供应商
长安、长城、红旗、零跑、岚图、东风日产等	—	百度文心一言
理想汽车	L 系列	自研 MindGPT
小鹏汽车	G6、G9、X9	XGPT 灵犀大模型
广汽	星铂 GT	科大讯飞星火大模型
吉利	银河 L6	自研
智己	LS6	自研
奇瑞	星纪元	科大讯飞星火大模型
赛力斯	问界 M9	华为盘古大模型

资料来源：根据网上公开资料整理。

（五）实现高等级自动驾驶

早期自动驾驶方案以传统计算机视觉和专家系统为基础构建辅助驾驶功能，随后 AI 的蓬勃发展让深度学习在自动驾驶领域被广泛使用，以

Waymo 为代表的自动驾驶开创了"激光雷达+高精度地图"的感知范式，Cruise、百度等巨头纷纷加入。该方案中，对道路结构、车道线等静态环境元素的感知依赖高精度地图，而实时的动态、静态障碍物信息则依赖激光雷达。高精度地图成为一项"基础设施"，将很多在线难以解决的问题提前存储到地图数据中，在行车时作为一项重要的感知数据来源，减轻传感器和控制器的压力。

近年来，自动驾驶技术已经进入以鸟瞰图（Bird's Eye View，BEV）和 Transformer 大模型为核心的新一代技术框架，自动驾驶感知能力和泛化能力实现了飞跃式提升。在"BEV+ Transformer"架构下，智能驾驶越来越接近"像人一样驾驶"，BEV 视角可以将不同传感器的信息统一表达在同一平面上，由系统集中处理多种传感器的数据，这使 BEV 视角可以获得更全面的场景信息，帮助车辆更加准确地感知周围环境。

Transformer 大模型有两大特点，使其完美适应自动驾驶领域。一是 Transformer 大模型是一种"遇强则强"的深度网络模型，这具体表现为其对数据量的饱和区间较大。Transformer 大模型可以充分发挥大数据的价值，但需要海量数据的支持。有研究发现，当预训练数据集扩充到 1 亿张图像时，训练后的 Transformer 大模型的性能开始超过卷积神经网络（CNN）模型，而当数据集扩充到 10 亿张图像时，两者的性能差距变得更大了。数据是驱动自动驾驶迭代的核心，这意味着 Transformer 大模型正好能够与自动驾驶海量数据场景相匹配。二是 Transformer 大模型对图像中的扰动以及遮挡等情况具备很强的泛化性，模型经过训练后，应用新数据可以做出准确预测，能够提升自动驾驶的稳定性，避免特殊场景对使用体验的影响。具体来看，在自动驾驶感知识别中，由于雨雪天气、视觉遮挡以及重叠等原因，CNN 模型会出现错误的判断，而 Transformer 大模型针对这类问题则具有更好的处理性能。

Transformer 大模型给特斯拉带来的技术提升是非常明显的。2021 年特斯拉推出 BEV 与 Transformer 大模型结合的"重感知、轻地图"的自动驾驶解决方案。BEV 通过神经网络将各个摄像头和传感器获取的信息进行融合，生成基于俯视的"上帝视角"的鸟瞰图,同时加入时序信息,动态地对周边环境进行感知输出,不存在距离尺度问题和遮挡问题,使得算法可以直观地判断车辆在空间中的位置以及与其他障碍物之间的关系。BEV 与 Transformer 大模型结合,可以提供远强于传统自动驾驶算法的感知能力,成为自动驾驶领域的前沿技术。Transformer 大模型可以基于全局视野,预训练出一些能够对物体深度信息进行准确感知和预测的算法模型,逐步实现"2D 图像—3D 空间—4D 空间"的搭建,让世界看起来更真实。在规控方面,特斯拉则利用车主数据,从 Transformer 大模型预训练多套算法模型,这些算法模型可以模拟各种复杂场景下驾驶者的博弈策略,保证自动驾驶的安全性、舒适性与高效性。

目前,大模型的快速发展推动自动驾驶能力持续提升,自动驾驶开发呈现大数据、大模型、大算力的新特征。首先,在自动驾驶模型训练方面,原有的实际道路测试和人工数据可以通过大模型进行自动标注,标注的规模更大、质量更高。大模型可以利用较高的内容生成能力自动生产海量的训练数据,通过虚拟仿真加速训练过程。其次,在自动驾驶感知方面,大模型的感知能力更强,在网络环境较好的区域,甚至可以实现车端、云端同时处理海量的感知数据,从中提取有用的特征,并学会如何区分不同的物体和场景。最后,在决策方面,大模型可以利用其强大的推理和学习能力,理解复杂的交通规则和场景,预测其他交通参与者的行为,从而优化自动驾驶的决策和规划。此外,大模型可以通过端到端的训练方式,直接学习从感知到决策的映射关系,简化自动驾驶的开发流程。大模型还有助于增强自动驾驶系统的安全性和鲁棒性。自动驾驶需要面对各种复杂和不确定的环境因素,如天气变化、道路破损、突发事件等。大模型可以通过学习大量的驾驶数据,了解各种情况下的驾驶策略和风险,从而提高自动驾驶的安全性和稳定性,通过对抗训练和鲁棒性优化等方法,增强系统对于攻击和干扰的抵抗能力。

部分头部企业已经开始探索大模型在自动驾驶领域的应用,并落地了部分环节。华为云在内蒙古自治区乌兰察布发布的自动驾驶开发平台内置盘古大模型，可以将华为和其合作伙伴在汽车产业的多年经验与盘古大模型等新技术进行深度结合，提供更加敏捷高效的自动驾驶全流程开发平台，加速自动驾驶系统的量产。毫末智行推出 HPilot 3.0 系统，称该系统为中国首个大规模量产的城市辅助驾驶导航系统。在大模型的加持下，模型训练成本降低 60%，加速比超过 96%，标注 AI 自动化率已达到 80%，大幅度降低了标注费用，并将无图辅助驾驶产品的成本降到了千元级别。

四　大模型与汽车产业融合的条件与问题

（一）构建产业大模型的关键条件

企业应用大模型需要一定的条件，主要包括数据基础、强大的计算能力、AI 技术团队、数据隐私与安全保护能力、应用场景整合能力以及长期支持和持续创新的能力。从汽车企业的特点出发，要想用好大模型，需要具备以下几个能力。

一是具备海量数据的采集、处理和贯通能力。汽车企业需要具备丰富的车辆和驾驶数据，包括传感器、车辆状态、驾驶行为等多源数据，并进行有效的数据清洗、整合和存储。足够的样本数量是进行大模型高质量训练的前提，也是支持大模型优化的基础。

二是具备强大的计算能力。大模型的训练和推理过程通常需要大量的计算资源和高性能的硬件。汽车企业需要具备强大的计算能力，包括高性能的处理器、大规模的存储和高速的网络连接，以支持大模型的训练和部署。

三是具备建立适应自身业务发展的基础模型的能力。汽车企业需要拥有专业的 AI 团队，了解汽车产业的需求和问题，同时在数据科学、机器学习、深度学习等领域具备丰富的经验和技术实力，能将 AI 技术应用于具体的业务场景，提出适应自身业务发展的基础模型。

总的来说，要在汽车产业中应用大模型，企业需要具备数据采集与处理能力、拥有强大的计算资源并建立适应自身业务的基础模型。对于产业头部企业来说，它们可以自己独立部署大模型，支持集团业务的发展。但对于大多数企业来说，它们通常选择与云计算企业、大模型企业合作，通过采购云服务的方式来应用大模型。

（二）大模型应用存在的问题

目前，汽车领域对大模型的应用还处在早期探索阶段，实现向深层领域应用推进的目标仍然任重而道远。因此，汽车企业在应用大模型方面还需慎重决策，应注意以下问题。

一是对企业的投入与产出的衡量。大模型的功能越复杂，对企业持续投入的要求越高。对于汽车企业来说，在应用大模型之前，充分评估投入与产出是至关重要的。大模型应该用于最核心业务环节，集中资源和精力在那些对企业最关键的业务和问题上，以确保投入能够最大化地产出。

二是评估自建或与合作伙伴合作的优势。在应用大模型的方式上，企业可以选择自建大模型或与合作伙伴共享大模型。自建大模型可以使汽车企业完全掌控数据和算法，确保数据的安全和隐私，并能够根据自身需求定制模型，以满足特定的业务需求，并且企业能够逐步积累内部技术经验，进行独立的研发和创新。但大模型的开发和推出时间较长，并且算法研发、数据处理和模型训练等需要前期的经验磨合。采用与合作伙伴共享大模型的方式，可以共享资源和技术，加速大模型的开发和推出，并且可以分担大模型开发和应用过程中的风险和成本。汽车企业在选择应用大模型的方式时，需要根据自身需求和资源情况，综合考虑自建和合作的优势，选择适合自己的方式。

三是应用大模型需确保数据安全。大模型需要处理大量敏感数据，这些数据可能包含个人身份信息、商业机密、研发数据等。如果未能采取适当的安全措施，数据可能会被非法访问、外泄或滥用，这可能导致个人隐私泄露、商业竞争风险和声誉损失。每个企业在实践中要结合自身情况和安全需求，还要根据行业标准来进一步增强数据安全性。

习近平总书记指出："新一代人工智能正在全球范围内蓬勃兴起，为经济社会发展注入了新动能，正在深刻改变人们的生产生活方式。"[①] 每一次工业革命均由生产力的跃升引起，大模型之所以能引发业界的认知变化，本质上是因为其为推动生产力跃升提供了新的路径和范式。大模型与汽车产业的融合是未来的趋势。在汽车产业绿色化和智能化发展中，大模型将起到重要的推动作用，在汽车车型设计、智能制造、智能座舱和自动驾驶等多个方面都有应用空间。然而，汽车产业对大模型的应用总体处在早期的尝试探索阶段，企业还需选择适当的研发方式，找准核心应用方向，推动大模型与汽车产业的深度融合，实现企业的可持续发展。

参考文献

李德欣、阳娜：《AI 大模型加速汽车智能迭代》，《经济参考报》2023 年 11 月 3 日。

赵语涵：《大模型上车：行业重塑还是跟风过热》，《北京日报》2023 年 8 月 25 日。

雷珂馨、赵熠如：《车企发力布局 AI 大模型探索智能交互与自动驾驶》，《中国商报》2023 年 8 月 15 日。

黄哲：《应用 AI 大模型》，《中国计算机报》2023 年 7 月 17 日。

马琨：《AI 大模型开启智能汽车新时代》，《汽车纵横》2023 年第 7 期。

---

① 《习近平：共同推动人工智能　造福人类》，"人民日报"百家号，2018 年 9 月 17 日，https：// baijiahao. baidu. com/s？id=1611841298384993080&wfr=spider&for=pc。

国际篇 ⟪

B.17
2023年全球主要经济体汽车产业
"碳中和"政策分析与展望

朱永彬　鹿文亮*

摘　要：　在"碳中和"发展的大背景下，全球多个国家发布"碳中和"目标，汽车产业"碳中和"成为实现"碳中和"目标的重要内容。为推动汽车产业"碳中和"，欧盟、美国、日本和中国等国家（地区）和国际组织都出台了一系列有关"碳中和"的政策，推动汽车产业向零排放发展。本文深度分析了欧盟、美国、日本和中国等国家（地区）和国际组织的"碳中和"目标与发展路径，以及支持汽车产业"碳中和"的相关政策，总结了推动汽车产业实现"碳中和"的政策方向，并展望了我国未来汽车产业"碳中和"政策的发展方向。

关键词：　汽车产业　"碳中和"　节能减排

---

*　朱永彬，博士，副研究员，中国科学院科技战略咨询研究院，主要研究方向为"双碳"政策；鹿文亮，博士，高级工程师，中国科学院科技战略咨询研究院，主要研究方向为新能源与智能汽车产业。

近年来，绿色低碳成为全球发展的主要方向，至今全球已有 151 个国家提出"碳中和"目标①，在向"碳中和"目标迈进的过程中，各国均面临从现有产业体系向绿色低碳产业体系过渡的艰巨任务，并为经济社会转型支付相应的社会成本。对汽车产业而言，在从传统燃油车向新能源车产品转型、从现有生产制造体系向绿色制造体系转变的过程中，社会、企业都将面临严峻的挑战，涉及整个研发创新体系、产业配套体系、生产制造体系以及消费端的基础设施体系等。从短期来看，转型成本主要由相关产业链企业、消费者和政府承担。从长期来看，政府、企业、个人、全社会、全人类都将从中受益，为确保"碳中和"目标的顺利推进，降低企业和个人的转型成本，各国政府通常会出台长期、稳定、有针对性的引导政策，支持汽车产业推进"碳中和"目标。

一 主要国家和国际组织"碳中和"战略目标与实施路径

美国、日本、欧盟以及中国作为世界主要经济体，同时也是汽车产业实力较强的国家和国际组织，各国根据自身的发展特点，制定"碳中和"战略目标，出台实现"碳中和"目标的时间表、路线图与具体实施路径，本文对此进行梳理。

（一）美国

由于美国民主、共和两党代表不同的利益集团，在气候变化上的态度迥异，导致国会难以在该问题上达成一致，因此美国总统往往以行政令（而非法案）的形式执行相关国际气候条约，一旦政府换届就将面临政策反复的困境。

美国历史上两次退出有约束力的国际气候协议——《京都议定书》和《巴黎协定》。自拜登政府执政以来，美国于 2021 年重新加入《巴黎协定》，但其气候政策不连续、不一致，已难以再取信于国际社会，也给其国内产业

---

① 《2023 全球碳中和年度进展报告》，清华大学碳中和研究院、清华大学环境学院、腾讯 SSV 碳中和实验室，2023。

绿色转型带来巨大的不确定性。

2021 年,美国总统拜登宣布重返《巴黎协定》,同时提出 2050 年实现"碳中和"的最新目标,并以行政命令形式明确提出将应对气候危机置于美国外交政策与国家安全的中心,计划通过设立白宫国内气候政策办公室、成立国家气候特别工作组、制定联邦清洁电力和汽车采购战略、取消化石燃料补贴等一系列措施推动"碳中和"进程。此外,美国的一些州政府还推出了比联邦政府更为完善的"碳中和"政策,这也是美国的一大特色。

2021 年 4 月,美国白宫发表声明,宣布计划到 2030 年温室气体排放量在 2005 年的水平上减少 50%~52%,该目标在《2050 净零排放战略》中得到确认,并作为美国的国家自主贡献目标提交联合国。

目前,美国建立了以"3550"为主要目标的应对气候变化行动框架,承诺到 2035 年通过向可再生能源过渡实现无碳发电,2050 年前实现全面净零排放。

自拜登政府执政以来,接连发布一揽子应对气候变化的政策,包括《美国能源创新法案》《建设现代化、可持续的基础设施与公平清洁能源未来计划》《清洁能源革命与环境正义计划》《储能大挑战路线图》《清洁未来法案》等法案和计划,将美国的"碳中和"实现路径落实到六大部门,每个部门都单独设立了具体的减排目标(见表 1)。

表 1 美国各部门实现"碳中和"的目标

部门	目标
工业	让美国的汽车工业凭借自有技术赢得 21 世纪的胜利
	到 2035 年实现电力行业零碳排放
建筑	大力促进建筑能效提升,包括完成改造 400 万幢建筑和新建 150 万套经济适用房
	建设现代化的基础设施
农业	推进可持续农业和生态保护
居民生活	确保环境正义和公平的经济机会
能源	支持清洁能源和脱碳技术
交通	实施美国清洁汽车计划

资料来源:根据公开资料整理。

为支撑上述目标实现，美国出台了相关配套政策措施：在投资方面，投资2万亿美元建设现代化、可持续的基础设施；在工业方面，将推动氢能等清洁能源创新和储能革命；在交通领域，拟实施美国清洁汽车计划，完善国内汽车供应链和汽车基础设施，大力发展新能源汽车产业，推进城市零碳交通和"第二次铁路革命"等计划的实施，推进公共部门的清洁交通建设；在电力领域，要大力推动光电、风电等新能源项目建设，加大对储能、绿氢、核能、CCS等前沿技术的研发力度，降低碳减排成本；在废弃物管理方面，将封堵废弃的石油和天然气井，回收废弃的煤炭、硬岩等；在建筑方面，将以净零成本建造净零能源建筑；在体制机制方面，提出进一步建设数据筛选流程，设立环境和气候司。

2022年8月，美国通过《通胀削减法案》，计划在气候和能源领域投资3690亿美元，采取降低能源成本、保障美国能源安全和国内制造业、实现经济去碳化、维护社区和环境公平、支持农林业的弹性建设五大措施。该法案提出促进新能源产业全链条协同发力，多维度带动美国新能源产业发展，主要包括对新能源产业直接补贴、对高污染企业大额征税、限制补贴范围三大措施。据测算，《通胀削减法案》将使美国2030年的温室气体净排放量比2005年降低32%~42%，比现行政策提升约10%的减排量。

（二）日本

日本在气候政策问题上采取跟随美国的策略。日本在较长一段时间里应对气候变化问题不积极，与美国政府在该问题上的消极态度密切相关。此前，日本计划2030年减排26%、2050年减排80%，对调高减排目标持消极态度。

2020年10月，日本菅义伟内阁宣布2050年实现"碳中和"；2021年5月26日，日本国会参议院正式通过修订后的《全球变暖对策推进法》，以立法的形式明确日本政府提出的到2050年实现"碳中和"的目标。2020年12月，日本政府出台的《绿色增长战略》中设定2050年可再生能源份额为50%~60%，氢和氨发电份额为10%，核能和热能发电份额为30%~40%。

为确保2050年实现"碳中和"目标，日本政府于2020年底发布《绿色增长战略》，将在海上风力发电，汽车和蓄电池产业，氢能产业，船舶产业，航空产业，次世代住宅、商用建筑和太阳能产业等14个重点领域推进温室气体减排。同时修订《全球变暖对策推进法》以及与之配套的"全球变暖对策计划"，修订《能源基本计划》等，试图同时运用财政与金融两种手段，推动能源革命、产业转型、技术迭代，在全球绿色转型大变局中重新确立全球产业竞争力。

日本《绿色增长战略》针对能源、交通、制造、建筑等14个产业，提出到2050年实现"碳中和"的发展目标和重点任务，以推进产业电气化发展及循环经济转型，推动电力部门深度脱碳，加快发展碳循环和资源化利用（见表2）。在能源方面，开发新型浮动式海上风电技术；开发混合氨燃料/纯氨燃料发电技术；发展氢燃料动力电池技术、燃氢轮机技术、氢还原炼铁技术、废弃塑料制备氢气技术等；在核能方面，参与国际热核聚变反应堆计划（ITER）等。在工业方面，在通信行业建设绿色数据中心，在食品制造业中部署智慧食品供应链。在交通运输方面，开发清洁电池技术，在船舶产业中推进氢、氨燃料的使用。在航空产业方面，研发混合动力飞机、纯电动和氢动力飞机。在建筑方面，利用数字技术实现智慧化用能管理，开发钙钛矿太阳能电池，部署太阳能建筑。

为配合"碳中和"战略的实施，日本经济产业省将通过监管、补贴和税收优惠等激励措施，动员超过240万亿日元的私营领域绿色投资，力争到2030年实现90万亿日元的年度额外经济增长，到2050年实现190万亿日元的年度额外经济增长。此外，日本政府将成立一个2万亿日元的绿色基金，鼓励和支持私营领域绿色技术研发和投资。

表2　《绿色增长战略》发展目标

部门	具体领域	目标
能源部门	海上风力发电产业	到2030年安装10GW海上风电装机容量，2040年装机容量达到30~45GW
	氨燃料产业	到2050年实现纯氨燃料发电
	氢能产业	2050年氢能供应量将达到2000万吨。在发电和交通运输等领域，氢能成本将于2050年降至20日元/米^3
	核能产业	到2030年争取成为小型模块化反应堆全球主要供应商

续表

部门	具体领域	目标
产业部门	汽车和蓄电池产业	到21世纪30年代中期,新增车辆全部为纯电动汽车和混合动力汽车,汽车全生命周期实现"碳中和"
	半导体和通信产业	到2030年,数据中心能耗降低30%;2040年实现半导体和通信产业的"碳中和"目标
	船舶产业	到2050年,传统燃料船舶全部转化为低碳燃料动力船舶
	交通物流和基建产业	到2050年,交通、物流和建筑行业实现"碳中和"
	食品制造与农、林、牧渔业	发展智慧第一产业,发展碳封存技术
	航空产业	到2030年,实现电动飞机商用;到2035年,实现氢动力飞机商用
	碳循环产业	到2030年,二氧化碳回收制燃料与传统喷气燃料价格相同;到2050年,二氧化碳制塑料实现与现有塑料制品相同价格
	次世代住宅、商用建筑和太阳能产业	到2050年,住宅和商业建筑实现净零排放
	资源循环相关产业	到2050年,资源循环相关产业实现净零排放
	生活方式相关产业	到2050年,实现"碳中和"的生活方式

资料来源：根据公开资料整理。

（三）欧盟（德国）

德国是欧洲汽车产业规模最大的国家,作为欧盟成员国,一方面要遵守欧盟制定的"碳中和"目标及相关政策;另一方面,德国作为欧盟发展的"领头羊",也在积极制定高于欧盟标准的减排政策。德国关于"碳中和"的目标和战略既体现了欧盟的发展战略,同时具有自身的特点。

2019年12月,欧盟委员会提出《欧洲绿色协议》,这一政策为欧盟达成气候中和、向循环经济转型、提供立法支持以及开展国际合作明确了顶层设计,承诺到2050年实现气候中和,这将使欧洲成为全球第一个实现气候中和的地区。

德国在应对气候变化问题上走在全球前列，已于 1990 年实现"碳达峰"。2019 年，德国颁布《气候保护法》，提出 2050 年实现"碳中和"的目标，明确能源、工业、建筑、交通、农林等不同经济部门在 2020~2030 年的刚性年度减排目标。2020 年，德国出台《气候保护计划 2030》，构建了包括减排目标、措施、效果评估在内的法律机制，并确立了六大重点领域的减排目标。2021 年，德国修订《气候保护法》，提出更加严苛的排放目标，将实现"碳中和"目标的时间点提前到 2045 年。

欧盟委员会于 2021 年 7 月通过了名为"fit for 55"的一揽子立法提案，涵盖气候、能源效率、能源替代、土地利用、交通运输、建筑节能以及能源税、排放交易系统（ETS）、碳边境调节机制（CBAM）等十几项与"碳中和"相关的立法修正案以及新的立法建议。

2020 年 9 月，作为落实《德国联邦气候保护法》的重要行动措施和实施路径，《气候保护计划 2030》出台。《气候保护计划 2030》对建筑和住房、能源、工业、运输、农林等部门进行了目标分解，规定部门减排措施、减排目标调整、减排效果定期评估。

2019~2021 年，德国不同部门的碳减排目标如表 3 所示。

表 3　德国不同部门的碳减排目标

部门	年份	文件	主要内容
能源	2019	《2050 年能源效率战略》	2019 年，归功于国家提供的广泛援助，约 43% 的电力来自风能和太阳能等可再生能源。同时，为确保绿色电力可以在全国范围内使用，电网也在进一步开发中。到 2030 年，可再生能源将占总用电量的 65%。2050 年之前，所有发电和消费都将实现温室气体中和
	2020	《煤炭逐步淘汰法案》	分阶段逐步淘汰燃煤电站并从总量上大幅减少二氧化碳排放量
	2020	《可再生能源法修正案草案》	加快风能和太阳能等可再生能源项目进度，到 2030 年，风电和光伏发电占发电总量的比例达到 80%，提前至 2035 年实现 100% 可再生能源发电目标

续表

部门	年份	文件	主要内容
工业	2007	《高技术气候保护战略》	鼓励工业企业开发气候保护的创新技术,采用气候友好的生产技术降低能源和资源消耗
建筑	2020	《建筑物能源法》	明确用基于可再生能源有效运行的新供暖系统代替旧供暖系统的要求
交通	2021	"fit for 55"	自2019年11月起,对购买电动汽车的消费者给予最高6000欧元的补贴; 到2030年建设100万个充电站; 对2021年以后新购买的燃油车征收基于公里碳排放的车辆税; 自2021年起,每年投入10亿欧元加快地区公交电动化的步伐; 2030年投入860亿欧元对全国铁路网进行电气化和智能化改造升级

在发展可再生能源方面,德国要求到2030年,可再生能源将占总用电量的65%。在2050年之前,所有发电和消费都将实现温室气体中和。在煤电方面,德国将在2038年之前逐步淘汰煤电。在绿色建筑领域,自2020年1月以来,德国政府为节能建筑和改造提供了更多援助。

在交通领域,政府支持电动汽车替代发动机技术,将其应用于当地公共交通和铁路运输领域。根据2019年11月的充电基础设施总体规划,政府对电动汽车市场给予大力支持。政府鼓励消费者购买电动汽车,将购买电动汽车的环保补贴延长至2025年,并增加了补贴总金额。到2030年,将在全国范围内为多达1000万辆电动汽车安装用户友好的充电基础设施。

同时,政府正努力生产本土电池,确保电动汽车制造商能够以有吸引力的条件生产汽车。根据《2017—2020年清洁空气立即行动计划》和相关措施,政府向受空气污染的城镇提供约20亿欧元的资金,用于加强交通电气化、交通系统数字化和当地柴油公交车改造。到2030年,联邦政府和铁路运营商 Deutsche Bahn 将投资 860 亿欧元实现铁路网络的现代化，这也有利于货物运输。政府已制定相关法律框架，以加快制定铁路网络的规划和审批程序。此外，德国政府为鼓励市民乘坐长途火车出行，自 2020 年 1 月起，降低长途火车出行的增值税，提高航空增值税。

（四）中国

中国采取积极有效措施落实减排承诺，已于 2019 年底提前超额完成 2020 年气候行动目标，并更新了 2030 年国家自主贡献目标。

2020 年 9 月 22 日，习近平总书记在第七十五届联合国大会一般性辩论上郑重宣布"中国将提高国家自主贡献力度，采取更加有力的政策和措施，努力争取 2060 年前实现碳中和"，这将使中国成为从"碳达峰"到"碳中和"用时最短的国家，可见其减排雄心和负责任的态度。

为稳步推进"碳达峰""碳中和"目标实现，2021 年，中央与各省（区、市）的工作小组相继成立，加强对地方"碳达峰""碳中和"工作的统筹。此外，将 2025 年单位 GDP 二氧化碳排放较 2020 年降低 18% 纳入"十四五"规划约束性指标；综合考虑各省（区、市）发展阶段、资源禀赋、战略定位、生态环保等因素，分类确定省级碳排放控制目标，并对省级政府开展减排目标责任考核，从机制上推进"碳中和"目标实现。

2021 年 9 月 22 日，中共中央、国务院发布《关于完整准确全面贯彻新发展理念做好碳达峰碳中和工作的意见》；同年 10 月 24 日，国务院印发《2030 年前碳达峰行动方案》。该方案提出，要将碳达峰贯穿经济社会发展全过程和各方面，重点实施能源绿色低碳转型行动、节能降碳增效行动、工业领域碳达峰行动、城乡建设碳达峰行动、交通运输绿色低碳行动、循环经济助力降碳行动、绿色低碳科技创新行动、碳汇能力巩固提升行动、绿色低碳全民行动、各地区梯次有序碳达峰行动等"碳达峰十大行动"（见表 4）。

表4 "碳达峰十大行动"的碳减排目标

"碳达峰十大行动"	目标
能源绿色低碳转型行动	推进煤炭消费替代和转型升级。可再生能源电量比例原则上不低于50%
	大力发展新能源。到2030年,风电、太阳能发电总装机容量超12亿千瓦
	因地制宜开发水电。"十四五""十五五"期间分别新增水电装机容量4000万千瓦左右
	积极安全有序发展核电
	合理调控油气消费
	加快建设新型电力系统。到2025年,新型储能装机容量超3000万千瓦。到2030年,抽水蓄能电站装机容量在1.2亿千瓦左右
节能降碳增效行动	全面提升节能管理能力
	实施节能降碳重点工程
	推进重点用能设备节能增效
	加强新型基础设施节能降碳
工业领域碳达峰行动	推动工业领域绿色低碳发展
	推动钢铁行业碳达峰
	推动有色金属行业碳达峰
	推动建材行业碳达峰
	推动石化化工行业碳达峰
	坚决遏制"两高"项目盲目发展
城乡建设碳达峰行动	推进城乡建设绿色低碳转型
	加快提升建筑能效水平。到2025年,城镇新建建筑全面执行绿色建筑标准
	加快优化建筑用能结构。到2025年,城镇建筑可再生能源替代率达到8%,新建公共机构建筑、新建厂房屋顶光伏覆盖率力争达到50%
	推进农村建设和用能低碳转型
交通运输绿色低碳行动	推动运输工具装备低碳转型。到2030年,当年新增新能源、清洁能源动力的交通工具比例在40%左右。陆路交通运输石油消费力争2030年前达到峰值
	构建绿色高效交通运输体系。到2030年,城区常住人口100万人以上的城市绿色出行比例不低于70%
	加快绿色交通基础设施建设。到2030年,民用运输机场场内车辆装备等力争全面实现电动化

续表

"碳达峰十大行动"	目标
循环经济助力降碳行动	推进产业园区循环化发展。到2030年,省级以上重点产业园区全部实施循环化改造
	加强大宗固废综合利用。到2025年,大宗固废年利用量在40亿吨左右;到2030年,年利用量在45亿吨左右
	健全资源循环利用体系。9种主要再生资源循环利用量2025年达4.5亿吨,到2030年将达到5.1亿吨
	大力推进生活垃圾减量化、资源化。到2025年,城市生活垃圾分类体系基本健全,生活垃圾资源化利用比例提升至60%左右。到2030年,城市生活垃圾分类实现全覆盖,生活垃圾资源化利用比例提升至65%
绿色低碳科技创新行动	完善创新体制机制
	加强创新能力建设和人才培养
	加强应用基础研究
	加快先进适用技术研发和推广应用
碳汇能力巩固提升行动	加强生态系统固碳作用
	提升生态系统碳汇能力
	加强生态系统碳汇基础支撑
	推进农业农村减排固碳
绿色低碳全民行动	加强生态文明宣传教育
	推广绿色低碳生活方式
	引导企业履行社会责任
	强化领导干部培训
各地区梯次有序碳达峰行动	科学合理确定有序达峰目标
	因地制宜推进绿色低碳发展
	上下联动制定地方达峰方案
	组织开展碳达峰试点建设

资料来源:根据公开资料整理。

此外,国务院还发布《关于加快建立健全绿色低碳循环发展经济体系的指导意见》,提出到2025年、2035年绿色低碳循环发展目标,对各领域构建绿色生产生活方式具有重要的指导意义。

目前,中国正在加快制定能源、工业、城乡建设、交通运输、农业农村等分领域分行业碳达峰实施方案，积极谋划科技、财政、金融、价格、碳汇、能源转型、减污降碳协同等保障方案，加快形成目标明确、分工合理、措施有力、衔接有序的政策体系。

二　主要国家和国际组织汽车产业低碳愿景与支持政策

围绕实现"碳中和"目标和阶段性减排目标，世界主要国家和国际组织针对重点行业部门制定了或正在研究制定"碳中和"实施路径和具体政策。针对交通部门和汽车产业，美国、欧盟、日本及中国等汽车大国均制定了一系列低碳战略和政策。

（一）美国

自2017年起，美国交通运输部门取代电力生产部门，成为美国第一大碳排放部门。当前，美国交通运输碳排放占比为29%，超过电力的25%和工业生产的23%，成为美国重点减排部门。

1. 美国汽车产业低碳目标

美国《2050净零排放战略》提出，为实现2050年净零目标，美国必须确保21世纪30年代初，零排放车辆销售占主导地位。为此，美国将继续增加交通领域的电力和低碳燃料替代，并在2050年实现美国交通部门全面的电气化和燃料替代。美国交通长期战略的核心是扩大新的交通技术应用范围，包括在轻型、中型和重型汽车中迅速推广零排放车辆，并在长途运输和航空等领域应用低碳或无碳生物燃料和氢能。

2021年8月5日，拜登签署"加强美国在清洁汽车领域领导地位"行政命令，设定美国到2030年零碳排放汽车销量达50%的重大目标，并联合通用、福特和斯特兰蒂斯等美国主要车企发布联合声明，希望在2030年美国电动汽车市场渗透率达40%~50%，确保美国汽车行业在全球的领先地位。此外，美国《零碳排放行动计划》（ZCAP）提出加快轻型车辆、城市卡车、公共汽车、大部分长途卡车以及一些短途运输车辆的电气化进程。

2. 美国汽车产业低碳发展政策

预计到 2050 年，美国交通运输总能源消费将减少，而电力和替代燃料（包括生物质衍生燃料和氢）的使用量将增加，为整个美国的交通运输系统提供能量。清洁氢和可持续生物燃料等低碳燃料的研究、开发、示范和应用加快，有助于实现中型与重型卡车等难以实现电气化的应用领域脱碳。

在动力电池方面，2021 年 6 月，由美国能源部、商务部、国防部和国务院共同组建的美国先进电池联盟（FCAB）发布《国家锂电蓝图 2021—2030》，针对锂电产业链，明确了五大目标，包括上游矿产资源、中游锂电材料、电芯制造和包装、下游锂电池回收以及下一代锂电池研发，覆盖锂电池产品全生命周期。

在动力电池的回收政策方面，2019 年 2 月，美国能源部宣布，正式启动阿贡国家实验室电池回收研发中心建设，同时启动锂离子电池回收项目，以推动锂基电池中关键材料的回收，最终达到能从废旧电池中回收 90% 关键材料的目标，以降低美国在锂、钴等关键电池材料方面的对外依赖度。2021 年 9 月，美国能源部阿贡实验室与美国电气制造商协会签署谅解备忘录，共同制定锂离子电池回收标准。

在氢燃料汽车产业发展方面，美国是世界上第一批提出氢能发展计划的国家。自 1990 年以来，美国政府制定出台了一系列政策推动氢能产业发展。2020 年 11 月 12 日，美国能源部发布《氢能计划发展规划》，提出未来 10 年及更长时期氢能研究、开发和示范的总体战略框架。其中，重点提出车载储氢系统和用于长途重型卡车的质子交换膜燃料电池系统的技术研发目标和任务。

2021 年 8 月 5 日，美国总统拜登签署"加强美国在清洁汽车领域领导地位"的行政命令，从三个方面提出新能源汽车发展计划与具体举措：一是建成美国首个电动汽车充电网络。美国计划将在电动汽车领域投资数十亿美元。二是通过税收减免间接补贴美国的新能源汽车产业。2021 年，美国的电动车税收抵免新法案更是将限额提高到 12500 美元。三是为美国新能源汽车制造业供应链提供资金优惠。

2022 年 8 月，美国《通胀削减法案》进一步加大了对新能源汽车的支持力度，对全球新能源汽车产业带来重大影响。该法案提出对购买电动车的消费者、选用新能源汽车的家庭、生产电动车及绿色能源的工厂进行直接补贴。同时，关于新能源汽车和光伏产业的系列补贴均限定车辆组件来自美国或与美国签署自由贸易协定的国家，要求企业的生产工厂及原材料采购均位于国内。因此，该政策将刺激美国供应链回流，提升美国电池生产、汽车装配和能源生产等行业的竞争力，有利于从需求端刺激新能源产业发展，扩大市场份额。

（二）日本

日本碳排放结构相对稳定，能源、工业、交通始终为碳排放前三大部门，2019 年交通运输部门碳排放占比为 17.9%。

1. 日本汽车产业低碳目标

2020 年 12 月 25 日，日本发布的《2050 碳中和绿色增长战略》提出，到 21 世纪 30 年代中期，实现新车销量全部转变为纯电动汽车和混合动力汽车的目标，实现汽车全生命周期的"碳中和"目标。

目前，日本正在积极制定汽车电动化时间表。在乘用车领域，提出 2035 年实现新车销售 100% 电动化的目标，其中包含普通混合动力汽车（HEV）、插电式混合动力汽车（PHEV）、纯电动汽车（BEV）、燃料电池汽车（FCEV）等非纯燃油车，全面禁止纯燃油车销售。在商用车领域，对于 8t 以下车型，提出 2030 年，新车销售电动化车辆占比为 20%~30%；2040 年，新车销售电动化及使用合成燃料车辆占比达 100%。对于 8t 以上车型，将在充分调研氢燃料电池车及合成燃料车辆技术可行性的前提下，于 2030 年前制定 2040 年的电动化目标。

2. 日本汽车产业低碳发展政策

日本新能源汽车相关技术在全球处于领先地位，这与政府实施的一系列法规和政策密切相关。日本内阁于 2008 年 7 月发布《创建低碳社会的行动计划》，明确"下一代汽车"包括 HEV、BEV、PHEV、FCEV、清洁柴油汽车（CDV）、天然气汽车（NGV）等车型。2010 年发布的《下一代汽车战略

（2010）》是对《创建低碳社会的行动计划》的进一步细化和落实，文件围绕实现下一代汽车市场目标，在电池、资源、基础设施和国际标准等方面制定发展战略、目标及行动计划。2014 年 11 月，日本经济产业省发布《汽车产业战略（2014）》，提出"加速下一代汽车的普及，努力实现《下一代汽车战略（2010）》提出的普及目标"。2018 年 3 月，日本政府曾组织相关委员会与汽车相关部门召开多次会议，共同提出面向 2050 年的 xEV 战略，该战略进一步明确了"下一代汽车"的内涵，提出 xEV 概念，包括 BEV、PHEV、HEV、FCEV 4 类电动汽车，排除柴油车等车型，加强对汽车产业电动化的支持。

在动力电池生产方面，2022 年日本经济产业省表示，未来日本将以中韩两国为目标，大力发展新能源和电池产业。据日本经济产业省计划，日本电池厂商需在 8 年之内将产能提升 10 倍左右。到 2030 年，日本电池厂商的国内产能将从目前的 20GWh 左右提高至 150GWh，日本电池厂商的全球产能将从目前的 60~70GWh 提高至 600GWh，全球市场份额将提高至 20%，相当于 800 万辆电动汽车所需的产能。此外，该计划还提出在 2030 年前后实现全固态电池的全面商业化。

在动力电池回收方面，日本处于全球领先地位。日本的电池回收体系构建时间较早，在 1994 年日本已经开始推行电池回收计划，并建立了"电池生产—销售—回收"体系。目前，日本已建立以电池制造企业为主导，以"逆向物流"为主线的回收渠道。为规范废旧电池回收行业发展，日本从基本法、综合法、特别法 3 个层面出台相应的法律法规。

在氢燃料汽车方面，日本政府高度重视氢能产业发展，首先在国家层面明确氢燃料战略定位，随后配合推出氢能产业战略方向和目标，并不断更新发布实现战略目标的路线图。日本经济产业省成立的氢能/燃料电池协会于 2019 年发布新版《氢能与燃料电池战略路线图》，详细描述了日本氢能技术使用"三步走"的战略以及相应的阶段性目标，同时着眼于三大技术领域：燃料电池技术领域、氢供应链领域和电解技术领域。确定了包括车载用燃料电池、定置用燃料电池、大规模制氢、水制氢等在内的 10 个项目作为优先领域。日本政府计划于 2026 年完成 200 万辆氢燃料电池汽车的销售目标，以及 1000 座加氢站的建设目标。

日本政府采取的新能源汽车市场普及政策主要包括以下三个方面。一是日本通过推行绿色税制，在汽车购置环节计税依据中引入汽车环保性能要求，降低节能环保车各环节税负。二是支持充电基础设施建设，提高使用便利性。三是对私人和公共领域购买的新能源汽车给予财政补贴。

（三）欧盟（德国）

德国作为欧盟最大的温室气体排放国，其碳排放量占欧盟碳排放总量的 1/5；其中交通运输部门碳排放量占比为 20%，低于 25% 的全球平均水平和 29% 的欧盟平均水平。

1. 欧盟（德国）汽车产业低碳目标

欧洲加快推动汽车领域低碳转型，《欧洲议会和理事会发布第（EU）2019/631 号条例》规定，自 2021 年起所有新登记乘用车的二氧化碳平均排放量需低于 95g/km，2025 年、2030 年分别在 2021 年的基础上下降 15.0% 和 37.5%。

2022 年 6 月，欧盟成员国就欧盟委员会关于设定新型乘用车和新型轻型商用车完善二氧化碳排放性能标准的提案达成一致，该提案为汽车二氧化碳排放设置了更高的减排目标，并提出 2035 年实现新车零排放目标。

在欧洲的汽车电动化转型进程中，德国起到了至关重要的作用，它既是欧洲最大的汽车生产国，也是欧洲最重要的汽车消费市场。可以说，德国的电动汽车发展在很大程度上决定了欧洲电动汽车转型的成功与否。

2015 年 12 月，《巴黎协定》通过后，德国于 2016 年 11 月发布《2050 气候行动计划》，提出交通运输行业的温室气体排放，到 2030 年要比 1990 年下降 40%~42%。2021 年，德国通过修订《气候保护法》，确立 2045 年实现"碳中和"的目标，并规定 2030 年交通领域碳排放量较 2019 年减少 48%。

在汽车产业发展目标上，德国联邦政府曾通过议案，承诺到 2030 年将有 1400 万辆纯电动汽车上路，以实现降低碳排放量的目标。新一届德国政府表示，德国将力争到 2030 年让 1500 万辆新能源汽车上路。虽然新目标相比此前的目标增加了 100 万辆，但类别上不仅包含纯电动汽车，还包括插电混动汽车。

2. 欧盟（德国）汽车产业低碳发展政策

在欧盟"fit for 55"一揽子政策中，就汽车产业低碳发展方面，除了为汽车排放设置更高的减排目标以外，还通过加强替代燃料基础设施建设鼓励新能源汽车的使用。2022 年 6 月，欧盟成员国召开会议，就欧盟委员会的"替代燃料基础设施"条例提案达成共识，为未来几年在欧盟部署此类基础设施设定具体目标，确保为各种交通工具提供足够且高覆盖度的替代燃料加注设施，以缓解里程焦虑。要求 2025 年前，主要道路至少每 60 公里建设 1 座充电站，分别满足客车和货车的充电需求；要求在 2030 年前，实现主要道路至少每 200 公里设置 1 座加氢站，并在城市区域建设更多加氢设施；同时，还要求在主要道路设置足够的液化气站，以使车辆在欧盟境内畅通行驶。

德国汽车产业低碳战略的实现路径主要是电动汽车。《电动汽车法案》涉及的"电动汽车"包括各类新能源汽车，既包括以电池驱动的汽车，即纯电动汽车、混合动力汽车、增程式电动汽车，也包括以氢为燃料的电池驱动汽车。2020 年 6 月，德国联邦政府出台总价值为 1300 亿欧元的经济复苏计划，其中有 500 亿欧元聚焦气候变化的应对举措，包括电动交通、氢能、铁路交通和建筑等领域。该绿色复苏计划实质是对德国 2045 年"碳中和"目标导向下经济绿色低碳转型行动框架的延续、优化和加速推进。2021 年 5 月，为加快气候目标的实现，德国联邦政府出台《2022 年气候保护一揽子行动计划》，联邦政府将在 2022 年的联邦财政预算中为此拨款 80 亿欧元，交通运输领域拨款为 10.6 亿欧元。

在动力电池方面，德国没有从国家或产业角度提出明确的政策，但在资金拨付方面已经采取了行动。德国通过产业联盟加快动力电池的研发进程，2018 年 11 月德国政府投资 16 亿欧元资助德国电池联盟，该联盟由吉森大学（JLU）牵头，协同电池企业瓦尔塔和大众、宝马等车企，研究下一代固态电池理论知识和产业化应用，计划资助建设新的电池生产工厂。2019 年，德国投资 10 亿欧元用以资助电池企业，由德国牵头联合欧盟企业，组建三大电池联盟和投资项目，建设欧洲动力电池产业基地，以减少对宁德时代、松下、LG 化学等亚洲电池供应商的依赖。

在动力电池回收方面，德国早已建立起比较完善的回收制度。德国的电池回收法案和报废汽车回收法案分别依据欧盟电池回收指令（2006/66/EC）和报废汽车指令制定。在相关法律框架的约束下，德国的废旧电池回收系统具有明确的分工。产业链中的生产者、消费者和回收者都有相应的责任和义务。电池生产商生产或进口电池需要在政府进行登记，下游经销商需要负责构建电池回收网络，用户同样有义务将废旧电池交还相应的回收机构。此外，德国在动力回收方面非常强调"生产者责任延伸制度"。大众、宝马等新能源汽车制造商积极回收废旧电池，通过建立产业闭环构建动力电池价值链，从电池生产的原材料、研发、生产、装机至回收利用形成闭环，实现动力电池的价值最大化。

在氢能方面，2020 年 6 月 10 日，德国政府正式发布《国家氢能战略》，提出在未来的综合能源系统中，氢能将扮演重要角色，特别是将有力支撑工业、交通等行业中难以通过电动化实现脱碳的部门达成碳减排和"碳中和"目标，进一步提出 13 个主要目标和 38 项具体措施。在交通运输领域，重点是为加氢站建设提供资金，大力支持氢燃料电池技术在重型货运、公交和水运等行业的推广应用，以及促进燃料电池车辆在跨境运输中的应用等。2021年 5 月 28 日，德国联邦经济部、联邦运输和数字基础设施部联合宣布，将启动 62 个大型氢能项目，联邦和州政府总投资约 80 亿欧元。其中，工业领域共 50 个项目，集中于生产绿氢；交通领域共 12 个项目，主要涉及燃料电池系统以及氢能车辆的开发和制造，同时还将推动发展全国性和跨境的网络化加氢基础设施。

此外，德国为落实碳中和路线图，还实施了以下三方面与汽车产业相关的政策措施：一是支持绿色汽车产业发展。2015 年 6 月，制定《电动汽车法案》，给予各类新能源汽车特殊通行权利。《电动汽车法案》规定，未来电动汽车在德国将享有停车费优惠或免交；在充电站周围，为电动汽车设立专用停车位；一些限制车辆通过的路段，例如防噪声或防废气排放路段，将允许电动汽车通行等。二是释放电动汽车需求。三是在强化绿色能源供应方面，通过《退煤法案》，设计退煤路线图，2022 年关闭 1/4 的煤电厂，2038 年全面退出燃煤发电，将斥资 400 亿欧元，用来补贴淘汰燃煤地区因能源转型造成的损失。

（四）中国

中国交通领域碳排放占比约为 10%，其中道路交通占比超过 80%，重型货车和乘用车占比最高，分别为 39.7% 和 39.5%。随着我国经济社会发展持续进步和工业现代化进程加快，汽车全产业链碳排放在全社会碳排放总量中占据重要位置，是实现"双碳"目标需要考虑的重点领域。

1. 中国汽车产业低碳目标

2020 年 11 月，国务院办公厅印发《新能源汽车产业发展规划（2021—2035 年）》（以下简称《规划》）。《规划》明确提出到 2025 年新能源汽车新车销售量达到汽车新车销售总量 20% 左右的目标（见表 5）。中国新能源汽车产业快速发展，此目标已在 2023 年提前实现。

表 5　中国新能源汽车发展规划阶段性目标

年份	发展目标
2025	动力电池、驱动电机、车用操作系统等关键技术取得重大突破,安全水平全面提升。纯电动乘用车新车平均电耗降至 12.0 千瓦时/百公里,新能源汽车新车销售量达到汽车新车销售总量的 20% 左右,高度自动驾驶汽车实现限定区域和特定场景商业化应用,充换电服务便利性显著提高
2035	我国新能源汽车核心技术达到国际先进水平,质量、品牌均具备较强的国际竞争力。纯电动汽车成为新销售车辆的主流,公共领域用车实现全面电动化,燃料电池汽车实现商业化应用,高度自动驾驶汽车实现规模化应用,充换电服务网络便捷高效,氢燃料供给体系建设稳步推进,有效促进节能减排水平和社会运行效率提升

资料来源：根据公开资料整理。

2021年是中国"十四五"规划的开局之年,"十四五"规划中提及聚焦新能源汽车战略性新兴产业、在氢能源等产业组织实施未来产业孵化与加速计划等。

2022年,交通运输部、国家铁路局、中国民用航空局、国家邮政局四部门出台《贯彻落实〈中共中央 国务院关于完整准确全面贯彻新发展理念做好碳达峰碳中和工作的意见〉的实施意见》(以下简称《实施意见》),为加快推进交通运输绿色低碳转型,切实做好交通运输工作明确了方向。《实施意见》指出,要切实推动交通运输转型升级、提质增效,加快形成绿色低碳生产生活方式,推进交通运输生态文明建设取得新成效,加快建设交通强国,当好中国现代化的"开路先锋"。

2. 中国汽车产业低碳发展政策

在汽车行业,工业和信息化部将围绕"碳达峰""碳中和"目标制定汽车产业实施路线图,强化整车集成技术创新,推动电动化与网联化、智能化并行发展,同时通过制定配套法律法规、完善回收利用体系、发布相关标准等,推动新能源汽车动力电池回收利用。

2012年,国务院发布《节能与新能源汽车产业发展规划(2012—2020年)》。2020年,国务院办公厅发布《关于印发新能源汽车产业发展规划(2021—2035年)的通知》,提出要以纯电动汽车、插电式混合动力(含增程式)汽车、燃料电池汽车为"三纵",布局整车技术创新链,以动力电池与管理系统、驱动电机与电力电子、网联化与智能化技术为"三横",构建关键零部件技术供给体系。

在动力电池生产方面,"十二五"时期,我国动力锂电池技术进入快速发展时期,性能不断提高;"十三五"期间,政策重点在突破动力锂电池关键技术上;2020年11月,国务院发布《新能源汽车产业发展规划(2021—2035年)》,重点强调推动动力电池全价值链发展(锂、镍、钴、铂的保障能力),强化质量安全保障,推动产业融合发展。

在动力电池回收方面,《新能源汽车产业发展规划(2021—2035年)》提及要实施电池技术突破行动、推动动力电池全价值链发展以及动力电池回收管理。

在氢能方面，《国务院关于印发2030年前碳达峰行动方案的通知》明确，加快氢能技术研发和示范应用，探索在工业、交通运输、建筑等领域规模化应用。"十四五"规划提出，在氢能与储能等前沿科技和产业变革领域，组织实施未来产业孵化与加速计划，谋划布局一批未来产业。为促进氢能产业规范有序高质量发展，2022年，经国务院同意，国家发展改革委员会、国家能源局联合印发《氢能产业发展中长期规划（2021—2035年）》，提出氢能产业发展各阶段目标：到2025年，基本掌握核心技术和制造工艺，燃料电池车辆保有量约5万辆，部署建设一批加氢站，可再生能源制氢量达10万~20万吨/年，实现二氧化碳减排100万~200万吨/年，到2030年，形成较为完备的氢能产业技术创新体系、清洁能源制氢及供应体系，有力支撑"碳达峰"目标实现。到2035年，形成氢能多元应用生态，可再生能源制氢在终端能源消费中的比例显著提升。

新能源汽车作为"中国制造2025"产业规划的核心行业，政府先后出台一系列配套措施和帮扶政策。当前，我国新能源汽车产业政策主要包括以下三个方面：一是积极引导企业创新模式，二是财税政策支持我国新能源汽车产业发展，三是加快基础设施建设。

三 推动汽车产业实现"碳中和"的主要政策方向

综合各国汽车产业有关实现"碳中和"的政策可以发现，推动汽车领域实现"碳中和"，既要从供给端和应用端同步推进，也要同时使用正向的激励措施和负向的惩罚措施，需要从能源生产到使用整体降低碳排放。

（一）推广新能源汽车政策

国家通过提供购车补贴、减免税费的方式，解决新能源汽车购车成本远高于燃油车的问题，降低新能源汽车购车成本，鼓励终端消费者购买零排放车辆，包括纯电动汽车、插电式混合动力汽车和氢燃料电池汽车。除提供购车补贴外，政府还会通过给予停车优惠、优先通行权等方式鼓励消费者购买新能源汽车。比如，美国通过电动车税收抵免新法案，为购买新能源汽车的用户提供12500美元税收减免额度；挪威通过给予购车优惠、税费减免、停车优惠、通行特权等一系列优惠政策，成功地促进电动汽车的普及，2022年挪威新能源汽车新车销量占比已达79.3%。

（二）提高燃油汽车排放标准

持续提高燃油汽车的排放标准，减少传统燃油车的碳排放量，推动汽车制造商改进技术、降低排放。目前，内燃机节能技术已达到较高水平，后续进一步降低油耗，将会投入大量的研发成本。部分国家已无法通过单纯升级内燃机技术达到车辆碳排放标准，只能通过提升零排放车型（如电动汽车）的比例实现。2022年6月，欧盟成员国就欧盟委员会关于设定新型乘用车和新型轻型商用车制定二氧化碳排放性能标准的提案达成一致，该提案提出2035年实现新车零排放目标。这也就意味着，欧盟将在2035年对新型乘用车和新型轻型商用车实施全面禁燃。

（三）加强充电基础设施建设

建立便捷的充电网络是推动新能源汽车进一步普及的重要保障措施。新能源汽车发展初期，全社会新能源汽车保有量较少，充电需求低，充电运营商难以通过运营充电基础设施盈利，普遍不愿意建设充电基础设施。充电基础设施的缺失，又导致消费者不愿意采购新能源汽车，进一步导致充电运营商无法盈利。为避免这种恶性循环，国家层面通常会通过重大项目推动基础设施建设，或对充电基础设施的建设和运营给予一定的补贴，鼓励社会资本进入充电设施建设领域，解决电动汽车充电难的问题。《国务院办公厅关于进一步构建高质量充电基础设施体系的指导意见》指出，将在国家层面布局建设覆盖"6轴7廊8通道"的充电网络，对城市群、城市内以及乡村的充电网络进行规划部署。各级政府从公共停车场改造、优化审批流程、给予建设补贴和运营补贴等多方面支持社会企业建设充换电基础设施。

（四）制定绿色制造与供应链管理政策

整车以及零部件生产制造环节的零碳排放是汽车产业实现"碳中和"的重要环节之一。一方面，政府可以提供财政支持、税收优惠等激励措施，鼓励企业实施绿色制造，通过采用清洁生产技术、节能降耗措施等，减少资源消耗和环境污染，推动企业实施绿色制造。另一方面，政府可以制定绿色供应链管理标准和指南，引导企业建立绿色供应链管理体系，推动供应链上下游企业协同实施绿色供应链管理，促进供应链整体的绿色化。比如欧盟《新电池法》中规定在欧洲经济区销售的动力电池和工业电池须具备碳足迹声明和标签及数字电池护照。

另外，各国都非常重视动力电池回收行业的发展，要求对新能源汽车的废旧动力电池进行回收。《新电池法》要求在其生效8年后，欧洲区销售的新电池在生产制造过程中，应至少使用16%/85%/6%/6%的回收钴/铅/锂/镍。另外，在法规生效13年后，回收材料比例还将提高，生产新电池应至少使用26%/85%/12%/15%的回收钴/铅/锂/镍。美国能源部也启动锂离子电池回收项目，将从废旧电池中回收90%的关键材料。

（五）完善科研与技术创新支持政策

从现有技术减碳降碳效果来看，难以完全依托现有的技术实现全社会的"碳中和"，在"碳中和"目标推进过程中，必须研发更多减碳、降碳、固碳新技术才能实现零碳目标。这些技术主要分为三类：源头减碳、过程降碳和末端固碳。国家层面出台相关政策，支持三类技术的研发与创新，探索新技术，开展示范应用项目。其中，汽车产业的"碳中和"政策主要与过程降碳密切相关，许多国家提供资金支持和政策优惠，鼓励汽车制造商和科研机构进行清洁能源汽车技术的研发和创新。例如，美国政府曾投入巨资支持电池技术、电动汽车充电基础设施等领域的研究；中国启动电动汽车

"863"计划重大专项，支持涉及电动汽车在内的"三横三纵"等多种技术和产品研发。

（六）建立碳排放权交易制度

在推动"碳中和"的进程中，部分国家已经建立并实施碳排放权交易制度，通过市场机制推动汽车企业减少碳排放，鼓励企业参与碳市场交易，实现碳资产的有效管理。例如，《欧盟2003年87号指令》（2003/87/EC）提出，建立由欧盟28个国家构成的碳排放交易体系（EU ETS），这是世界上最大的碳排放交易市场，在世界碳交易市场中具有示范作用。2023年5月17日，欧盟碳边境调节机制（CBAM）生效，开始针对部分进口商品的碳排放征税。国际商品出口到欧洲，需要满足对应的碳排放标准，这既保护了欧洲本地企业在推动零碳制造时的成本优势，同时要求欧盟外的国家建立零碳供应链。

我国也发布了碳排放交易的相关政策。2017年底，国家发展改革委员会印发《全国碳排放权交易市场建设方案（电力行业）》，中国碳排放交易体系完成总体设计，并正式启动。2021年7月16日，全国碳排放权交易市场启动线上交易。2023年10月，生态环境部联合国家市场监督管理总局发布《温室气体自愿减排交易管理办法（试行）》，明确表示将组织建立统一的全国温室气体自愿减排交易机构，以及组织建设全国温室气体自愿减排交易系统。

四 我国汽车产业"碳中和"政策发展趋势展望

我国于2020年9月提出"2030年碳达峰、2060年碳中和"的目标，从"碳达峰"到"碳中和"仅有30年时间，转型时间短、减碳任务重，只有制定合理的"碳中和"政策才能取得良好的降碳效果。结合当前我国汽车产业发展现状，汽车产业"碳中和"政策发展应从以下几个方向加以引导。

一是强化科技创新支撑。科技创新是驱动行业发展的核心要素，实现"碳中和"，技术创新是关键。近年来，我国大力发展科技创新，汽车产业的科技创新方向包括动力电池技术、绿色低碳燃料技术、电机电控、动力电池回收利用技术等。通过新技术推动新能源汽车提升性能、降低成本，快速提升零排放新能源汽车的市场渗透率。

二是加速推进绿色供应链建设。预计未来，我国电动汽车产业链将进一步完善和成熟，本土新能源汽车产业规模持续扩大。在建立新能源产业链的同时，应制定绿色供应链标准，鼓励供应链企业采取绿色生产方式，使用绿色能源和绿色材料，共同构建绿色供应链。

三是强化充换电基础设施建设。充换电基础设施建设也将成为政策关注的重点，以确保电动汽车的便捷使用。政府应主导建设国家主干道路以及重点区域的充换电基础设施，保证用户的基本补能需求。鼓励社会资本参与充换电基础设施建设，提供超级快充、换电等个性化的高品质服务。

四是出台动力电池梯次利用回收政策。动力电池体系化利用和回收可以最大限度发挥动力电池全生命周期的使用价值，减少动力电池回收再造的碳排放。动力电池回收还能减少锂、镍、钴等矿产资源的开发。目前，我国动力电池梯次利用与回收正处于发展初期，未来应加快完善相关政策、法规和标准，推动行业健康有序发展。

五是出台绿色汽车产品认证政策。建立绿色汽车产品认证制度，对符合绿色标准的车型进行认证，并给予相应的标识和政策支持，有助于消费者识别绿色车型，推动市场需求的形成，促进企业加强绿色制造和供应链管理。

六是加强国际合作。全球气候变化需要各国共同努力，汽车产业也是国际化程度较高的产业。我国汽车产业应积极参与国际"碳中和"合作与交流，与其他国家共同研发、推广低碳技术和产品，建立统一的绿色供应链标准，通过加强国际合作，共同应对气候变化挑战。

B.18
美国汽车产业科技创新体系
建设及经验借鉴

王 月 鹿文亮*

摘 要: 美国汽车产业在世界范围内具有重要影响,无论是燃油车时代的福特汽车和通用汽车,还是新能源汽车时代的特斯拉汽车,都成为引领全球汽车产业发展的核心力量。美国汽车产业的发展壮大离不开科技创新体系的支撑,其已建立完整的汽车产业科技创新体系,形成良好的创新生态系统。本报告分析美国汽车产业科技创新体系架构,梳理近期美国政府的智能网联创新项目以及创新政策,发现美国汽车产业科技创新体系具有政府注重宏观调控、高校在基础研究领域发挥重要作用、国家实验室参与协同创新等特点,为中国汽车产业发展提供借鉴经验与参考。

关键词: 汽车产业 科技创新体系 美国

一 美国汽车产业科技创新体系架构

(一)美国汽车产业科技创新体系总体架构

美国汽车产业科技创新体系是一个多方参与、密切合作的生态系统,由政府、高校、研究机构、企业、社会组织和投资者等共同组成,其架构以企

---

* 王月,博士,北京工商大学嘉华学院副教授,主要研究方向为汽车产业科技创新;鹿文亮,博士,中国科学院科技战略咨询研究院高级工程师,主要研究方向为新能源与智能汽车产业。

业为主体，以产学研深度融合为中心，专业组织、行业组织、各类基金会从标准、检测、合作以及资金方面给予发展支持。美国政府在汽车产业科技创新体系中起到引领作用，通过重大产业项目、创新平台对汽车产业发展给予直接支持，也通过不断完善金融市场、劳动力市场以及消费市场等建立完整的创新环境。

在美国汽车产业科技创新体系中，高校和研究机构发挥了重要的作用。美国拥有众多知名大学和研究机构，如斯坦福大学、麻省理工学院、加州大学伯克利分校等，它们开展研究项目、提供专业知识，并与企业合作开展技术研发和转化，在汽车产业科技创新中扮演着重要角色。美国拥有多个全球著名的科研机构和实验室，如国家可再生能源实验室、阿贡国家实验室，这些科研机构和实验室承担着开展新技术研究的重要角色。通过政府项目、行业组织以及中介机构，高校与研究机构在汽车产业科技创新体系中为企业提供了知识与技术支撑（见图1）。

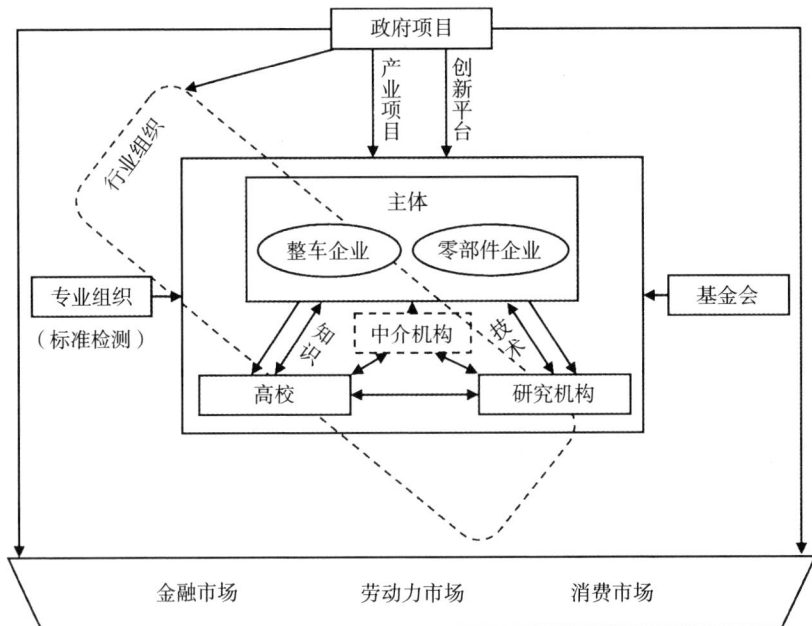

图1　美国汽车产业科技创新体系

资料来源：根据网上公开资料整理。

（二）企业的创新引领

整车及零部件企业是科技创新体系的主体，企业的研发投入及其带来的创新成果是科技创新体系的重要组成部分，推动着整个产业的科技创新和技术进步。美国企业具有很强的科技创新能力，根据欧盟委员会发布的"2022 年欧盟工业研发投资记分牌"（2022 EU Industrial R&D Investment Scoreboard），全球研发投入（R&D）前 2500 家公司中共有整车及零部件企业 148 家，其中美国企业共有 28 家，占 19%。在前 1000 家企业中，有整车及零部件企业 81 家，其中美国企业共有 15 家，占 19%。2021 年美国头部整车及零部件企业研发情况见表 1。

表 1　2021 年美国头部汽车及零部件企业研发情况

单位：亿欧元，%

英文名称	中文名称（简介）	研发投入	研发投入增速	研发强度
GENERAL MOTORS	通用（汽车制造商）	6975.1	27.4	6.2
FORD MOTOR	福特（汽车制造商）	6710.2	7.0	5.6
TESLA	特斯拉（电动汽车制造商）	2289.4	73.9	4.8
RIVIAN AUTOMOTIVE	里维安（电动汽车制造商）	1633.4	141.5	—
LUCID	路西德（电动汽车制造商）	662.4	46.8	—
BORGWARNER	博格华纳（汽车零部件供应商）	624.2	48.5	4.8
GOODYEAR	固特异（汽车零部件供应商）	437.9	27.2	2.8
NIKOLA	尼科拉（氢燃料整车制造商）	258.7	57.8	—
FISKER	菲斯克（电动汽车制造商）	253.3	1262.6	—
LORDSTOWN	洛德斯顿（电动汽车制造商）	250.8	285.4	—
NEXTEER	耐世特（汽车系统及零部件制造商）	228.9	-1.4	7.7
CANOO	卡努（自动驾驶汽车制造商）	217.4	72.4	—
VISTEON	伟世通（车载智能系统制造商）	168.6	-5.0	6.9
DANA	达纳（汽车配件供应商）	157.2	21.9	2.0

注：研发强度是研发投入占某组织或地区当期生产总值的比例。
资料来源：欧盟委员会，2022 EU Industrial R&D Investment Scoreboard。

美国传统汽车企业通用和福特处于全球研发前列。2021年通用和福特的研发投入在美国整车及零部件企业中分别位列第一、第二，分别排全球第4位和第6位。2021年，通用和福特的研发投入分别为69.75亿欧元和67.10亿欧元，通用研发投入增速很高，为27.4%，研发强度为6.2%；福特研发投入增速为7.0%，研发强度为5.6%。

特斯拉是美国重要的电动汽车公司，2022年特斯拉在全球范围内销售了131.4万辆汽车，销量在美国新能源汽车品牌中位列第一，占全球新能源汽车的12.8%，在全球范围内仅次于中国新能源汽车品牌比亚迪，位居全球第二。特斯拉将企业归类为科技创新公司，一直保持较高的研发投入，2021年的研发投入为22.89亿欧元，在美国整车及零部件企业中排名第三，研发投入增速为73.9%，研发强度为4.8%。

美国作为全球汽车产业最发达的市场之一，拥有通用、福特、特斯拉等全球知名的汽车企业，而在这些企业背后还有众多以博格华纳、固特异、耐世特、伟世通为代表的汽车零部件厂商，共同构筑起美国强大的汽车产业链，2021年上述企业的研发投入位列全球整车及零部件企业的第40~80名。

如今新能源汽车蓬勃发展，全球范围内涌现了众多的新能源汽车初创公司，其研发强度和增速远超传统汽车公司。里维安、路西德、菲斯克、洛德斯顿作为美国电动汽车新势力，2021年的研发投入分别为16.33亿欧元、6.62亿欧元、2.53亿欧元和2.51亿欧元，研发投入增速分别为141.5%、46.8%、1262.6%和285.4%。尼科拉是氢燃料整车制造商，2021年研发投入为2.59亿欧元，研发投入增速为57.8%。

（三）产学研融合的创新推动

美国汽车产业界、学术界和研究机构建立了良好的合作关系。一方面，这种合作关系是自发形成的，各个领域的企业、学术机构和研究机构之间通过合作共享资源、交流知识和技术，提高创新能力和竞争力；另一方面，美国政府也起到了一定的促进作用，通过政策支持和资源投入等方式，推动汽车产业界、学术界和研究机构之间的合作，为产学研融合提供了支持和动力。

在新能源汽车发展中，早期的克林顿政府提出"新一代汽车合作计划"（PNGV），这是一个庞大的高新技术产业计划，为期 11 年（1994~2004 年），共实施 758 项工程。PNGV 的初始目标是开发友好型汽车（燃烧效率提升 3 倍），最终目标是提高美国汽车产业生产力。PNGV 的组织框架见图 2。

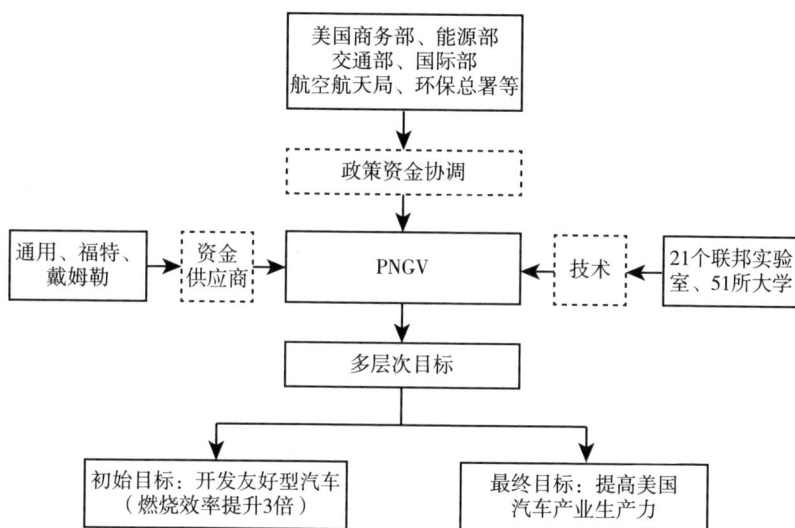

图 2　PNGV 的组织框架

资料来源：根据网上公开资料整理。

布什政府上台后，对交通系统进行升级，2002 年主持了"自由车计划"（Freedom CAR），研究重点转向燃料电池车，并首次把汽车的燃油消耗问题提到政治、经济安全性的战略高度。Freedom CAR 由 3 个机构组织实施，分别是执行委员会、操作组以及技术小组。每个小组都由来自政府和工业界的代表组成，使该计划的主要活动和决定都能在政府和企业间达成共识。Freedom CAR 的组织框架见图 3。

总体来看，美国汽车产业通过顶层设计推动建立产学研融合机制，这种机制为知识转化和技术创新提供了有效的平台，促进了产学研的紧密合作，推动了美国汽车产业的发展和竞争力的提升。

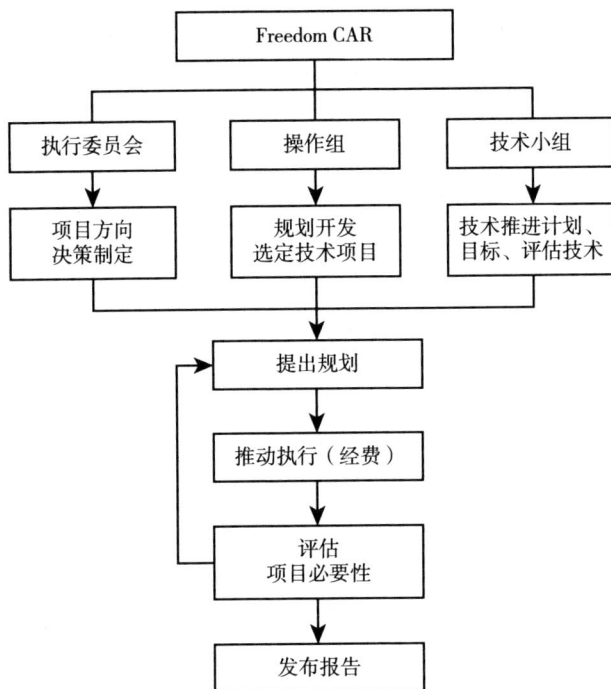

图 3　Freedom CAR 的组织框架

资料来源：根据网上公开资料整理。

（四）基金会、行业协会及研究机构的创新支撑

在美国汽车产业中，社会组织在科技创新体系中发挥着特殊作用。社会组织包括基金会、行业协会、研究机构等，其作用主要体现在研究资金和项目支持、技术和市场研究、标准制定和体系认证、政策倡导和交流等方面。

美国的基金会和研究机构提供了大量的研究资金和项目，支持汽车产业的创新研究。例如，美国国家科学基金会、美国能源部等机构每年投入大量的资金用于支持与汽车技术、材料和可持续交通等相关的研究项目。

美国行业协会和研究机构定期开展技术和市场研究，为汽车产业的创新提供数据和趋势分析。例如，美国汽车分析协会、世界汽车制造商协会定期提供市场研究成果，并指导企业的战略规划。

美国一些社会组织在标准制定和体系认证方面作用突出，通过制定各类标准，促进了汽车产业的创新，如美国汽车工程师协会、美国国家标准学会等。以美国汽车工程师协会为例，其发布的性能、安全等相关标准具有很强的权威性，部分已成为世界汽车应用的标准体系。

此外，基金会、行业协会和研究机构还是汽车产业参与者之间进行政策倡导和交流的平台。这些组织与政府和企业保持密切联系，代表着不同利益方，通过举办研讨会和论坛促进产学研之间的合作和交流，推动创新成果的转化和应用。

（五）金融市场、劳动力市场及消费市场的创新环境

由金融市场、劳动力市场和消费市场等构成的创新环境为美国汽车产业提供了必要的支持和条件，对美国汽车产业的发展具有重要的推动作用。

金融市场为美国汽车产业提供了资金支持和融资途径。例如，金融机构通过提供汽车贷款、租赁和融资等服务，提升消费者购买汽车的意愿。金融市场还通过企业债券、股票发行等资金筹集方式，支持汽车制造商的研发和生产。

劳动力市场对美国汽车产业的人才招聘至关重要。随着技术升级和数字化转型，美国汽车产业需要更多具备新技能和专业知识的员工。劳动力市场不断提供与美国汽车产业变革相适应的人才，以确保美国汽车产业拥有充足的高技能人才。

消费市场的需求是推动美国汽车产业发展的关键因素。消费者的购买力和购买意愿决定了汽车市场的发展情况。消费市场需求和消费者偏好的变化为汽车制造商进行产品开发和市场定位提供了重要指导。

二 美国汽车产业创新政策与项目推进

美国政府对于推广新能源汽车和智能化技术给予了越来越多的关注。为

了促进这一领域的发展，推动新能源汽车和智能化技术的持续创新，美国政府发布了许多产业政策，并实施了相关的产业项目。

（一）拜登政府汽车产业创新政策

拜登政府重视创新和科技发展，并推出一系列措施促进科技创新、发展新兴产业、推动技术转移和商业化应用，以提升美国的创新能力和全球竞争力。此外，"美国制造业税收计划"（Made in America Tax Plan）、"美国就业计划"（American Jobs Plan）等从税收、人才培养等方面强调优化创新环境。

拜登政府倡导推动可持续发展和清洁能源转型，加大对电动汽车和智能出行技术的支持和投资力度。同时，拜登政府致力于推进自动驾驶技术的发展，并加强与科技企业的合作，鼓励创新和新技术的应用。拜登政府在产业投资、研发支持、补贴政策和市场政策等多个方面加大了对汽车产业的支持力度（见表2）。

表 2 拜登政府汽车产业相关政策

领域	主要内容
产业投资	1. 2021年4月，美国能源部宣布为充电设施相关的研发提供资金，其中：400万美元用于鼓励紧密的合作伙伴关系和新项目，增加工作场所充电设施；1000万美元用于研发创新技术以降低供电设备成本；2000万美元用于加快商用插电式电动汽车（PEV）和配套基础设施的普及 2. 2021年5月，美国计划投入1740亿美元实行"电动汽车计划"，其中：1000亿美元用于消费者电动车退税；250亿美元用于电动公交拨款；200亿美元用于电动校车拨款；140亿美元用于其他电动车税收优惠，如为联邦政府车队和美国邮政更换电动汽车；150亿美元用于电动车基建，计划在2030年前建立一个由50万个充电桩（约10万个充电点）组成的全国网络 3. 2021年11月5日，美国通过1.2万亿美元的《基础设施投资和就业法案》（Infrastructure Investment and Jobs Act），其中：50亿美元用于扩大电动汽车的高速公路充电范围；25亿美元用于电动汽车充电或替代方案，如氢燃料基础设施；25亿美元用于推进校车的电气化
研发支持	"美国就业计划"呼吁国会投资350亿美元用于与能源和气候相关的变革性研发，其中150亿美元专门拨给美国能源部；"美国就业计划"还将投资400亿美元来升级实验室和网络等研究基础设施

领域	主要内容
补贴政策	2022 年 8 月 16 日,拜登在白宫签署《通胀削减法案》。根据该法案的规定,满足相应条件的车辆最高可以获得 7500 美元的税收抵免优惠,这些条件主要为:车辆电池包至少 50%的组件必须是在北美(指美国、加拿大和墨西哥)生产或组装的,可享受第一笔补贴;车辆电池至少 40%的关键材料必须是在美国或与之有自由贸易协定的国家进行开采或加工的,可享受第二笔补贴;购买者的年收入和车辆的售价也必须满足相关要求
市场政策	1. 2021 年 8 月 5 日,拜登代表美国政府与福特、通用和 Stellantis 集团的代表以及美国汽车工人联合会成员在白宫签署新的行政命令,宣布到 2030 年美国电动汽车销量占比达到 40%~50% 2. 2021 年 12 月 8 日,拜登签署一项行政命令,美国政府计划在 2035 年之前停止购置燃油车,以减少排放并推广电动汽车

资料来源:根据网上公开资料整理。

(二)美国自动驾驶汽车创新项目

自动驾驶汽车创新被看作未来汽车产业发展的重要方向,对社会和经济的影响将持续扩大,因此美国政府积极参与并推动自动驾驶汽车创新发展。2020 年美国政府与美国交通部联合启动"AV4.0"计划。在"AV4.0"计划的基础上,2021 年美国发布"自动驾驶汽车综合计划"[1](Automated Vehicles Comprehensive Plan),旨在确保美国自动驾驶的全球领先地位,进一步明确了美国自动驾驶汽车产业发展的三大目标、五大领域及三类公共平台,更加具体地引领自动驾驶汽车的发展。

通过"自动驾驶汽车综合计划",美国交通部与利益相关方持续开展合作,组织方式包括政府间合作、国际合作、公共参与(见图 4)。在政府间

---

[1] "自动驾驶汽车综合计划"确立的三个目标包括促进协作和透明度,建构现代化的监管环境,提高运输系统的安全性、效率及使用便利性。重点发展五大领域,包括低速无人小货车、低级别自动驾驶乘用车、高级别自动驾驶乘用车、高速公路长途自动驾驶货车和低速接驳班车。重点发展三类公共平台,包括交通领域公共云服务平台卡马系统(CARMA)、车路协同的研发—测试平台和交通安全数据信息共享共用系统。

合作方面，美国通过"AV4.0"计划协调 38 个部门及机构的自动驾驶汽车相关合作工作，提供了政府间合作的框架。在国际合作方面，积极推动制定自动驾驶汽车测试应用的原则和公共政策，通过各种国际会议，推广安全标准、监管政策和程序。在公众参与方面，与公众共享自动驾驶汽车安全互动信息。

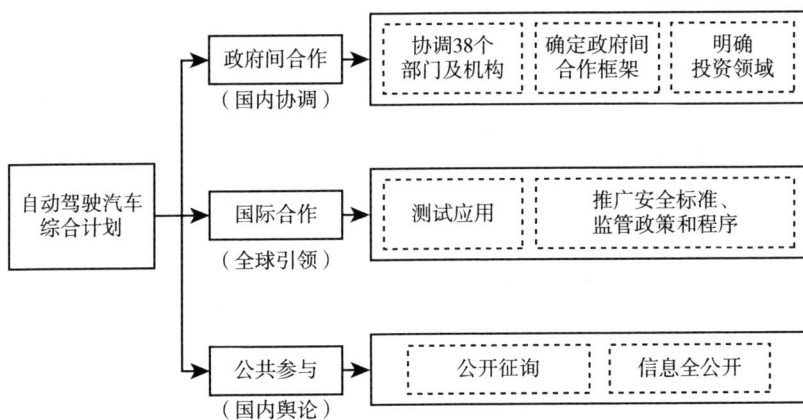

图 4　自动驾驶汽车综合计划的组织框架

资料来源：根据网上公开资料整理。

三　美国汽车产业创新体系的特点

（一）政府的调控与协调作用突出

从美国汽车产业科技创新发展过程来看，政府发挥了重要的推动作用。在政府的支持和主导下，美国汽车产业相关组织机构联合开展了一系列行动计划，如友好型汽车方面的 PNGV、燃料电池汽车方面的 Freedom CAR、自动驾驶方面的"AV4.0"计划以及"自动驾驶汽车综合计划"。在政府政策的引导下，美国高校、科研机构、企业等建立了协调创新机制，创造了一个有利于科技创新和公平竞争的市场环境，促进科研成果快速应用到产业领域。

（二）高校在创新模式的构建中作用突出

美国高校在基础研究领域占有非常重要的地位，在整个国家的科技创新体系中发挥着重要作用。美国高校通过科研创新、人才培养、产学研合作等方式，为汽车产业的创新和发展提供智力支持，并推动汽车产业的转型升级。美国的多个行动计划都强调高校在产学研协同创新中的作用，形成以政府为主导（指导项目研究和制定总体开发规划）、以大学为主力（负责研发新技术）、以企业为平台（将科技创新成果与企业核心能力相结合）的"三位一体"研发体系。

（三）国家实验室参与协同创新

美国政府积极推动国家实验室参与汽车产业科技创新。如 PNGV 涉及 21 个国家实验室，这些国家实验室拥有多学科合作、先进设施、大规模数据资源、科学声誉和专业知识等优势，在解决汽车产业复杂问题方面发挥重要作用。通过与汽车制造商、供应商和其他研究机构的合作，国家实验室主要开展与汽车相关的前瞻性研究，包括新能源汽车技术、智能网联汽车技术、轻量化材料等，为汽车产业提供创新的技术解决方案和指导。

（四）整车企业及供应链体系共同参与科技创新

美国的整车企业和零部件企业重视研发活动，研发投入位居世界前列，推动着新产品开发和技术应用，在行业中拥有较高的地位和较大的影响力。同时，美国的整车企业和零部件企业建立了协同创新和合作关系，通过加入共性技术平台，整车企业和供应链体系能够相互促进，共同解决技术难题，推动新技术的应用。

四　美国汽车产业科技创新对我国汽车产业的启示

在新能源汽车产业国家战略、发展规划和产业政策方面，中国起步较早，为新能源汽车技术发展和商业模式创新奠定了良好基础。当前，全球主要汽车生产国纷纷加大政策支持力度，跨国车企也加大研发投入力度，为全球汽车产业发展注入了强大动力。同时，这使产业竞争日趋激烈。我国新能源汽车产业发展取得了明显成效，但仍存在产业科技创新体系不健全、基础研究薄弱等问题。新能源汽车、智能汽车融合多种变革性技术，需要持续的科技创新来支撑发展。结合美国汽车产业科技创新发展经验和中国发展实际，可以从以下四个方面优化我国汽车产业科技创新体系。

（一）提升政府在资源配置中的作用

在科技创新体系建设中，政府的作用至关重要。中国政府相关部门非常重视汽车产业发展，从战略高度谋篇布局。从现阶段来看，中国汽车产业在政策资源上占有明显优势，主要省份都设立了汽车产业发展相关项目，但在项目资金统筹、政策统筹等方面还存在沟通、衔接不畅等问题。借鉴美国的经验，中国可以采取一些措施来优化资源配置、提升效率。首先，应加强顶层设计，建立更加统一和协调的政策框架。通过制定明确的政策和统一的标准，消除不同部门和地区之间的不协调之处，提高项目资金的统筹和分配效率。其次，建立跨部门的合作机制，加强沟通与协调。不同部门之间应加强信息的共享和交流，避免重复的项目建设和资源浪费。建立协同工作平台，加强政策和资金整合，促进各方面的资源共享和协同创新。

（二）推动高校原创性研究支撑产业长远发展

当前汽车产业面临新一轮科技革命，汽车的供需边界逐渐模糊，供应链结构不断发生改变。要在"无界"中健康持续向前发展，就必须掌握核心技术。当前国际形势发生了重大变化，我国企业面临的竞争日益激烈，西方技术封锁趋势明显。在这一背景下，中国必须提高自主研发创新能力，为企业抵抗或降低外部技术封锁带来的风险提供有力支撑。美国科技创新经验表明，高校在创新生态的构建中发挥着关键的作用。当前，我国高校基础性研究对汽车产业的前瞻性引领作用较弱，需要加强高校原创性研究，并为汽车产业创新发展提供源源不断的人才支持。

（三）政府项目可为产学研合理分工提供试验场

当前，中国产学研之间尚未形成良好的利益共享机制，企业、高校和科研机构之间存在资源分配和权益分配问题。此外，信息传递、技术交流和项目合作等方面仍存在阻碍，限制了产学研合作的深入发展。美国的经验表明，政府可以促进产学研之间的合理分工和互补发展，并且引导更多的国家实验室共同解决一些难点问题。政府的引导作用能够打破各方之间的壁垒，构建起合理分工、各司其职的科技创新生态系统，促进产学研合作的深入发展和创新成果的转化。

（四）共性技术平台应有明确的管理机制

中国于 2001 年启动的"863 计划"电动汽车重大专项为推动国内新能源汽车产业的发展做出了重要贡献，成为政府支持产业创新的典范。然而，经过数十年的发展，共性技术研究中仍有一些问题需要继续解决。比如，大多数平台的资源整合力度不足，在确定研究方向、投入研发资金、分担研究成本、共享研发成果等方面还没有建立有效的问题解决机制。此外，中国广泛采用联盟模式，存在关系不稳定、可持续性不强等问题。美国的经验显示，共性技术平台需要建立明确的管理机制以确保合作的有效进行。共性技术平台涉及多方合作，还需要加强知识产权保护和管理。

B.19
2023年日本氢燃料电池汽车
科技创新发展情况

鲍荣景*

摘　要： 目前，日本氢燃料电池汽车相关技术及产业处于全球领先地位，这离不开科技创新的驱动。本报告通过回顾日本氢能技术创新支持政策及关键节点，为推动中国汽车产业技术进步及更好发展提供参考，从持续完善政策体系、强化先进技术攻关、推动国际标准协同、加强全球合作4个方面提出建议。

关键词： 氢燃料电池　汽车产业　日本

日本氢燃料电池汽车产业的发展起步较早，在几十年的发展历程中，从政策制定到技术储备均积累了一定经验并走在世界前列。中国的氢燃料电池汽车产业已进入快速发展期，日本发展氢燃料电池汽车产业的经验及未来发展目标对中国加快产业发展进程具有借鉴意义。本报告重点梳理了日本氢燃料电池汽车产业代表性企业的发展历程，总结了日本氢燃料电池汽车产业的科技创新特点、政策、主体，从日本氢燃料电池汽车产业发展概述、日本氢燃料电池汽车产业科技创新特点、日本氢燃料电池汽车科技创新发展趋势、对中国汽车产业科技创新发展的启示四个部分展开论述。

---

* 鲍荣景，国际氢能燃料电池协会氢能燃料电池产业与标准分析师，主要研究方向为氢燃料电池。

一　日本氢燃料电池汽车产业发展概述

（一）政策发展

自 2013 年以来，日本政府持续发布一系列支持氢能与燃料电池产业发展的政策，构建"氢能社会"的框架。表 1 展示了 2013～2023 年日本支持氢能与燃料电池产业发展的政策，其中 2023 年修订的《氢能基本战略》提出重点发展燃料电池商用车，并通过促进技术发展来提高商业燃料电池的发电效率；在促进区域氢能利用层面，利用区域资源发展氢能制储运相关设施，并建立基础设施网络以促进氢能使用，同时加强地方合作并推进区域示范。

表 1　2013～2023 年日本支持氢能与燃料电池产业发展的政策

政策	发布/修订年份	关键内容
《日本再复兴战略》	2013 年发布 2014 年修订	2013 年《日本再复兴战略》首次发布，从国家层面奠定发展氢能的基调，并开始开展加氢站早期建设工作。2014 年，该战略经日本政府修改，正式提出建设"氢能社会"愿景。同年，日本在《第四次能源基本计划》中将氢能定位为与电能和热能并列的核心二次能源
《日本氢能和燃料电池战略路线图》	2014 年发布 2019 年修订	该路线图提出发展氢能与燃料电池产业各环节的关键目标，规划 2020～2030 年建立大规模氢能供应系统，到 2030 年燃料电池装置使用量达到 530 万台，并从 2040 年开始建立零排放的氢能制储运产业链。修订后的路线图着眼于燃料电池技术领域、氢供应链领域和电解技术领域，确定将车载用燃料电池等作为有限发展目标，规划到 2025 年氢燃料电池汽车保有量达到 20 万辆，2030 年达到 80 万辆
《氢能源白皮书》	2015 年发布	该白皮书确定推动氢能成为电源的一部分，计划到 2030 年形成万亿日元的家用燃料电池与燃料电池汽车国内市场，到 2050 年市场规模扩大至 8 万亿日元
《氢能基本战略》	2017 年发布 2023 年修订	该战略于 2017 年发布，2023 年 6 月修订。该战略预计 2030 年在日本国内普及约 80 万辆乘用车，提出 2030 年加氢站达到 1000 座，普及 300 万台家用燃料电池热电联产系统，燃料电池发电效率从 40%～55% 提高至 60%

政策	发布/修订年份	关键内容
《第五次能源基本计划》	2018 年发布	该计划规划了 2030～2050 年的能源发展方向,提出推动二次能源结构改善,积极推进氢燃料电池、氢燃料电池汽车的发展及"氢能社会"的构建

资料来源：日本经济产业省。

（二）氢燃料电池汽车市场年度变化与发展趋势

2017～2023 年，日本氢燃料电池汽车市场销量为 6256 辆（见图 1），年度销量走势于 2021 年出现大幅增长，达到 2441 辆，增量几乎完全由丰田集团的产品贡献，然而 2022 年日本氢燃料电池汽车市场销量仅为 831 辆，同比下降约 66%。2020 年丰田集团发布了新款氢燃料电池车型，2021 年销量增长可能与此有关。

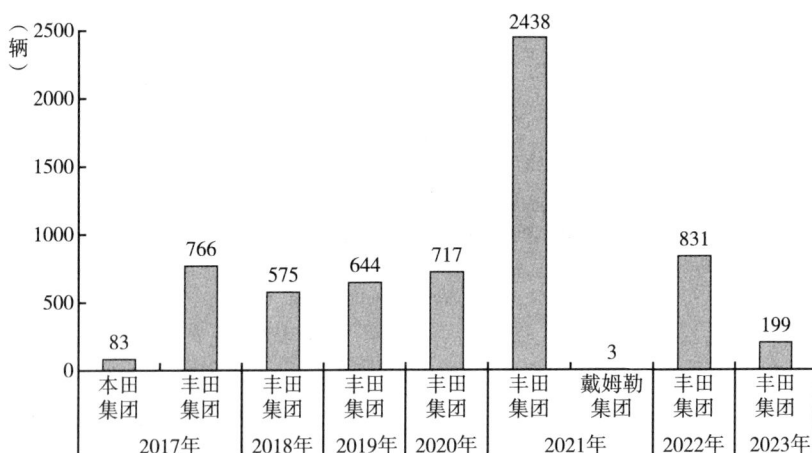

图 1　2017～2023 年日本氢燃料电池汽车市场销量

说明：2023 年数据截至 6 月。
资料来源：Marklines 全球汽车信息平台。

（三）氢燃料电池汽车主要生产企业发展历程

日本汽车制造商自20世纪90年代初开始研究并开发氢燃料电池汽车，最初均以乘用车作为起点。如图2所示，丰田首辆氢燃料电池汽车FCHV-1于1996年推出，该产品以RAV4为基础，是丰田第一款氢燃料电池汽车；马自达于1997年展出其首款氢燃料电池汽车实验原型Demio FCEV；本田氢燃料电池汽车原型FCX－V1于1999年亮相。这些车型最初使用金属储氢装置来储存氢燃料，后来改用高压储氢罐。随后，借助混合动力技术，汽车制造商加速了氢燃料电池汽车商用车型的全面开发。

（a）丰田FCHV-1　　　（b）马自达Demio FCEV　　　（c）本田FCX－V1

图2　丰田、马自达、本田氢燃料电池汽车示意

资料来源：相关车企网站。

1. 丰田氢燃料电池汽车发展历程

丰田和本田在日本交通运输领域制造了最多的商业化乘用车，其中丰田所占份额最大。作为全球最具代表性的氢燃料电池汽车企业，丰田曾推出世界上首款商业化氢燃料电池汽车。1996年，丰田对RAV4进行改装，采用10kW的PEM燃料电池和金属储氢装置，推出了第一代氢燃料电池汽车FCHV-1。随后，丰田持续提升燃料电池技术，并且不断改进储氢系统。经过多年的发展，丰田的氢燃料电池汽车基本确定了技术路线，即重点研发高功率氢燃料电池系统并优化高压储氢瓶使用方式。丰田氢燃料电池汽车产品概况见表2。

表 2 丰田氢燃料电池汽车产品概况

单位：kW，km

型号	发布年份	燃料电池功率	储氢配置	续驶里程
FCHV-1	1996	10	金属储氢装置	250
FCHV-2	1997	25	金属储氢装置	500
FCHV-3	2001	90	金属储氢装置	300
FCHV-4	2001	90	25MPa 储氢瓶	250
FCHV-5	2001	90	35L"清洁碳氢燃料"罐	—
FCHV-adv	2008	90	70MPa 储氢瓶	830
Mirai-1	2015	114	70MPa 储氢瓶	650
Mirai-2	2020	128	70MPa 储氢瓶	750~850
Crown FCEV	2023	128	70MPa 储氢瓶	820

资料来源：根据网上公开资料整理。

2. 其他日本车企氢燃料电池汽车研发与创新历程

本田公布的第一款氢燃料电池汽车 FCX-V1 使用的是巴拉德公司的燃料电池电堆，搭载本田自研氢燃料电池电堆的 FCX-V2 上使用了甲醇重整制氢技术，2003~2007 年本田停止了对氢燃料电池汽车的持续更新，直到 2007 年氢燃料电池汽车 CLARITY 面世。此后，本田再度暂停氢燃料电池汽车技术更新，到 2014 年才重新公开了概念车型"FCV CONCEPT"，并于 2017 年实现氢燃料电池汽车"CLARITY FUEL CELL"的量产，其可实现在 3~5 分钟充满氢，单程最长可行驶 588 公里[1]，其燃料电池电堆较上一代实现了 33%的小型轻量化[2]。

日产从 1996 年开始研发氢燃料电池汽车，1999 年 5 月推出了其第一款使用甲醇重整制氢燃料电池的车型"R'NESSA"并开始行驶试验。2005 年推出了搭载 70MPa 储氢瓶的"X-TRAIL"，并搭载了日产自己开发的氢燃料

---

[1] 资料来源：甄子健：《日本燃料电池汽车产业化技术及战略路线图分析》，《电工电能新技术》2016 年第 7 期。

[2] 资料来源：Honda Motor。

电池电堆，该车加速性能可比肩传统燃油车。2012 年，日产推出了概念车型"TeRRA"，该车集成了日产在 SUV 和 FCEV 方面的优势及以往基础，并使用了日产纯电动车"Leaf"的量产电驱动技术和产品系统。

（四）推进氢燃料电池汽车应用

加氢基础设施的发展与氢燃料电池汽车的采用率之间存在相关性，日本政府在《氢能基本战略》中提出，到 2030 年加氢站数量达到 1000 座。目前，日本正在运营的加氢站已覆盖除东北地区以外的大部分区域，主要位于东京、中部、关西和北九州四个都市圈，其中东京都市圈在营的加氢站数量最多。

由于能源和自然资源相对匮乏，且战略经济重点放在开发新技术上，日本在氢燃料电池研究方面一直走在前列，研发支出占 GDP 的比例较高。日本氢燃料电池技术的开发始于 1981 年的"月光计划"，该计划使得用于固定式发电的大规模（1MW）磷酸燃料电池（PAFC）成功部署并最终商业化。质子交换膜燃料电池（PEMFC）于 1992 年才开始成为车辆电动化的一种选择[1]。

日本政府曾推出针对先进车的激励政策，2016 年，丰田推出 Mirai 第一代时，其标价定在 700 万日元以上，在政府的激励措施下，价格降至 500 万日元左右。

二 日本氢燃料电池汽车产业科技创新特点

（一）日本政府注重研发投入

日本政府是推动产业创新并将氢气作为新一代能源的战略主体，其资金支持是推动日本氢能产业发展的重要因素之一。日本对氢能产业的资助远远

---

[1] 资料来源：Gareth E. Haslam, Joni Jupesta and Govindan Parayil, *Assessing Fuel Cell Vehicle Innovation and the Role of Policy in Japan, Korea, and China*。

超过其他国家，有资料表明，2009~2019 年，日本政府累计为氢能产业分配的资金约为 37.8 亿美元，其中大部分在 2011 年之后分配，即大部分预算都集中在技术推广补贴（用于加氢站、燃料电池汽车、固定式燃料电池等）和示范上[1]。

日本经济产业省是日本氢能产业的主要资助机构，其资助主要通过日本最大的公立研究开发管理机构——日本新能源和产业技术综合开发机构（The New Energy and Industrial Technology Development Organization，NEDO）分配。NEDO 是日本最大的公立研究开发管理机构，主要目标是解决能源和环境问题并促进科技产品的转化。据统计，2010~2015 年，NEDO 共获得政府投资 3.55 美元（约为 529.8 亿日元），主要用于氢能和燃料电池技术开发。NEDO 对燃料电池的研究从 1981 年开始，主要包括磷酸燃料电池、固体氧化物燃料电池（SOFC）和固体高分子燃料电池（PEFC）。除燃料电池之外，NEDO 还进行氢能利用相关的技术开发，并以东京、名古屋、大阪和福冈为中心建成约 100 座加氢站。NEDO 也对氢发电技术以及制氢、储氢、运氢等与氢全产业链相关的新技术进行研究和开发。此外，日本环境省和内阁也资助了氢能产业的研发[2]。

（二）企业注重关键技术突破

根据丰田氢燃料电池汽车产品技术参数分析，丰田基本确定了技术创新攻关重点，即氢燃料电池电堆系统的功率提升和车载储氢系统的优化。

丰田在氢燃料电池乘用车底盘、储氢系统及动力系统布局上做出了创新。与上一代相比，Mirai-2 搭载了 3 个 70MPa 储氢瓶以提升续航能力（见图 3），其中一个位于底盘，以保证车厢的舒适度；丰田同时将氢燃料电池电堆系统和其他动力装置从底盘移至发动机舱，电机也从整车前部移至后部。

---

[1] 资料来源：Gregory Trencher, Araz Taeihagh and Masaru Yarime, *Overcoming Barriers to Developing and Diffusing Fuel-cell Vehicles: Governance Strategies and Experiences in Japan*。

[2] 资料来源：Fanyue Qian, *Study on the Economy Potential and Implication of Hydrogen Energy System with Carbon Tax Introduction*。

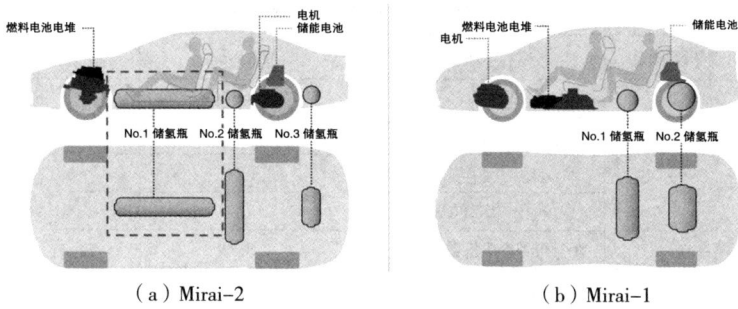

（a）Mirai-2　　　　　　　　　（b）Mirai-1

图 3　Mirai-1 与 Mirai-2 底盘布局对比

资料来源：Toyota motor。

Mirai-2 较上一代产品在动力上有明显提升，可提供瞬间扭矩以实现强劲的响应和平稳的加速。在氢燃料电池方面，Mirai-2 的氢燃料电池输出功率密度较上一代提升了约 54%，达到 5.4kW/L，最大输出功率达到 128kW。Mirai-1 与 Mirai-2 从 50km/h 开始全力加速的动力表现见图 4。Mirai-1 与 Mirai-2 参数对比见表 3。

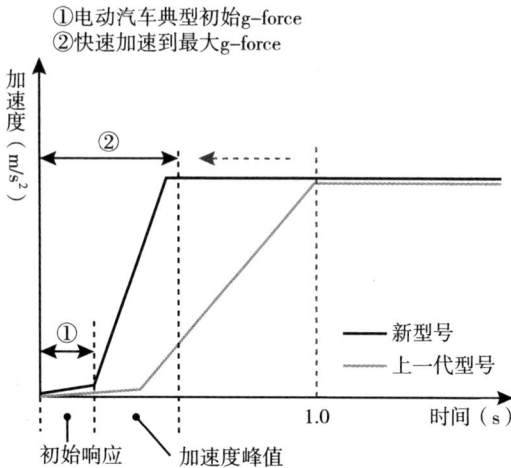

图 4　Mirai-1 与 Mirai-2 从 50km/h 开始全力加速的动力表现

资料来源：Toyota motor。

表3　Mirai-1 与 Mirai-2 参数对比

对比内容	指标（单位）	Mirai-2	Mirai-1
整车	巡航里程（km）	750~850	650
	最大速度（km/h）	175	175
燃料电池	输出功率密度（kW/L）	5.4	3.5
	最大输出功率（kW[PS]）	128	114
储氢系统	70MPa 储氢瓶数量（个）	3	2

资料来源：New Mirai Press Information 2020。

（三）产业链上下游注重创新示范

日本经济产业省提出发展一体化氢供应链，目标是到 2030 年氢气交付成本达到 0.2 美元每标方[①]。在加强氢的储存和运输方面，日本经济产业省强调提高氢液化工艺技术水平。同时，日本经济产业省支持气体发电研究项目，目标是到 2030 年实现氢和氨作为发电燃料的商业化使用[②]。

为进一步促进氢能的广泛利用，日本也在氢氨融合方面做出积极尝试。日本最大的燃煤电厂 Hekinan 热电厂已经开始测试以氨代替 20%的煤进行发电。日本相关公司正在部分东南亚国家实施类似布局战略，特别是距日本较近且拥有大量煤炭船队的国家。三菱重工和 PLN 已开始研究氢气和氨气共燃的可行性，并在新加坡开展了纯氨直接燃烧、氢氨共燃等项目。MOL、三菱和千代田正在与泰国的 EGAT 合作生产和利用清洁氢气和氨气，并供应给国内和国际市场。

（四）示范与应用模式创新

日本产业界积极推进氢能燃料电池汽车产业链向下游拓展，以丰富应用场景。在交通运输领域，日本致力于推广氢燃料电池商用车和创新零排

---

① 原文为 JPY 30/Nm³。
② 资料来源：*Focus on Hydrogen: Japan's Energy Strategy for Hydrogen and Ammonia*。

放船舶、氢能飞机。日本熊本红十字会医院与丰田已对世界上第一个氢燃料电池电动汽车移动诊所进行示范测试，目标是确认商用氢燃料电池电动汽车在医疗领域和灾害对策领域的有效性，并实现碳中和。2022年，JR东日本与丰田、日立联合研发以氢燃料电池和蓄电池为电源的混合动力列车"云雀"（HYBARI），预计将在2030年开始商业化服务。在加氢站功能的多样化方面，日本提出的发展目标是加氢站不仅可以为车辆加氢，还可以为备用电源供电。此外，在零排放船舶开发领域，日本主要围绕以氢氨燃料为主的零排放船舶和以碳捕获船、超高效液化天然气船为主的低排放船舶开展阶段性研究和实验工作。超高效液化天然气船预计2030年实现批量生产。在氢能飞机方面，日本与欧美合作，并主抓液态氢储罐、氢内燃机燃烧室、机体结构、飞机复杂形状和轻量化的复合材料等的研发与突破[①]。

三 日本氢燃料电池汽车科技创新发展趋势

（一）日本政府牵头推动氢燃料电池降低生产成本

目前，日本氢燃料电池汽车的推广工作主要集中在乘用车领域，瞄准市场最有可能通过规模经济降低生产成本的方面。在技术研发层面，日本经济产业省曾宣布投入近2000万美元（约为29亿日元）研发更高性能和更低成本的燃料电池，并示范用于商业[②]。

NEDO实施了两种类型的研发项目，分别为"燃料电池应用"与"发展氢能需求"。在氢燃料电池应用方面，2019年已完成2个项目，在固体高分子燃料电池和固体氧化物燃料电池领域取得了大量研究成果，2020年启动了新项目，其研究方向与内容如表4所示。

---

① 资料来源：Toyota Motor。
② 资料来源：Shigeki Iida, Ko Sakata, *Hydrogen Technologies and Developments in Japan*。

表4　2020年NEDO实施的氢燃料电池应用项目及目标

项目	目标
移动端固体高分子燃料电池	1. 到2030年,商用车寿命达50000小时,燃料电池系统体积功率密度高于0.6kW/L 2. 注重基础研究,加速材料/膜电极的开发 3. 提高生产能力
固定式固体氧化物燃料电池	到2030年,发电效率高于60%

（二）路线图指明产品技术创新方向

NEDO在其发布的"FCV·HDV用燃料电池技术开发路线图"中提出,到2030年和2040年左右,大型商用车氢燃料电池系统体积功率密度分别达到0.6kW/L、0.8kW/L;气态高压储氢密度分别达到28g/L、29g/L以上;燃料电池电堆耐久性达到50000小时;铂载量分别达到0.19g/kW、0.07g/kW。为实现这些目标,燃料电池材料技术和生产技术、储氢技术和数字转换(DX)技术等基础技术成为需要开发的重点技术。日本FCV用燃料电池技术开发路线(部分)如表5所示。

表5　日本FCV用燃料电池技术开发路线（部分）

指标	现在	2030年左右	2040年左右
普及场景	日本国内部分车型	面向大众消费品市场全面普及,适用于更多车型,与更多电堆和外围设备制造商和供应商合作,降低成本,大幅减少电堆废热,提升耐久度	
产品目标	以车型扩大为前提,以轿车以外的SUV、厢式货车、皮卡为目标对象,未来会设定具体的目标值		
系统规格及高压储氢密度	6wt%,20g/L	10wt%,28g/L	15wt%,29g/L以上
工作温度范围	启动最低温度:-30℃ 工作最高温度:90~95℃	启动最低温度:-30℃ 工作最高温度:105℃	启动最低温度:-30℃ 工作最高温度:105~120℃
耐久性	15年以上	15年以上	适合未来社会的水平

资料来源：NEDO。

（三）专利价值促进产业发展创新

从 1998 年开始，日本氢燃料电池汽车专利总数的增长主要由汽车制造商推动。在 1999~2019 年的专利申请中，丰田和本田是排名前二的申请方，专利权人的比例为 87%，数量最多，其次是大学、研究机构和个人，最少的是政府机构。专利权人合作中，企业与企业所占比重最高，第二是企业与大学，第三是企业与科研院所。2002~2022 年日本的氢燃料电池汽车专利申请趋势可分为 3 个阶段：起步阶段（2002~2008 年）、成长阶段（2009~2016 年）和加速阶段（2017~2022 年）。

有研究表明，单项专利价值的提升能够明显促进氢燃料电池汽车产业的发展。在氢燃料电池汽车技术创新过程中，应更加注重平均技术水平的提高，而不是总体技术水平的提高。造成这种情况的原因可能是氢燃料电池汽车的核心专利掌握在少数公司手中，虽然专利开发的参与者很多，但相比已公开的专利，真正高价值的专利要少得多。日本正在积极推进氢能的普及，丰田早在 2015 年就提出将氢燃料电池汽车技术专利免费开放，其中包括关于氢气生产和加氢站建设的专利。这一举措旨在促进全球氢燃料技术的发展，并扩大市场规模，为将来在更大范围内获得收益打下基础[①]。

四　对中国汽车产业科技创新发展的启示

日本在氢燃料电池汽车技术上的领先水平为其打开了更大的市场，提升了其在汽车领域的地位，推动了本国相关企业的良性竞争，激发了较大的市场潜力。从长远来看，拥有丰富可再生能源的国家可能成为绿色产业中心，吸引能源密集型企业。对于中国汽车产业而言，可从以下几个方面重点推动科技创新。

---

① 资料来源：Yanfei Li，Jia Zhao and Jianjun Yan，*Technological Innovation and the Development of the Fuel Cell Electric Vehicle Industry Based on Patent Value Analysis*。

一是持续完善政策体系。从国家层面进一步强化顶层设计，统筹产业链绿色布局，明确"绿氢生产"的原则与目标，循序渐进地出台推动绿氢产业发展的指导性、规划性和鼓励性政策。

二是强化先进技术攻关。加强氢能关键技术的研发、示范和规模化应用。加快突破可再生能源制氢技术，攻关氢气长距离大规模储运技术，在氢燃料电池核心材料关键零部件、氢燃料电池整车寿命等方面取得突破。统筹推进氢能基础设施建设，有序推进氢能多元化应用。

三是推动国际标准协同。重点加快可再生能源制氢及碳排放核算，加氢设施、加氢站建设及运营，氢燃料电池汽车整车及关键零部件，氢泄漏安全防控等方面的标准制定，促进国内国际氢能产业标准互认互联互通。

四是加强全球合作。积极推动氢能领域对外交流合作，利用好国内国际两个市场、两种资源，积极融入全球氢能产业链、供应链，推动形成有利于国际氢能产业发展的良好生态。

B.20

美国智能电动车企业创新特征分析：
以特斯拉为例

王 月 鹿文亮*

摘 要： 相对于传统汽车企业，一些科技企业通过大胆创新，在电动汽车、智能网联汽车、智能出行等领域取得了突破性进展。特斯拉作为电动汽车、智能网联汽车新赛道的主要开创者，具有一定代表性。本报告从多维度分析特斯拉科技创新发展趋势，并与通用、福特等传统汽车企业比较，总结特斯拉科技创新的特点和经验，为我国汽车企业转变创新思路、加快创新步伐提供借鉴。

关键词： 特斯拉 智能网联汽车 电动汽车 汽车产业 美国

随着新科技革命蓬勃发展、全球产业链优化重组，当今世界汽车产业经济布局和竞争格局发生显著变化。相对于传统汽车企业，一些科技企业通过大胆创新，在电动汽车、智能出行等领域取得了突破性进展。这些企业改变了传统汽车产业创新的思路，带来了生机勃勃的创新氛围，加快了汽车产业的科技创新步伐。

在汽车产业新赛道上，特斯拉是典型代表。特斯拉于 2003 年成立，20 多年间从一家初创公司成长为全球电动汽车的领导者、电池技术的先驱者、自动驾驶领域的主角。从成立之初，特斯拉就打破了行业惯例，不断拓展创新

---

* 王月，博士，北京工商大学嘉华学院副教授，主要研究方向为汽车产业科技创新；鹿文亮，博士，中国科学院科技战略咨询研究院高级工程师，主要研究方向为新能源与智能汽车产业。

领域，特别是在纯电驱动、中央控制架构、智能化生产、自建充电网络、直销模式、数字功能和自动驾驶等方面成绩斐然，被视为汽车行业创新能力最强的公司之一。本报告从企业发展、研发投入、专利数量等维度分析特斯拉科技创新发展趋势，并与通用、福特等传统汽车企业比较，总结特斯拉科技创新的特点和经验，为我国汽车企业转变创新思路、加快创新步伐提供借鉴。

一　特斯拉科技创新发展趋势

（一）特斯拉企业发展与销量分析

在特斯拉成立之初，电动汽车的发展环境并不友好。1991年美国通用曾推出了全球第一款正式意义上的电动汽车 EV-1，到 2002 年累计生产了 2000 辆，但因在技术上存在诸多问题，搁置了推进进程。马斯克作为特斯拉的灵魂人物，于 2004 年以投资人身份正式加入特斯拉，2008 年正式出任特斯拉 CEO，使特斯拉在 2008 年全球金融危机的背景下先后获得戴姆勒和美国能源部的资金支持，得以迅猛发展。在发展战略上，特斯拉采取"从高往低"的策略，优先发展高端汽车，然后逐步向中低端延伸。

2009 年，特斯拉发布第一款量产车型 Model S，定位为豪华四门电动轿车，2012 年正式交付市场后大受好评，2013 年 Model S 在美国中大型豪华轿车中的市场占有率超过奔驰 S 系、宝马 7 系等老牌豪车品牌，排名第一。Model S 的成功量产给传统燃油车带来了很大"震撼"。

2016 年，特斯拉面向大众消费群体推出了入门级车型 Model 3，正式交付前已收到超过 10 万份订单，正式推出之后订单数量仍快速增长。但此时特斯拉产能不足的问题凸显，随后其花费大量时间和资金完成工厂自动化升级，并于 2018 年在中国上海建设工厂，进一步提升了产能。2019 年，特斯拉发布紧凑型 SUV Model Y，并于 2020 年在中国上海工厂生产。

随着不断的成长，特斯拉逐步解决在电动汽车生产过程中的各种难题，为全球其他新能源汽车公司的发展树立了榜样。特斯拉的销量也在急速攀升，从

2012 年的 0.26 万辆增长至 2022 年的 131.40 万辆，年均复合增长率为 86.36%（见图 1）。

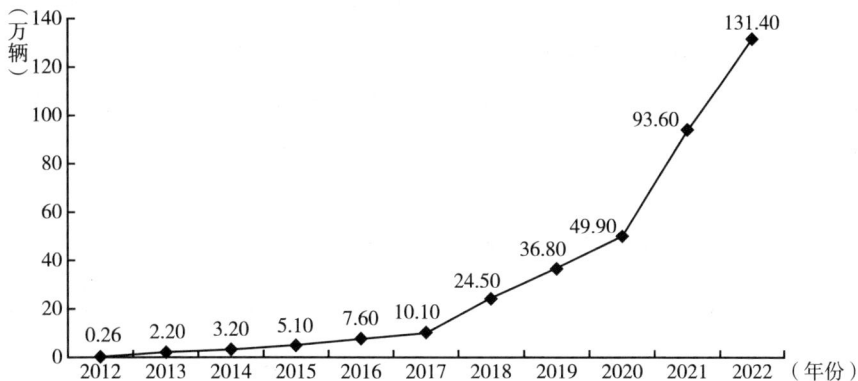

图 1　2012~2022 年特斯拉全球销量

资料来源：特斯拉全球生产及交付报告。

2017~2022 年，宝马、奔驰和奥迪全球销量停滞不前甚至出现下滑，分别从 2017 年的 246.0 万辆、229.0 万辆和 188.0 万辆下滑至 2022 年的 240.0 万辆、204.0 万辆和 161.0 万辆。与此同期，特斯拉作为一个豪华车品牌，其市场规模保持高速增长趋势，全球销量从 2017 年的 10.1 万辆增长至 2022 年的 131.4 万辆（见图 2），特斯拉在豪华车阵营的地位有所突破。

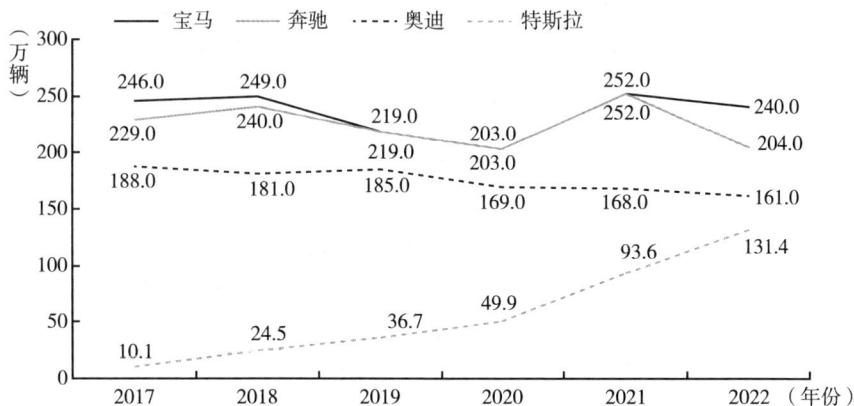

图 2　2017~2022 年宝马、奔驰、奥迪与特斯拉的全球销量对比

资料来源：相关车企全球生产及交付报告。

（二）特斯拉研发投入及研发强度分析

特斯拉作为新能源汽车的标杆，几乎是从无到有地建立了新能源汽车生产供应链体系。特斯拉每年都会投入大量资金用于技术研发，早期研发强度较高，2017 年达到 11.72%（见表 1）。此后，随着营收能力的增强，特斯拉的研发投入依然保持在高位，但研发强度逐步下降。

表 1　2017~2021 年特斯拉研发投入与研发强度

单位：亿欧元，%

年份	研发投入	研发投入增速	销售额	研发强度
2017	11.49	65.16	98.05	11.72
2018	12.75	5.97	187.43	6.80
2019	11.95	-8.04	218.78	5.46
2020	12.15	11.02	25700.00	4.73
2021	22.89	73.91	475.22	4.82

资料来源：欧盟委员会，欧盟工业研发投资记分牌（EU Industrial R&D Investment Scoreboard）。

全球知名汽车主机厂商和零部件供应商每年都会投入大量研发费用来开展研发工作。在 2021 年知名车企汽车研发水平全球排名中，特斯拉排第 18 名，与头部的大众、奔驰、丰田、通用、宝马、福特、本田等整车企业有一定差距，与雷诺、现代基本相当。特斯拉 2021 年的汽车销量远不及其他燃油车企，现代 2021 年的全球销量达到 389 万辆，约为特斯拉的 4 倍，但是特斯拉和现代的研发投入基本相当，而且特斯拉的研发投入保持高速增长，在研发强度上也明显超过现代、上汽、丰田和斯特兰蒂斯（见表 2）。

表 2　2021 年知名车企汽车研发水平全球排名

单位：亿欧元，%

排名	公司名称	研发投入	研发投入增速	研发强度
1	大众汽车	155.83	12.2	6.2
2	梅赛德斯-奔驰	89.73	6.3	5.3
3	丰田汽车公司	86.91	3.1	3.6
4	通用汽车公司	69.75	27.4	6.2

续表

排名	公司名称	研发投入	研发投入增速	研发强度
5	宝马汽车公司	68.70	9.4	6.2
6	福特汽车公司	67.10	7.0	5.6
7	本田汽车	63.73	4.1	5.7
8	罗伯特·博世有限公司	63.28	4.7	8.0
9	斯特兰蒂斯	58.89	52.3	3.9
10	电装株式会社	38.47	1.1	9.0
11	日产汽车	37.42	-3.9	5.7
12	塔塔汽车公司	30.67	46.5	9.4
13	上汽集团	28.55	37.6	2.8
14	大陆集团	26.37	-25.8	6.9
15	采埃孚	24.66	21.8	6.4
16	雷诺汽车公司	23.61	-14.1	5.1
17	现代汽车	23.05	0.0	2.6
18	特斯拉	22.89	73.9	4.8

资料来源：欧盟委员会，EU Industrial R&D Investment Scoreboard。

（三）特斯拉专利情况分析

特斯拉每年投入较多研发费用，并持续进行前瞻性研究工作，部分形成专利。2006~2022 年，特斯拉累计申请专利 2320 件，其中 2019 年申请的专利最多，为 341 件（见图 3）。特斯拉注重创新，2014 年其宣布开源代码，

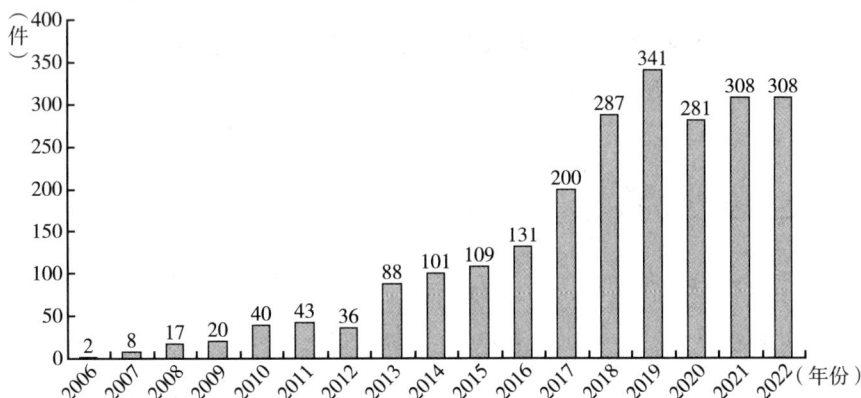

图 3　2006~2022 年特斯拉专利申请数量

资料来源：incoPat 专利数据库。

将专利知识共享给全球的汽车制造商。这一决定彰显了特斯拉对于推动电动汽车技术发展和普及的长远愿景，也确立了特斯拉行业领导者的地位。

二 特斯拉与通用和福特的科技创新指标比较

（一）销量及销售额增长率比较

通用、福特和特斯拉分别为美国传统汽车企业和新能源汽车企业的代表，它们的全球销量呈现不同的变化趋势。2018~2022年，通用和福特两家公司的全球销量远高于特斯拉，但是从增长趋势来看，通用和福特的全球销量逐年下滑，但是特斯拉的全球销量却在逐年增长（见图4）。

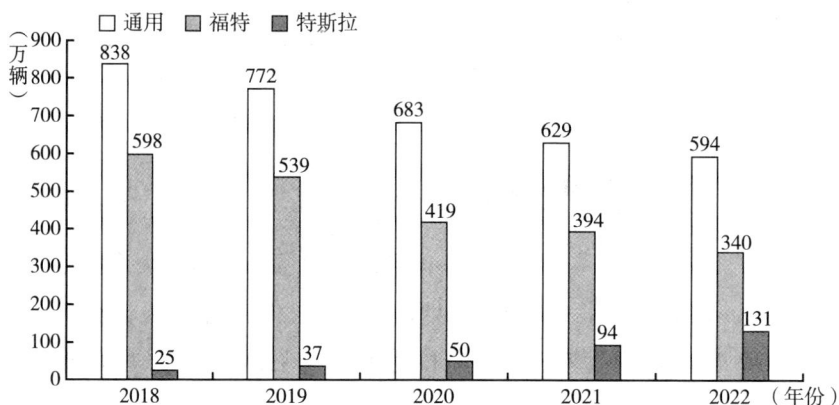

图4　2018~2022年通用、福特和特斯拉全球销量对比

资料来源：相关车企财务报表。

（二）研发投入比较

欧盟委员会发布的"2022年欧盟工业研发投资记分牌"（2022 EU Industrial R&D Investment Scoreboard）详细展示了企业研发投入情况。通用和福特两家公司已有百年历史，依然非常注重研发，每年都会投入大量资金用于研发工作。数据显示，2017~2021年，通用和福特两家公司每年都会投入50亿~

72亿欧元作为研发费用。而特斯拉的研发费用明显较少，仅为10亿~23亿欧元，但是增幅更快，从2017年的11.49亿欧元增长至2021年的22.89亿欧元，增幅达到99.22%。在研发强度上，2017年特斯拉的研发强度高达11.72%，远高于通用和福特，2018~2021年，三家公司的研发强度基本接近（见表3）。

表3　2017~2021年通用、福特和特斯拉的汽车研发水平全球排名

单位：亿欧元，%

年份	排名	公司名称	研发投入	研发投入增速	研发强度
2017	6	通用	60.87	-9.88	5.01
	4	福特	66.71	9.59	5.10
	22	特斯拉	11.49	65.16	11.72
2018	6	通用	68.12	6.85	5.30
	4	福特	71.62	2.50	5.11
	21	特斯拉	12.75	5.97	6.80
2019	8	通用	60.53	-12.82	4.95
	5	福特	65.87	-9.76	4.75
	23	特斯拉	11.95	-8.04	5.46
2020	8	通用	50.53	-8.82	5.06
	7	福特	57.86	-4.05	5.58
	21	特斯拉	12.15	11.02	4.73
2021	4	通用	69.75	27.40	6.20
	6	福特	67.10	7.00	5.60
	18	特斯拉	22.89	73.90	4.80

资料来源：欧盟委员会，EU Industrial R&D Investment Scoreboard。

（三）专利数量比较

汽车企业研发过程中产生的技术创新和解决方案往往会被企业保护并申请专利。这些专利不仅是对企业研发投入的回报，也是企业在科技创新竞争中的一种策略。从专利数量来看，通用和福特每年都会申请上千件专利，福特甚至在2017~2019年每年申请上万件专利（见表4）。特斯拉作为新能源汽车的标杆，具备非常强的创新能力，但是特斯拉的专利数量远远少于通用

和福特，每年申请的专利仅有数百件。特斯拉专利数量落后于通用和福特的主要原因是其采取了开放源代码策略，以开放的姿态与开发者和技术社区分享技术和软件代码。特斯拉在创新领域的行业地位证明了专利数量并非衡量科技创新的唯一标准，更重要的是在产品和技术上取得突破，为用户带来真正的价值。

表4　2017~2021年特斯拉、通用和福特的专利数量比较

单位：件，%

年份	特斯拉		通用		福特	
	数量	增长率	数量	增长率	数量	增长率
2017	200	53	7995	3	11575	20
2018	287	44	8642	8	14176	22
2019	341	19	8681	0	12356	−13
2020	281	−18	5904	−32	9217	−25
2021	308	10	5625	−5	7323	−21

资料来源：incoPat专利数据库。

三　特斯拉科技创新的特点分析

通过与通用、福特等汽车企业比较，可以看出在传统车企销量下滑的背景下，特斯拉逆势而上保持强劲的增长。数据显示，特斯拉在研发投入总量上并不占据绝对优势，这在一定程度上说明特斯拉在科技创新方面采取了与传统车企不同的创新研发模式，通过小规模投入取得了大规模成果，能够更快速地推出新技术和新功能，并能快速迭代升级。这种创新速度和敏捷性使得特斯拉能够更好地满足市场需求、抢占市场先机、获得优势地位。综合来看，特斯拉科技创新的特点主要体现在以下五个方面。

（一）颠覆汽车生产工艺，提高生产效率

特斯拉持续开展科技创新，不断提高生产效率和产能，如广泛应用自动

化生产线、利用大数据和人工智能技术优化生产和制造过程等，其中一体化车身压铸技术和"开箱工艺"最具代表性。

传统汽车生产过程中，需要将数十个甚至数百个零部件进行组装焊接。特斯拉提出一体化车身压铸技术，使用足够大的一体化压铸机以及相应的模具，一次性完成车身整体部件的铸造，从而直接制造出全尺寸的汽车车身，并应用在 Model Y 的生产上。相关资料显示，采用一体化车身压铸技术可以将车体总重量降低 30%、后底板总成制造成本降低 40%。同时，由于一体化车身减轻了重量，还能增加 14% 的续航里程。据悉，特斯拉已计划使用一体化车身压铸技术生产电动皮卡 Cybertruck 一体化车身。

2023 年，马斯克在特斯拉投资者日上介绍了一套颠覆传统工艺的"开箱工艺"（Unboxed Assembly Process）。它不遵循汽车行业通用的冲压、焊装、涂装、总装四大工艺，而是把整车的零部件分成 6 个模块，每个模块单独生产完成后，再冲压组装车身，整个过程就像组装箱子。特斯拉表示，"开箱工艺"可以减少 40% 的工厂制造人员、30% 的制造所需空间和时间，组装成本比 Model 3 或 Model Y 减少一半。特斯拉的"开箱工艺"明显提升了研发效率。一般来说，其他车企开发一款新车可能需要 7~8 年甚至更长的时间，而特斯拉依靠"开箱工艺"最快可以在 18~24 个月内开发出一款新车型。这种快速的研发周期使特斯拉能够更迅速地推出新产品，满足不断变化的市场需求，并保持在行业中的竞争优势。特斯拉的"开箱工艺"是对传统汽车制造工艺的创新和突破，它展示了特斯拉在科技创新和生产效率方面的领先地位。这种技术突破有望进一步推动汽车制造行业的变革，为未来的汽车生产带来新的可能性。

（二）通过收购获得新技术与人才

收购是特斯拉加速实现其愿景的重要战略。研究发现，特斯拉所收购的目标公司通常是小型创新企业。特斯拉收购的主要目的并不是扩大市场份额和提升规模效益，而是获取创新技术并进行资源整合。相比传统策略，特斯拉更关注获取创新技术，并将其应用到自己的产品和业务中。这种创新驱动的收购战略为特斯拉带来了巨大的竞争优势，并使其能够不断推出具有市场颠覆力的产品。

自 2003 年成立以来，特斯拉通过收购逐渐获得了一系列重要技术和关键团队。公开资料显示，2015 年特斯拉完成第一次并购，收购了冲压件制造商 Riviera Tool，获取了汽车钢板成型技术。为了加快生产过程的自动化，特斯拉在 2016 年收购了德国汽车制造商和自动化设备制造商。这些收购活动使特斯拉引入了专业的自动化设备和制造专家，优化生产流程、提高生产效率。2019 年，为加快智能驾驶技术发展，特斯拉收购了 Deep Scale，获得高精度计算机视觉技术，同时 Deep Scale 首席执行官 Forrest Iandola 也加入特斯拉，担任高级机器学习科学家，进一步增强了特斯拉在智能驾驶领域的技术实力。2020 年，特斯拉宣布实施内部化电池生产，先后在电池领域进行了多次相关并购，攻克了一系列电池技术，如干电极电池制造技术、高速电池生产技术、电池模块化技术、环保负极材料生产技术以及硅负极材料生产技术等。通过收购小型科创公司，特斯拉获得了关键技术和专业团队，加快技术研发的速度，推动自身在制造、自动化、智能驾驶、电池生产等领域取得一系列技术突破。2015~2021 年特斯拉收购情况见表 5。

表 5   2015~2021 年特斯拉收购情况

年份	类别	公司名
2015	汽车制造	Riviera Tool(里维埃拉工具)
2016	汽车制造	Grohmann Engineering(格罗曼工程)
2017	汽车制造	Perbix
2017	汽车制造	Compass Automation(指南针自动化)
2019	电池制造	Maxwell Technologies(麦克斯韦科技)
2019	人工智能	Deep Scale(深尺度)
2019	电池制造	Hibar Systems(海霸系统)
2020	电池制造	ATW Automation ATW(自动化)
2021	电池制造	Spring Power
2021	电池制造	SilLion

注：部分公司无中文译名。

资料来源：根据公开资料整理。

（三）采用虚拟仿真技术缩短创新周期

特斯拉采用虚拟仿真技术提升研发效率，在自动驾驶系统的研发中更是如此。特斯拉在虚拟仿真技术方面的领先地位使其能够更好地应对技术挑战和市场竞争。通过将虚拟仿真技术与其他关键技术如人工智能和大数据分析相结合，特斯拉能够不断推进自动驾驶技术的发展。

特斯拉建立了高度真实的自动驾驶仿真平台，通过建立一个虚拟世界，在虚拟环境中对自动驾驶系统进行实时测试和模拟，获得现实中难以获得的数据，解决了数据量不足的问题。特斯拉可以在 5 分钟内自动生成一个复杂路口的 3D 虚拟场景，还可以通过道路中的场景变化出更多场景，帮助训练算法，无须通过实际道路测试采集数据，大大提高了数据数量，从而更快地发现问题和改进设计。这使得特斯拉能够更迅速地推出新的功能，以满足不断变化的市场需求。2021 年，特斯拉在人工智能日（AI day）上宣布已将虚拟仿真数据用于提升自动驾驶算法水平，当时已生成 3.71 亿张图片、接近 48 亿个标注目标。2022 年，特斯拉在 AI day 上再次提到通过虚拟仿真技术引入虚拟数据，支撑完全自动驾驶（FSD）大规模训练。

通过虚拟仿真技术，特斯拉能够在数字环境中进行大规模的测试和验证，减少了实际测试的需求，从而节省了大量的时间和成本。传统的研发过程需要大量的实际道路测试来验证自动驾驶系统的性能和安全性，而这通常耗时耗力。通过虚拟仿真技术，特斯拉可以在虚拟环境中模拟各种场景和情况，有效减少了实际测试的次数和成本。虚拟仿真技术在加速研发、降低成本和提升创新能力方面具有巨大潜力，可以成为其他企业在技术领域取得竞争优势的重要工具。

（四）垂直整合提高创新灵活性

传统汽车通常由超过 3 万个零部件组成，这使得单一整车企业难以在所有方面都具备竞争优势。相比之下，汽车零部件供应商以其生产规模和成本优势在市场中脱颖而出，并能为多个整车公司提供服务。因此，通用、福特等传统汽车企业往往将更多的零部件制造外包给供应商,只专注于主要零部件如发动机和变速箱等的研发与汽车组装技术。然而,特斯拉作为新赛道的开拓者,采用了一种不同的创新模式,即垂直整合。特斯拉不仅侧重于整车的研发与组装,还针对多个方面进行了更多产品和技术的研发,如自动驾驶算法、芯片、电池、电机、车身和电子电气架构等。通过自主研发和垂直整合的方式,特斯拉能够更好地掌握技术和产品的质量,更灵活地应对市场和用户需求的变化。

特斯拉采用垂直整合创新模式的优势在于能够更好地控制整个产品的质量和性能,并且能够更快地推出新的产品和功能。相比依赖供应商的传统汽车企业,特斯拉通过自主研发和生产,使得技术创新和产品迭代的速度更快。通过垂直整合,特斯拉在产品和技术方面取得了优势,在技术创新、产品性能和用户体验等方面不断超越传统汽车企业。2008~2023 年特斯拉垂直整合历程见表 6。

表 6　2008~2023 年特斯拉垂直整合历程

年份	事件
2008	自研汽车电池包技术
2012	自建充电网络和自营的销售体系
2013	组建团队研发自动驾驶系统算法
2014	与松下合建电池超级工厂,松下提供电池技术
2016	组建团队设计研发 FSD 芯片
	发布使用了自研电子电气架构与热管理系统的 Model 3
2017	与松下合作研发 21700 电池
2018	自研碳化硅电控并搭载至 Model 3
	在加州工厂自研工厂生产系统和部分生产设备
2019	收购超级电容公司 Maxwell Technologies 和电池设备公司 Hibar Systems,获得锂电池生产技术
	与力劲集团合作研发一体化车身压铸技术
2020	发布自研的 4680 电池
	发布"CTC"电池底盘一体化技术
2023	入局锂电池原材料精炼

资料来源:晚点(LatePost)。

（五）开放源代码建设创新环境

开放源代码是特斯拉在科技创新领域的又一显著特点。特斯拉开放电池技术、智能驾驶技术等方面的源代码，展示了其与开发者和技术社区分享技术和软件代码的开放态度。

特斯拉开放源代码的共享合作方式创造了一个积极开放的创新环境，对汽车行业内部以及技术社区产生了积极的影响。这种开放态度吸引了众多创新者和开发者的参与，共同推进电动汽车和自动驾驶等领域的技术发展和创新。特斯拉选择了不以保护现有技术来建立壁垒的方式，而是通过持续的技术创新来保持市场领先地位。

特斯拉积极建设创新环境的态度以及强大的创新能力使其多年来一直处于行业创新的引领者地位。特斯拉公布的开放源代码为新能源汽车创新者和开发者提供了广阔的合作机会和创新平台。这促进了新能源汽车技术的快速迭代和共同进步，这一开放和合作的创新模式也为整个汽车行业带来了积极的变革和发展。

四　特斯拉科技创新的经验借鉴

在科技快速发展、全球产业链不断优化的背景下，特斯拉作为汽车行业领军者，具有强大的创新实力和垂直整合能力。特斯拉的案例为中国汽车企业发展提供了可借鉴的经验。

（一）持续精准投入，保持技术优势

面对日益激烈的全球竞争和技术变革，企业只有通过科技创新、不断提升产品和服务质量，才能在市场竞争中取得优势并实现可持续发展。如何持续创新、不断推动业务发展，是企业需要认真思考的现实问题。特斯拉作为创新引领型企业，成功的关键是持续且精准的研发投入。这种投入不仅为企业抢占市场、提高竞争力提供了支撑，而且实现了企业的可持续发展。目

前，中国汽车企业在持续创新投入方面与国外知名车企仍有很大差距。进入新能源汽车快速推广阶段，车企的研发投入将影响品牌中长期的市场收益。中国汽车企业要学习和借鉴特斯拉的成功经验，确保投入的持续性和精准度，不断推动科技创新能力的提升，保持竞争优势。

（二）探索广泛合作和内部垂直整合

面对新能源汽车和智能网联汽车的科技创新挑战，一些企业通过外部合作获取合作伙伴的技术和经验，加速了新能源汽车和智能化汽车创新进程。特斯拉的收购战略为我国企业提供了一个有益的经验。在选择创新组织方式时，中国汽车企业除了坚持开展自主研发外，还可以根据战略目标和资源状况，通过收购小型创新技术公司或与外部合作开展研发。不管采取哪种创新组织方式，关键是确保企业能够灵活掌握和引领技术发展方向，在主导技术发展方面保持一定的能力，以满足不断变化的市场需求。

（三）应用虚拟仿真等技术加快创新速度

新能源汽车和智能网联汽车不仅是机械产品，更是集成先进电子、通信和计算机技术的科技产品。这要求汽车制造企业转变思路，学习科技企业的运营方式和价值观。在科技高速发展的环境中，加快创新迭代是保持竞争力的关键。特斯拉通过引入人工智能、虚拟仿真数字化技术加速了产品创新进程。中国汽车企业要构建科技公司的创新思维，借鉴特斯拉深度开发应用数字技术的经验，增强创新能力、科技敏捷性，通过数字化手段提升创新迭代速度。

总之，特斯拉的成功经验为中国汽车企业提供了有益的借鉴，包括注重核心技术的掌握和垂直整合、保持投入的数量与精准性、应用虚拟仿真等数字化手段等。这些思维和实践有利于中国汽车企业加快创新步伐，推动整个汽车行业的提档升级，为国内市场和全球市场带来更具竞争力的产品和解决方案。

参考文献

《任泽平：特斯拉研究报告》，金融界网，2020 年 2 月 7 日，https：//opinion. jrj. com. cn/2020/02/07092428790944. shtml。

群山：《中国企业如何迎接入世外商投资合作热?》，《计划与市场探索》2002 年第 1 期。

李光斗：《颠覆式创新的永恒魅力》，《理财》2022 年第 2 期。

李明、王卫：《场景驱动、商业模式与创新生态系统演进——基于特斯拉企业价值的逻辑起点》，《科技进步与对策》2023 年第 17 期。

孙亚红：《数智企业竞争优势构建研究——以特斯拉为例》，《企业改革与管理》2023 年第 12 期。

附录一
汽车科技创新相关政策出台情况

表1　2005～2023年汽车科技创新相关政策出台情况

序号	发布时间	发布部门（会议）	发文号	政策名称	重点内容
1	2005年12月	国务院	国发〔2005〕44号	《国家中长期科学和技术发展规划纲要（2006—2020年）》	1. 用高新技术改造和提升制造业。大力推进制造业信息化，积极发展基础原材料，大幅度提高产品档次、技术含量和附加值，全面提升制造业整体技术水平 2. 提高飞机、汽车、船舶、轨道交通装备等的自主创新能力 3. 重点研究开发混合动力汽车、替代燃料汽车和燃料电池汽车整车设计、集成和制造技术，动力系统集成与控制技术，汽车计算平台技术，高效低排放内燃机、燃料电池发动机、动力蓄电池、驱动电机等关键部件技术，新能源汽车实验测试及基础设施技术等 4. 重点研究高效低成本的化石能源和可再生能源制氢技术，经济高效氢储存和输配技术，燃料电池基础关键部件制备和电堆集成技术，燃料电池发电及车用动力系统集成技术，形成氢能和燃料电池技术规范与标准

312

序号	发布时间	发布部门（会议）	发文号	政策名称	重点内容
2	2006 年 2 月	国务院	国发〔2006〕6 号	《关于印发实施〈国家中长期科学和技术发展规划纲要(2006—2020 年)〉若干配套政策的通知》	从科技投入、税收激励、金融支持、政府采购、引进消化吸收再创新、创造和保护知识产权、人才队伍、教育与科普、科技创新基地与平台、加强统筹协调等 10 个方面制定配套政策,营造激励自主创新的环境,推动企业成为技术创新的主体,努力建设创新型国家。例如,加大对企业自主创新投入的所得税前抵扣力度。允许企业按当年实际发生的技术开发费用的 150% 抵扣当年应纳税所得额。支持企业加强自主创新能力建设。对符合国家规定条件的企业技术中心、国家工程(技术研究)中心等,进口规定范围内的科学研究和技术开发用品,免征进口关税和进口环节增值税等
3	2015 年 3 月	中共中央、国务院	—	《关于深化体制机制改革加快实施创新驱动发展战略的若干意见》	改进新技术新产品新商业模式的准入管理:破除限制新技术新产品新商业模式发展的不合理准入障碍。对新能源汽车、风电、光伏等领域实行有针对性的准入政策
4	2016 年 5 月	中共中央、国务院	—	《国家创新驱动发展战略纲要》	1. 发展智能绿色制造技术,推动制造业向价值链高端攀升。重塑制造业的技术体系、生产模式、产业形态和价值链,推动制造业由大到强转变。发展智能制造装备等技术,加快网络化制造技术、云计算、大数据等在制造业中的深度应用,推动制造业向自动化、智能化、服务化转变 2. 推广节能新技术和节能新产品,加快钢铁、石化、建材、有色金属等高耗能行业的节能技术改造,推动新能源汽车、智能电网等技术的研发应用 3. 发展引领产业变革的颠覆性技术,不断催生新产业、创造新就业。开发移动互联技术、量子信息技术、空天技术,推动增材制造装备、智能机器人、无人驾驶汽车等发展,开发氢能、燃料电池等新一代能源技术

序号	发布时间	发布部门（会议）	发文号	政策名称	重点内容
5	2016 年 8 月	工业和信息化部、国家发展改革委、科技部、财政部	—	《制造业创新中心建设工程实施指南（2016—2020 年）》	1. 技术创新和社会资本相结合。创新产融结合方式，引入多元化投资机制，发挥金融资本和产业资本助推器作用。面向制约制造业发展的技术瓶颈，发挥创新中心在前沿技术和共性关键技术供给中的核心载体作用，加快推进科技成果的转移扩散和商业化应用 2. 自主创新与开放合作相结合。增强制造业自主创新能力，通过打造创新链，完善产业链，培育创新生态系统，提高制造业技术创新水平，形成制造业持续创新能力 3. 通过在重点领域部署建设创新中心，形成以创新中心为核心节点的创新生态网络，支撑国家制造业创新体系建设，为行业发展提供前沿和共性关键技术的研发扩散和首次商业化服务
6	2016 年 8 月	工业和信息化部	工信部科〔2016〕273 号	《关于完善制造业创新体系，推进制造业创新中心建设的指导意见》	1. 打通技术开发到转移扩散到首次商业化应用的创新链条，进一步完善以企业为主体、市场为导向、产学研相结合的制造业创新体系，形成制造业创新驱动、大中小企业协同发展的新格局，切实提高制造业创新能力，推动我国制造业由大变强 2. 开展产业前沿及共性关键技术研发。面向战略必争的重点领域，开展前沿技术研发及转化扩散，突破产业链关键技术屏障，支撑产业发展。面向优势产业发展需求，开展共性关键技术和跨行业融合性技术研发，突破产业发展的共性技术供给瓶颈，带动产业转型升级

序号	发布时间	发布部门（会议）	发文号	政策名称	重点内容
7	2017年4月	工业和信息化部、国家发展改革委、科技部	工信部联装〔2017〕53号	《汽车产业中长期发展规划》	1. 引导创新主体协同攻关整车及零部件系统集成、动力总成、轻量化、先进汽车电子、自动驾驶系统、关键零部件模块化开发制造、核心芯片及车载操作系统等关键核心技术，增加基础、共性技术的有效供给。加强燃料电池汽车、智能网联汽车技术的研发，支持汽车共享、智能交通等关联技术的融合和应用 2. 实施动力电池升级工程。充分发挥动力电池创新中心和动力电池产业创新联盟等平台作用，开展动力电池关键材料、单体电池、电池管理系统等技术联合攻关，加快实现动力电池革命性突破 3. 加大智能网联汽车关键技术攻关。充分发挥智能网联汽车联盟、汽车产业联合基金等作用，不断完善跨产业协同创新机制，重点攻克环境感知、智能决策、协同控制等核心关键技术，促进传感器、车载终端、操作系统等研发与产业化应用
8	2018年12月	工业和信息化部	工信部科〔2018〕283号	《车联网（智能网联汽车）产业发展行动计划》	1. 推动跨行业协同创新，充分调动各方力量，加强产学研合作，突破技术瓶颈，不断提升创新能力。夯实产业基础，培育创新应用，提升用户规模，加快形成产业创新发展新生态 2. 构建能够支撑有条件自动驾驶（L3级）及以上的智能网联汽车技术体系，形成安全可信的软硬件集成与应用能力 3. 充分利用各种创新资源，加快智能网联汽车关键零部件及系统开发应用，重点突破智能网联汽车复杂环境感知、新型电子电气架构、车辆平台线控等核心技术 4. 加快建设智能网联汽车制造业创新中心，搭建产学研用联合的协同创新和成果转化平台

续表

序号	发布时间	发布部门（会议）	发文号	政策名称	重点内容
9	2020 年 2 月	国家发展改革委、中央网信办、科技部、工业和信息化部、公安部、财政部、自然资源部、住房城乡建设部、交通运输部、商务部、市场监管总局	发改产业〔2020〕202 号	《智能汽车创新发展战略》	到 2025 年,中国标准智能汽车的技术创新、产业生态、基础设施、法规标准、产品监管和网络安全体系基本形成。实现有条件自动驾驶的智能汽车达到规模化生产,实现高度自动驾驶的智能汽车在特定环境下市场化应用。智能交通系统和智慧城市相关设施建设取得积极进展,车用无线通信网络(LTE-V2X 等)实现区域覆盖,新一代车用无线通信网络(5G-V2X)在部分城市、高速公路逐步开展应用,高精度时空基准服务网络实现全覆盖
10	2020 年 11 月	国务院办公厅	国办发〔2020〕39 号	《新能源汽车产业发展规划(2021—2035 年)》	1. 强化整车集成技术创新。以纯电动汽车、插电式混合动力(含增程式)汽车、燃料电池汽车为"三纵",布局整车技术创新链 2. 实施智能网联技术创新工程。以新能源汽车为智能网联技术率先应用的载体,支持企业跨界协同,研发复杂环境融合感知、智能网联决策与控制、信息物理系统架构设计等关键技术,突破车载智能计算平台、高精度地图与定位、车辆与车外其他设备间的无线通信(V2X)、线控执行系统等核心技术和产品 3. 引导汽车、能源、交通、信息通信等跨领域合作,建立面向未来出行的新能源汽车与智慧能源、智能交通融合创新平台,联合攻关基础交叉关键技术,提升新能源汽车及关联产业融合创新能力

序号	发布时间	发布部门（会议）	发文号	政策名称	重点内容
11	2020年12月	交通运输部	交科技发〔2020〕124号	《交通运输部关于促进道路交通自动驾驶技术发展和应用的指导意见》	1. 围绕融合感知、车路信息交互、高精度时空服务、智能路侧系统、智能计算平台、网络安全等自动驾驶和基础设施智能化关键技术及装备，整合各类创新资源，组织开展科研攻关 2. 以行业研发中心和重点实验室等为依托，持续推进高水平科研平台建设，夯实创新能力。围绕自动驾驶领域关键核心技术攻关，引导成立由企业牵头、产学研用紧密结合、上中下游有机衔接的行业协同创新联盟
12	2021年3月	第十三届全国人民代表大会第四次会议	—	《中华人民共和国国民经济和社会发展第十四个五年规划和2035年远景目标纲要》	1. 突破新能源汽车高安全动力电池、高效驱动电机、高性能动力系统等关键技术，加快研发智能（网联）汽车基础技术平台及软硬件系统、线控底盘和智能终端等关键部位 2. 聚焦新一代信息技术、生物技术、新能源、新材料、高端装备、新能源汽车、绿色环保以及航空航天、海洋装备等战略性新兴产业，加快关键核心技术创新应用，增强要素保障能力，培育壮大产业发展新动能
13	2021年7月	工业和信息化部、公安部、交通运输部	工信部联通装〔2021〕97号	《智能网联汽车道路测试与示范应用管理规范（试行）》	主要包括总则，道路测试与示范应用主体、驾驶人及车辆，道路测试申请，示范应用申请，道路测试与示范应用管理，交通违法与事故处理及附则等七个章节，以推动实现由智能网联汽车道路测试向示范应用扩展

续表

序号	发布时间	发布部门（会议）	发文号	政策名称	重点内容
14	2021 年 7 月	工业和信息化部	工信部通装〔2021〕103 号	《关于加强智能网联汽车生产企业及产品准入管理的意见》	明确管理范围为智能网联汽车生产企业及其产品;明确企业应当建立健全汽车数据安全管理制度,依法履行数据安全保护义务,实施数据分类分级管理,加强个人信息与重要数据保护;明确企业生产具有在线升级功能的汽车产品的,应当建立与汽车产品及升级活动相适应的管理能力;提出企业生产具有驾驶辅助和自动驾驶功能的汽车产品的,应当明确告知车辆功能及性能限制、驾驶员职责、人机交互设备指示信息、功能激活及退出方法和条件等信息;明确企业应当建立自查机制,发现产品存在数据安全、网络安全、在线升级安全、驾驶辅助和自动驾驶安全等严重问题的,应当依法依规立即停止相关产品的生产、销售,采取措施进行整改,并及时报告
15	2021 年 8 月	交通运输部、科技部	交科技发〔2021〕80 号	《交通运输部 科学技术部关于科技创新驱动加快建设交通强国的意见》	1. 加快新一代轨道交通、新能源与智能网联汽车、高技术船舶、航空装备、现代物流装备等自主研发及产业化 2. 推动大数据、人工智能、区块链、物联网、云计算和新一代无线通信、北斗导航、卫星通信、高分遥感卫星等技术与交通运输深度融合,开发新一代智能交通系统,促进自动驾驶、智能航运等加快应用 3. 发挥企业技术创新主体作用,强化企业在科技创新规划、计划、政策和标准中的参与度,鼓励企业依法合规拓宽融资渠道,牵头整合集聚创新资源,开展关键核心技术攻关、产业共性技术研发、科技成果转化及产业化

序号	发布时间	发布部门（会议）	发文号	政策名称	重点内容
16	2021年11月	国家能源局、科技部	国能发科技〔2021〕58号	《"十四五"能源领域科技创新规划》	1. 研究电动汽车与电网能量双向交互调控策略,构建电动汽车负荷聚合系统,实现电动汽车与电网融合发展 2. 先进可再生能源发电及综合利用、适应大规模高比例可再生能源友好并网的新一代电网、新型大容量储能、氢能及燃料电池等关键技术装备全面突破,推动电力系统优化配置资源能力进一步提升,提高可再生能源供给保障能力
17	2021年12月	第十三届全国人民代表大会常务委员会	中华人民共和国主席令第一〇三号	《中华人民共和国科学技术进步法（2021年修订)》	1. 国家建立以企业为主体,以市场为导向,企业同科学技术研究开发机构、高等学校紧密合作的技术创新体系,引导和扶持企业技术创新活动,支持企业牵头国家科技攻关任务,发挥企业在技术创新中的主体作用,推动企业成为技术创新决策、科研投入、组织科研和成果转化的主体,促进各类创新要素向企业集聚,提高企业技术创新能力 2. 国家鼓励企业加强原始创新,开展技术合作与交流,增加研究开发和技术创新的投入,自主确立研究开发课题,开展技术创新活动 3. 国家鼓励企业对引进技术进行消化、吸收和再创新。企业开发新技术、新产品、新工艺发生的研究开发费用可以按照国家有关规定,税前列支并加计扣除,企业科学技术研究开发仪器、设备可以加速折旧
18	2022年2月	市场监管总局、工业和信息化部、交通运输部、应急管理部、海关总署	2022年第6号	《海关总署关于试行汽车安全沙盒监管制度的通告》	作为传统监管方式的有益补充,汽车安全沙盒监管变被动监管为主动监管,有利于更早地将前沿技术引发的质量安全问题纳入监管范围,提高应急处置能力,防范和化解重大风险,保护消费者合法权益,同时有利于鼓励企业技术创新,倡导最佳安全设计实践

续表

序号	发布时间	发布部门（会议）	发文号	政策名称	重点内容
19	2022年3月	国家发展改革委、国家能源局	—	《氢能产业发展中长期规划（2021－2035年）》	1. 发挥氢能对碳达峰、碳中和目标的支撑作用，深挖跨界应用潜力，因地制宜引导多元应用，推动交通、工业等用能终端的能源消费转型和高耗能、高排放行业绿色发展，减少温室气体排放 2. 到2025年，形成较为完善的氢能产业发展制度政策环境，产业创新能力显著提高，基本掌握核心技术和制造工艺，初步建立较为完整的供应链和产业体系。到2030年，形成较为完备的氢能产业技术创新体系、清洁能源制氢及供应体系，产业布局合理有序，可再生能源制氢广泛应用，有力支撑碳达峰目标实现。到2035年，形成氢能产业体系，构建涵盖交通、储能、工业等领域的多元氢能应用生态。可再生能源制氢在终端能源消费中的比重明显提升，对能源绿色转型发展起到重要支撑作用
20	2022年8月	科技部、财政部	国科发区〔2022〕220号	《企业技术创新能力提升行动方案（2022—2023年）》	推动惠企创新政策扎实落地。推动研发费用加计扣除、高新技术企业税收优惠、科技创业孵化载体税收优惠、技术交易税收优惠等普惠性政策"应享尽享"，加快落实和推广中关村新一轮先行先试改革措施，进一步放大支持企业创新的政策效应。完善落实国有企业创新的考核、激励与容错机制，健全民营企业获得创新资源的公平性和便利性措施，形成各类企业"创新不问出身"的政策环境

续表

序号	发布时间	发布部门（会议）	发文号	政策名称	重点内容
21	2023 年 7 月	工业和信息化部、国家标准化管理委员会	工信部联科〔2023〕109 号	《国家车联网产业标准体系建设指南（智能网联汽车）（2023 版）》	1. 以产业发展需求为导向，发挥标准在新产品新业态新模式发展中的领航作用，突出企业在技术创新、产品市场化等方面的主体地位，提升标准在智能网联汽车技术创新与产业发展中的贡献和价值 2. 加速创新驱动。聚焦智能网联汽车重点技术领域，整合行业优势资源力量，充分发挥标准领航效应，实现技术创新与标准制定相互融合、验证试验与效果评估相互促进，引领智能网联汽车新产品、新业态、新模式快速发展，共同加速智能化网联化技术进步，推动构建智能网联汽车融合创新发展的产业生态 3. 根据智能网联汽车技术现状、产业需要及未来发展趋势，分阶段建立适应我国国情并与国际接轨的智能网联汽车标准体系

附录二
我国汽车专利情况

表1　2013~2022年全国汽车专利申请量

单位：万件

年度	总量	发明专利	实用新型	外观专利
2013	8.71	3.61	3.44	1.66
2014	9.18	3.97	3.70	1.51
2015	10.73	4.59	4.24	1.90
2016	13.04	5.66	5.29	2.09
2017	12.71	6.25	5.29	1.17
2018	12.45	6.69	4.61	1.15
2019	14.53	7.67	5.74	1.12
2020	14.42	8.44	4.94	1.04
2021	17.42	9.26	6.96	1.20
2022	19.27	9.93	8.26	1.08

资料来源：全球汽车专利数据库服务平台。

表2　2013~2022年全国汽车科技创新主要领域专利申请量

单位：万件

年度	新能源汽车专利	智能网联汽车专利
2013	0.90	0.48
2014	0.98	0.53
2015	1.29	0.77
2016	1.94	1.16
2017	2.53	1.49
2018	2.67	2.21

续表

年度	新能源汽车专利	智能网联汽车专利
2019	2.90	2.91
2020	2.99	3.10
2021	3.60	3.86
2022	0.90	0.48

资料来源：全球汽车专利数据库服务平台。

表3　2013~2022年全国汽车"新四化"专利申请量

单位：万件

年度	电动化	智能化	网联化	共享化
2013	0.89	0.24	0.22	0.00
2014	0.97	0.28	0.23	0.00
2015	1.28	0.41	0.34	0.01
2016	1.92	0.61	0.51	0.02
2017	2.51	0.86	0.60	0.03
2018	2.64	1.27	0.89	0.03
2019	2.88	1.69	1.22	0.05
2020	2.97	1.76	1.50	0.04
2021	3.62	2.30	1.96	0.04
2022	4.35	2.71	1.73	0.02

资料来源：全球汽车专利数据库服务平台。

附录三
重点领域前沿科技成果

表1 重点领域科技创新成果梳理

重点领域	相关企业	技术水平(指标特点)
智能驾驶	以中兴、高鸿等为代表的通信设备厂商;以比亚迪、长安汽车、蔚来、小鹏等为代表的整车企业;以滴滴、阿里等为代表的互联网/科技公司;以百度、华为、蘑菇车联等为代表的全栈能力公司	1. 百度 Apollo:Apollo 平台已经发布了 10 个版本,目前最新版本为 Apollo 6.0 EDU;逐步完成了从封闭场景循迹自动驾驶到简单城市路况自动驾驶、从限定区域视觉高速自动驾驶到无人化自动驾驶的升级 2. 蘑菇车联:自动驾驶全栈技术与运营服务提供商,具备"车、路、云"自动驾驶全栈技术研发实力,实现 L4 级自动驾驶大规模落地,全面支撑智慧交通建设
固态电池	宁德时代 比亚迪 卫蓝新能源 清陶能源 赣锋锂业 辉能科技 亿纬锂能 国轩高科 孚能科技	1. 宁德时代:布局硫化物固态电解质,自 2013 年起申请固态电池相关专利,其中 9 项专利内容中含有硫化物固态电解质 2. 卫蓝新能源:主打半固态路线,采用"聚合物+氧化物(以 LATP 为主)"复合路线,首创原位固态化等八大核心工艺,改善固—固界面接触,并与液态电池工艺基本兼容 3. 清陶能源:已突破核心固态电解质(LATP、LLTO、LLZO)的生产技术,实现了半固态电池的量产

重点领域	相关企业	技术水平(指标特点)
固态电池	宁德时代 比亚迪 卫蓝新能源 清陶能源 赣锋锂业 辉能科技 亿纬锂能 国轩高科 孚能科技	1. 赣锋锂业:主打半固态电池,聚焦氧化物厚膜路线(GARNET型、LISICON型),一代产品能量密度达 260Wh/kg 以上,二代产品能量密度达 360Wh/kg 以上 2. 亿纬锂能:已有的全固态薄膜软包电池技术基于卤化物体系,可适应特殊高温及弯折条件,搭配高镍正极,可以在 150℃高温区稳定放电,计划于 2024 年完成全固态电池 1.0 技术研发,能量密度为 350Wh/kg,循环寿命为 300 次以上 3. 国轩高科:2022 年 5 月发布首款半固态电芯产品,实现单体能量密度 360Wh/kg,配套车型的电池包年批量交付
大功率充电	特斯拉 华为 英飞源 特来电 星星充电 小鹏 蔚来 理想 东风岚图 广汽埃安 极氪 极狐 保时捷	1. 特斯拉:2023 年 3 月,特斯拉在荷兰的 Harderwijk 开设了第一个 V4 超级充电站,V4 目前支持 250kW 的功率,并可支持后续更高功率及新功能的更新 2. 华为:全液冷超终端最大输出功率为 600kW,最大电流为600A,一次充电成功率高达 99%,可以匹配 200~1000V 充电范围内的所有车型 3. 英飞源:640kW 全液冷超充系统,配置液冷充电电源柜和 5个液冷充电终端,液冷电源柜内置液冷充电模块及散热单元,液冷充电终端可实现 800V/600A 超充 4. 特来电:液冷直流充电终端采用液冷大功率技术,充电功率最快可达 600kW 5. 星星充电:北斗 2 代 360kW 分体式直流充电桩可将整桩功率提升至 480kW 6. 小鹏:单桩最大功率为 480kW,单桩最大电压为 800V,单桩最大电流为 670A 7. 蔚来:单桩最大功率为 500kW,单桩最大电压为 800V,单桩最大电流为 660A 8. 理想:4C 超充桩最大功率可达 480kW,2C 快充桩最大功率可达 250kW 9. 东风岚图:单桩最大功率为 360kW,单桩最大电压为 800V,单桩最大电流为 600A,充电 10 分钟续航可达 400km 10. 广汽埃安:单桩最大功率为 480kW,单桩最大电压为 1000V,单桩最大电流为 600A 11. 极氪:单桩最大功率为 600kW,单桩最大电压为 800V 12. 极狐:单桩最大功率为 180kW,单桩最大电压为 800V 13. 保时捷:单桩最大功率为 350kW,单桩最大电压为 800V

重点领域	相关企业	技术水平(指标特点)
操作系统	基于 Linux 内核深度开发的定制型系统、手机映射型操作系统	1. 基于 Linux 内核深度开发的定制型系统:大众 VW OS、特斯拉自研的操作系统、华为鸿蒙 OS、Ali OS 2. 手机映射型操作系统:苹果 CarPlay、百度 Carlife 等

资料来源：根据网上公开资料整理。

Abstract

Annual Report on China Automotive Industry Science and Technology Innovation Development is an annual research report on science and technology innovation of China automotive industry, which is published for the first time in 2024. Under the guidance of a number of senior experts and scholars in the automotive and related industries, the book is co-written by a number of researchers from the China Automotive Strategy and Policy Research Center and the Institute of Science and Technology Development, Chinese Academy of Sciences, as well as experts in related fields in the industry. The book mainly includes general report, sub-reports chapter, policies chapter, ecological system chapter, frontier chapter and international reports chapter. The general report summarizes the scientific and technological innovation and development of China automobile industry. The sub-reports focus on the four key areas of power batteries, operating systems, chips, and lightweight, as well as the innovation of the intelligent connected vehicle industry and the innovation of charging infrastructure. The policy chapter introduces the support policies for scientific and technological innovation of China automobile industry and the policies for the intelligent connected vehicles innovation and development. The chapter on the ecosystem reviews the evolution characteristics, development situation and ecological construction of scientific and technological innovation of China automobile industry. The frontier chapter analyzes the layout and trend of scientific and technological innovation in the automobile industry based on patent data, and looks forward to the integration of large models and the automobile industry. The international chapter introduces the "carbon neutrality" policies of the automobile industry in major countries around the world, as well as the experience of scientific and technological innovation and development of the automobile industry in the United States and Japan, and analyzes the characteristics of scientific and technological innovation of intelligent electric vehicle enterprises with Tesla as an example.

China automotive industry has initially built an innovation ecosystem covering the whole chain from basic research, applied research to development and research, and has formed an ecological environment composed of multiple factors such as infrastructure, policy environment, and consumer market. In recent years, the government has adopted a series of science and technology innovation supporting policies, including financial subsidies, tax incentives, research and development fund support, etc., to encourage and guide the technological upgrading and innovation in the fields of new energy vehicles, intelligent connected vehicles, energy-saving and low-carbon, common key technologies, as well as equipment and intelligent manufacturing, so as to promote the research and development and industrialization of science and technology innovation in the automotive industry. The enterprise-based R&D main bodies actively promote independent innovation, keep on increasing innovation investment, improve the ability to master core technologies, and have achieved remarkable results in the fields of power batteries, intelligent connected, automotive chips, lightweight, and intelligent manufacturing. From the global perspective, technological innovation and development in the automotive field are changing with each passing day. The competition in the new energy intelligent connected vehicle industry is intensifying. The product iteration cycle is shortened. Therefore, the ability of science and technology innovation is more important to improve the competitiveness of the industry. Facing the next stage of the development of new energy intelligent connected vehicles, there are still problems in science and technology innovation for China's automotive industry, such as insufficient basic research capabilities, lack of original innovation, poor transformation of achievements, and imperfect innovation ecology. It is suggested to strengthen the top-level design of science and technology innovation support, build a market-oriented, government-supported, enterprise-driven, university and research institution-supported technology innovation system for the deep integration of industry, academia, research and utilization, encourage source-based technological innovation to realize key technological innovations and leapfrog development from the source and bottom up, in particular, strengthen the status of automobile enterprises as the main body of science and technology innovation, in order to drive the in-depth integration of the industrial chain, innovation chain, capital chain, interest chain, talent chain, and ecological chain, build a collaborative innovation system, and continuously promote the high-quality development of the automotive industry.

Keywords: Automotive Industry; Science and Technology Innovation; New Energy; Intelligent Connected

Contents

I General Report

Abstract: Scientific and technological innovation is the core driving force of
the automotive industry change. China automotive industry has grasped the
electrification, intelligent transformation opportunities. After more than a decade of
development, China new energy vehicle industry has obtained certain first mover
advantages with the formation of a number of innovative technologies, the
establishment of a number of innovative institutions, the initial formation of science
and technology innovation ecology of the automotive industry. This report focuses on
combing the status quo of science and technology innovation ecology of China
automotive industry, analyzes the problems and challenges of China automotive
industry entering the high-end development stage, and proposes countermeasures for
the sustainable and healthy development of the science and technology innovation
ecology of China automotive industry of encouraging the source of technological
innovation, reinforcing the status of automobile enterprises as the main body of
scientific and technological innovation, and strengthening the construction of
innovative talent team, to help China automotive industry grow from large to strong.

Keywords: Automotive Industry; Science and Technology Innovation;
New Energy Vehicles; Intelligent Connected Vehicles

Ⅱ   Sub-reports

Abstract: Power battery technology is the core technology of new energy vehicles, and the improvement of power battery density is the key to the improvement of the range of new energy vehicles. Low-cost, long-life, high-performance power battery has been an important direction of power battery technology progress. It is also the key performance indicator to enhance the competitiveness of new energy vehicles, and to achieve the replacement of fuel vehicles. In recent years, power batteries have entered the industrialization and mass production stage, and the performance of power batteries has been improved significantly and the cost has been reduced significantly. Through the analysis of global power battery patents, it is showed that the core technology of power battery is mainly mastered by the top enterprises. China has a certain advantage in power battery patent technology. The power battery industry is still exploring solid-state batteries, sodium batteries and other new technologies, toward the direction of lower cost or higher performance.

Keywords: Power Battery; Patent Analysis; Clean Energy

Abstract: Under the development trend of automobile electrification, intelligentization and network connectivity, the operating system has become one of the most important components of the vehicle, which determines the safety and intelligence level of the vehicle to a certain extent. China's automobile operating system independent research and development application started late, and there is still an obvious gap with the international advanced level. This report is dedicated to combing the development of operating systems at home and abroad, focusing on the outstanding problems faced in the development and application of China's automobile operating system, and putting forward development suggestions in terms of policy, standards, testing and certification.

Keywords: Automobile Operating Systems; R&D and Applications; Testing and Certification

B.4 Application Practice and Development Path Prospect of Automotive Chip Localization

Dong Changqing, Li Lantao, Xia Xianzhao, Zhang Yingqi

and Li Mingyang / 042

Abstract: With the growth of China automotive industry, automobile chips have developed into an important device related to the national security. This report analyzes the status quo and situation of the global automobile chip industry, and summarizes the five characteristics of the global market competition pattern: stable and rising scale, increasingly forming a monopoly pattern, strong supply-demand relationship results in high industry barriers for new entrants, active layout of third-generation semiconductors, and frequent mergers and acquisitions. In view of the fact that China chips industry is still in the initial stage of development and facing the challenges of chip shortage and foreign dependence, suggestions such as strengthening top-level design, increasing special fund investment, carrying out technical research, improving local production and manufacturing capacity, building industrial public service capabilities and increasing efforts to promote the application of domestic chips are proposed.

Keywords: Automobile Chip; Localization; Automotive Industry; Competitive Landscape

B.5　Analysis of the Innovation and Application of Automobile

Lightweight Technology　　　*Meng Xianming*,　*Zhang Sai* / 054

Abstract: Based on the manufacturing technology of China automotive industry, this paper analyzes the current situation and future development trend of automobile lightweight technology innovation. China automobile lightweight technology is mainly realized through material lightweight, process lightweight and structural lightweight. Breakthroughs have been made in automobile lightweight technology, but there are still problems that need to be solved urgently, such as high application cost and low application ratio of new materials, late technical layout, and insufficient equipment capacity in terms of materials and processes. This paper puts forward specific development suggestions from two aspects of lightweight structure and design for body and lightweight materials and processes for vehicle manufacturing.

Keywords: Automotive Lightweight; Material Innovation; New Energy Vehicles

B.6　Characteristics and Trend Analysis of Innovation and

Development of Intelligent Connected Vehicle Industry

Lu Wenliang,　*Wang Yue* / 072

Abstract: Based on the development history and status quo of China intelligent connected vehicle industry, this report compares the choices of different enterprises in technology development path and business model, summarizes the characteristics of China intelligent connected vehicle innovation and development in terms of capital investment, business model, innovation main body, core technology, demonstration and pilot, and so on, so as to make a prediction of the trend of the industry development, and to provide a reference for the industry in terms of market positioning, business model, technology route, investment direction, and so on.

Keywords: Intelligent Connected Vehicles; Autonomous Driving; Vehicle-Infrastructure Collaboration; Business Models

B.7 Charging Infrastructure Innovation Drives High-quality

Development of the Industry

Wang Na, Jiang Yunzhe, Zhou Wei and Yao Zhanhui / 089

Abstract: This report analyzes China new energy vehicle charging infrastructure policy, business model and technological innovation and its effect. It also analyzes the main problems faced by the development of China charging infrastructure, such as the imperfect layout of some regions and scenes, irrational structure of fast and normal charging, delayed application of advanced technology, non-standardized operation and maintenance, etc. It puts forward relevant recommendations to promote the high-quality development of the industry through sustainable innovation, including firstly, to improve the layout of the charging infrastructure, secondly, to accelerate the application of new technology and new modes, and thirdly, to optimize the industry's regulatory system.

Keywords: New Energy Vehicles; Charging Infrastructure; High Quality Development

III   Policies

B.8   Research on the Support Policies for Scientific and

Technological Innovation of China Automotive Industry

Cao Daqian, Li Jun and Yan Jin / 101

Abstract: This report summarizes and analyzes the overall situation of automobile science and technology innovation-related policies. It systematically analyzes the situation and characteristics of China automotive industry science and technology innovation policies by analyzing the support policies of central and local governments for automobile science and technology innovation in different categories such as macro-comprehensive, new energy, intelligent connected, low-carbon and energy-saving, key technologies, equipment manufacturing, etc. Through a comprehensive understanding of China automotive industry science and technology innovation policies, it provides reference for the sustainable development of China automotive industry.

Keywords: Automotive Industry; Science and Technology Innovation Policy; Intelligent Manufacturing

B.9 Research on the Policies for Innovative Development of Intelligent Connected Vehicles

Qin Zhiai, Ge Peng and Zhang Yifan / 115

Abstract: Industrial policy plays a leading and supporting role in industrial development, and a perfect policy system is an important foundation for the healthy development of the industry. In order to promote the innovation and rapid development of China intelligent connected vehicle industry, this report researches the policy system of intelligent connected vehicles, clarifies the management scope of different government departments, establishes the framework of the policy system, analyzes the trend of scientific and technological innovation of intelligent connected vehicle policy, and provides references for the adjustment of the future policy and the formulation of the development strategy of enterprises.

Keywords: Intelligent Connected Vehicles; Science and Technology Innovation; Policies and Regulations

Ⅳ Ecological System

B.10 Overview of the Development of China Automotive

Industry Science and Technology Innovation

Li Jun, *Fan Chen*, *Lu Guangyuan and Liu Wanxiang* / 133

Abstract: Under the guidance of the innovation-driven development strategy, the relevant industrial authorities have issued policies to strongly support scientific and technological innovation in the automotive industry. In recent years, China automotive industry has accelerated the transformation of electrification and intelligentization, and the market scale of new energy vehicles and intelligent connected vehicles has been expanding. The R&D main bodies represented by vehicle and parts enterprises has continuously increased R&D investment. Advanced technologies such as sodium-ion batteries, battery chassis integration, and high-level autonomous driving have been realized one after another. New technologies such as solid-state batteries and intelligent cockpits have become the new highlights of the industry. However, it is still necessary to increase investment in basic research, promote the industrialization and application of scientific and technological achievements and cross-industry cooperation, and improve the innovation environment to support the development of industrial innovation.

Keywords: Automotive Industry; Scientific and Technological Innovation; Electrification; Intelligentize

B . 11 The Evolution Pattern and Prospect of Science and

Technology Innovation Development of China

Automotive Industry

Wang Ya , Liu Chenpu and Wang Jianbin / 152

Abstract: China automotive industry has experienced a number of important historical stages from scratch, from small to large, from weak to strong. At different stages, the central tasks of the development of automotive industry have different focuses, and the corresponding industrial system and the scientific and technological innovation system supporting the development of the industry are also different. China automotive industry has experienced the early introduction of products to the later introduction of technology, and then the independent innovation in recent years. Science and technology innovation system is gradually established and improved along with the industry development. Understanding the development history of science and technology innovation in China automotive industry helps to grasp the characteristics and evolutionary patterns of science and technology innovation of China automotive industry. On that basis, we can look forward to a science and technology innovation system that is more adaptable to the development of China automotive industry in the new period.

Keywords: Science and Technology Innovation; Automotive Industry; Evolutionary Pattern

B . 12 China Automotive Industry Science and Technology

Innovation Development Situation and Suggestions

in 2023 *Wang Ya , Zhou Yan and Liu Chenxi /* 164

Abstract: Since the reform and opening up, under the guidance of the in-depth implementation of the innovation-driven development strategy, China automotive industry innovation and development has gradually realized the role change from catching up to independence. The development of new energy vehicle industry is leading the world. Under the background of the new round of scientific and technological revolution and industrial change that accelerates the shortening of technological life cycle and the transformation of technological paradigm, there is an urgent need for the efficient and improved scientific and technological innovation system to support the development of electrification, network connectivity and intelligentization of the automotive industry. This report puts forward the ideas and suggestions to promote the development of science and technology innovation in China automotive industry by sorting out the new situation of science and technology innovation, putting forward the existing problems and challenges, and combining with the needs of innovation and development of the automotive industry in the new period.

Keywords: Automotive Industry; Scientific and Technological Innovation; International Competitiveness

B.13 Ecological Construction and Trend Analysis of Scientific and Technological Innovation of China Automotive Industry *Wang Yue, Lu Wenliang* / 174

Abstract: At present, China's automotive industry has entered a new stage of development from large to strong, and has explored the development road with Chinese characteristics in the field of new energy vehicles and intelligent vehicles. This report focuses on summarizing the status quo of science and technology innovation ecology of China automotive industry, analyzing the status and role of all kinds of subjects in science and technology innovation ecology, sorting out the short boards and deficiencies of China automotive industry entering into the high-end development stage, puts forward countermeasures and suggestions to stimulate innovation vitality, enhance innovation ability and strengthen cooperation and sharing, and promote the sustainable and healthy development of China's automotive industry's scientific and technological innovation ecology.

Keywords: Innovation Ecology; Scientific and Technological Innovation; Automotive Industry; Innovation Environment

V Frontier

B. 14 Analysis on the Development Trend of Technological

Innovation in the Automotive Industry from the

Perspective of Global Automotive Patents   *Pan Xuan* / 192

Abstract: Based on the analysis and mining of global patent data, this report studies the patent situation of the global automotive industry. Through the analysis of the trend of the number of related patents in 17 subdivisions, it is found that the growth rate of autonomous driving, power batteries, perception systems, decision-making systems, Internet of Vehicles, battery packs and BMS is relatively fast. Patents in power batteries, electrical and electronic architectures, motors, and intelligent driving have become new technologies in the automobile field. The transformation of the global automotive industry to new energy vehicles and intelligent connected vehicles is accelerating. In order to promote the technological innovation of China automotive industry and accelerate the transformation of the industry, this report puts forward suggestions for the innovation and development of China automotive industry, such as strengthening intellectual property protection and carrying out international cooperation and innovation.

Keywords: Automotive Industry; International Competitiveness; Intellectual Property; Power Battery

B.15　Layout and Application Trends of Science and Technology
　　　Innovation of China Automotive Industry

Lyu Hui, *Li Jia and Yue Qiao* / 206

Abstract: In view of the new situation of the development of science and
technology innovation in automotive industry, the analysis method of patent big
data is adopted to conduct a multi-dimensional analysis of the overall development
of patents in the field of science and technology innovation in automotive industry,
the trend of patent layout and the main competition pattern of the "New Four
Modernizations", the development trend of patented technology in the key fields
of power battery, charging system, sensory components, vehicle communication
and chip and the prediction of the future development routes, as well as the
application of the patent licensing and transformation of scientific and technological
achievements of the automotive industry, so as to carry out a holistic research and
judgment of the situation of the development of science and technology innovation
of the automotive industry from the perspective of patents and to provide
suggestions on the development of science and technology innovation of the
automotive industry.

Keywords: Automotive Industry; Scientific and Technological Innovation;
Patent Development

B.16　AI For Industry: Analysis of the Prospect of the Integration
　　　and Innovation Development of Foundation Models and
　　　the Automotive Industry　　　*Lu Wenliang*, *Wang Yue* / 232

Abstract: The success of ChatGPT verifies the great development potential
of AI Foundation Model. Currently, people are exploring the application of AI
Foundation Model in industries (AI For Industry). The automotive industry is in
a period of accelerated change and needs to introduce new technologies to improve

the industry's scientific and technological innovation ability. Therefore, the automotive industry has become an important application area for AI Foundation Models. The application of foundation models is expected to improve the R&D and production efficiency and the degree of vehicle intelligence in many aspects, such as the appearance design of automobile models, intelligent manufacturing, intelligent cockpit and automatic driving. However, the industry application of foundation model is still in the early stage of exploration, and enterprises still need to choose the appropriate R&D method, find the core application direction, and promote the deep integration of foundation model technology with the automotive industry.

Keywords: Foundation Models; Automotive Industry; AI for Industry; Industry Applications

Ⅵ International Reports

B.17 Analysis and Outlook of "Carbon Neutrality" Policies for

the Automotive Industry in Major Countries Around

the World *Zhu Yongbin*, *Lu Wenliang* / 246

Abstract: In the context of carbon neutral development, many countries around the world have issued carbon neutral targets, and carbon neutrality in the automotive industry has become an important field in realizing carbon neutral targets. In order to promote carbon neutrality in the automotive industry, countries and regions such as the European Union, the United States, Japan and China have introduced a series of carbon-neutral policies to promote the development of the automotive industry towards zero emission. This report provides an in-depth analysis on the carbon neutrality goals and development paths of countries and regions such as the European Union, the United States, Japan, and China, as well as the relevant policies to support carbon neutrality in the automotive industry. It summarizes the direction of policies to promote carbon neutrality in the automotive industry, and looks forward to the trends of the development of carbon neutrality policies for China automotive industry in the future.

Keywords: Automotive Industry; Carbon Neutral; Energy Saving and Emission Reduction

B.18   Construction of Science and Technology Innovation System
of the U. S. Automotive Industry and Experience
for Reference   *Wang Yue, Lu Wenliang* / 271

Abstract: The U. S. automotive industry has an important influence in the world, whether it is Ford and General Motors in the era of fuel vehicles or Tesla Motors in the era of new energy vehicles, which have become the core force leading the development of the global automotive industry. The development and growth of the U. S. automotive industry can not be separated from the support of science and technology innovation system, which has established a complete science and technology innovation system for the automotive industry and formed a good innovation ecosystem. The report analyzes the structure of the U. S. automobile science and technology innovation system, sorts out the recent U. S. government's intelligent connected vehicle innovation projects and the Biden government's innovation policies, and summarizes the characteristics of the U. S. automobile science and technology innovation system, so as to provide reference for the development of China automotive industry.

Keywords: United States; Automotive Industry; Scientific and Technological Innovation System

B.19 2023 Development of Hydrogen Fuel Cell Vehicle
        Technology and Innovation in Japan   *Bao Rongjing* / 284

Abstract: At present, Japan hydrogen fuel cell automobile related technology and industry is in the leading position in the world, and its scientific and technological innovation is the power source to drive the development. This report provides reference for the technological progress and better development of China's automotive industry by reviewing Japan hydrogen innovation support policy and key nodes of industrial technology innovation, and provides suggestions from the formulation of subsequent encouragement and support policy, product and technology development, talent training and intellectual property rights.

Keywords: Japan; Hydrogen Fuel Cell; Automotive Industry

B.20 Analysis of the Innovation Characteristics of U. S. Intelligent
        Electric Vehicle Companies: A Case Study of Tesla
                                    Wang Yue, Lu Wenliang / 297

Abstract: Compared with traditional automobile enterprises, some technology enterprises have made breakthroughs in the fields of electric vehicles, intelligent connected vehicles, and intelligent mobility through bold innovations. Tesla, as the main pioneer of the new track of electric vehicles and intelligent connected vehicles, is representative to a certain extent. Analyzing the development of Tesla's science and technology innovation from a multi-dimensional perspective and comparing it with traditional automobile enterprises such as GM and Ford, the report summarizes the characteristics and experience of Tesla's scientific and technological innovation, so as to provide reference for China automobile enterprises to change their innovative ideas and accelerate the pace of innovation.

Keywords: Tesla; Intelligent Connected Vehicles; Electric Vehicles; Automotive Industry; United States

社会科学文献出版社

皮 书

智库成果出版与传播平台

❖ 皮书定义 ❖

皮书是对中国与世界发展状况和热点问题进行年度监测，以专业的角度、专家的视野和实证研究方法，针对某一领域或区域现状与发展态势展开分析和预测，具备前沿性、原创性、实证性、连续性、时效性等特点的公开出版物，由一系列权威研究报告组成。

❖ 皮书作者 ❖

皮书系列报告作者以国内外一流研究机构、知名高校等重点智库的研究人员为主，多为相关领域一流专家学者，他们的观点代表了当下学界对中国与世界的现实和未来最高水平的解读与分析。

❖ 皮书荣誉 ❖

皮书作为中国社会科学院基础理论研究与应用对策研究融合发展的代表性成果，不仅是哲学社会科学工作者服务中国特色社会主义现代化建设的重要成果，更是助力中国特色新型智库建设、构建中国特色哲学社会科学"三大体系"的重要平台。皮书系列先后被列入"十二五""十三五""十四五"时期国家重点出版物出版专项规划项目；自2013年起，重点皮书被列入中国社会科学院国家哲学社会科学创新工程项目。

皮书网

（网址：www.pishu.cn）

发布皮书研创资讯，传播皮书精彩内容
引领皮书出版潮流，打造皮书服务平台

栏目设置

◆ **关于皮书**

何谓皮书、皮书分类、皮书大事记、
皮书荣誉、皮书出版第一人、皮书编辑部

◆ **最新资讯**

通知公告、新闻动态、媒体聚焦、
网站专题、视频直播、下载专区

◆ **皮书研创**

皮书规范、皮书出版、
皮书研究、研创团队

◆ **皮书评奖评价**

指标体系、皮书评价、皮书评奖

所获荣誉

◆ 2008 年、2011 年、2014 年，皮书网均
在全国新闻出版业网站荣誉评选中获得
"最具商业价值网站"称号；

◆ 2012 年，获得"出版业网站百强"称号。

网库合一

2014年，皮书网与皮书数据库端口合
一，实现资源共享，搭建智库成果融合创
新平台。

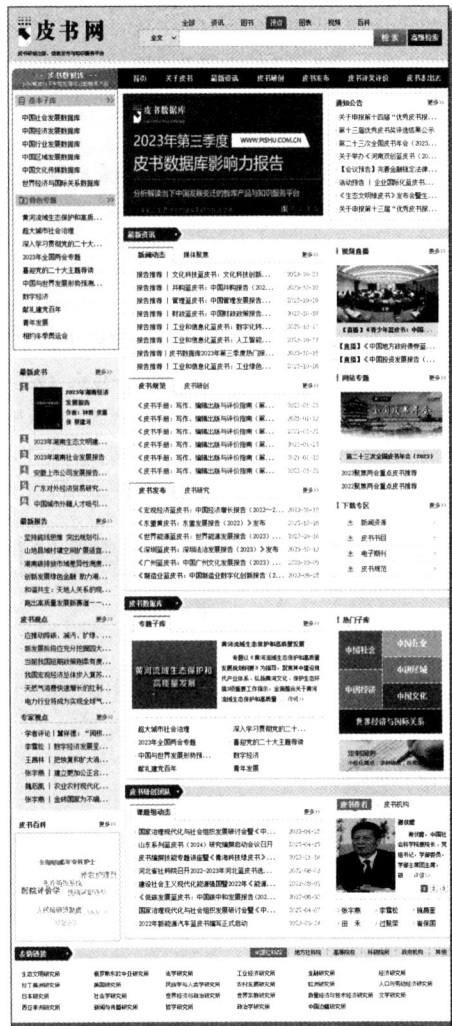

皮书网

"皮书说"
微信公众号

权威报告·连续出版·独家资源

皮书数据库
ANNUAL REPORT(YEARBOOK)
DATABASE

分析解读当下中国发展变迁的高端智库平台

所获荣誉

- 2022年，入选技术赋能"新闻+"推荐案例
- 2020年，入选全国新闻出版深度融合发展创新案例
- 2019年，入选国家新闻出版署数字出版精品遴选推荐计划
- 2016年，入选"十三五"国家重点电子出版物出版规划骨干工程
- 2013年，荣获"中国出版政府奖·网络出版物奖"提名奖

皮书数据库　　"社科数托邦"
　　　　　　　微信公众号

成为用户

登录网址www.pishu.com.cn访问皮书数据库网站或下载皮书数据库APP，通过手机号码验证或邮箱验证即可成为皮书数据库用户。

用户福利

- 已注册用户购书后可免费获赠100元皮书数据库充值卡。刮开充值卡涂层获取充值密码，登录并进入"会员中心"—"在线充值"—"充值卡充值"，充值成功即可购买和查看数据库内容。
- 用户福利最终解释权归社会科学文献出版社所有。

社会科学文献出版社 皮书系列
SOCIAL SCIENCES ACADEMIC PRESS (CHINA)

卡号：742447971463
密码：

数据库服务热线：010-59367265
数据库服务QQ：2475522410
数据库服务邮箱：database@ssap.cn
图书销售热线：010-59367070/7028
图书服务QQ：1265056568
图书服务邮箱：duzhe@ssap.cn

S 基本子库
UB DATABASE

中国社会发展数据库（下设 12 个专题子库）

紧扣人口、政治、外交、法律、教育、医疗卫生、资源环境等 12 个社会发展领域的前沿和热点，全面整合专业著作、智库报告、学术资讯、调研数据等类型资源，帮助用户追踪中国社会发展动态、研究社会发展战略与政策、了解社会热点问题、分析社会发展趋势。

中国经济发展数据库（下设 12 专题子库）

内容涵盖宏观经济、产业经济、工业经济、农业经济、财政金融、房地产经济、城市经济、商业贸易等 12 个重点经济领域，为把握经济运行态势、洞察经济发展规律、研判经济发展趋势、进行经济调控决策提供参考和依据。

中国行业发展数据库（下设 17 个专题子库）

以中国国民经济行业分类为依据，覆盖金融业、旅游业、交通运输业、能源矿产业、制造业等 100 多个行业，跟踪分析国民经济相关行业市场运行状况和政策导向，汇集行业发展前沿资讯，为投资、从业及各种经济决策提供理论支撑和实践指导。

中国区域发展数据库（下设 4 个专题子库）

对中国特定区域内的经济、社会、文化等领域现状与发展情况进行深度分析和预测，涉及省级行政区、城市群、城市、农村等不同维度，研究层级至县及县以下行政区，为学者研究地方经济社会宏观态势、经验模式、发展案例提供支撑，为地方政府决策提供参考。

中国文化传媒数据库（下设 18 个专题子库）

内容覆盖文化产业、新闻传播、电影娱乐、文学艺术、群众文化、图书情报等 18 个重点研究领域，聚焦文化传媒领域发展前沿、热点话题、行业实践，服务用户的教学科研、文化投资、企业规划等需要。

世界经济与国际关系数据库（下设 6 个专题子库）

整合世界经济、国际政治、世界文化与科技、全球性问题、国际组织与国际法、区域研究 6 大领域研究成果，对世界经济形势、国际形势进行连续性深度分析，对年度热点问题进行专题解读，为研判全球发展趋势提供事实和数据支持。

法律声明